# 古典时期的雅典法

GUDIAN SHIQI DE YADIANFA

［英］麦克道威尔◎著　郭俊义◎译

● 江苏人民出版社 ●

图书在版编目(CIP)数据

古典时期的雅典法/郭俊义译.--南京:江苏人
民出版社,2020.12
ISBN 978-7-214-25606-5

Ⅰ.①古…　Ⅱ.①郭…　Ⅲ.①法制史-研究-古希腊
Ⅳ.①D954.59

中国版本图书馆 CIP 数据核字(2020)第 208653 号

书　　　名　古典时期的雅典法
译　　　者　郭俊义
责 任 编 辑　李兴梅
装 帧 设 计　黄　炜
出 版 发 行　江苏人民出版社
地　　　址　南京市湖南路 1 号 A 楼,邮编:210009
网　　　址　http://www.jspph.com
照　　　排　江苏凤凰制版有限公司
印　　　刷　南京新洲印刷有限公司
开　　　本　880 毫米×1230 毫米　1/32
印　　　张　10.125
字　　　数　230 千字
版　　　次　2020 年 12 月第 1 版
印　　　次　2020 年 12 月第 1 次印刷
标 准 书 号　ISBN 978-7-214-25606-5
定　　　价　78.00 元

(江苏人民出版社图书凡印装错误可向承印厂调换)

# 目　录

# 前　言

古代希腊法是零碎的、难以把握的。因为,所有城邦国家皆有自身的法律,无疑,它们有相似之处;一些城邦也会复制其他城邦的法律。然而,我们却不能毫无证据地假定任何具体的规则由两个不同的城邦共享;不仅如此,有关法律的证据也异常匮乏。即便对雅典而言,这是我们所知最多的城邦,我们也是仅有有限的实证法文本,主要资料是一百多篇法庭演说辞,其中的发言者还是为案件一方辩论,因此关于法律的陈词是不完整的,也难免会带有偏见。这都需要喜剧、历史、哲学及其他文献中的典故来补充,然而,这些典故自身也有难以解释的困境。

尽管如此,尝试去理解它是有价值的。法律是民众对行为正确与错误的信念的正式表达,而且在这方面,世界上还没有民族比古代希腊人对行为更有兴趣及拥有更原初的信念。除此之外,雅典的法律制度尽管相比几个世纪之后的罗马法较少连贯性,但它可能是迄今为止所有民族所设计的法律制度中最为包罗万象的,并且也肯定是首先以民主为根基创制的。这对社会学、伦理学的学生及广大的希腊文献阅读者来说极为重要。

有关希腊法律的信息已有多本专著详细讨论,但大部分是德语版本,难以找到相对满意的英语版本。这是我尝试写作此著作的目的:能够为所有对希腊有兴趣的人阅读的著作,即便没有相关的法律知识。此著作没有包罗万象,我选取材料与编排的原则以实践而非逻辑为基础,该书主要聚焦于雅典的伯利克里到德摩斯梯尼这段时间(约从公元前435年到公元前322年),因为这是古代修辞学家对我们述说的时期,但我在开篇也论述了荷马与赫西俄德的审判程序,因为大多数学习希腊文学的学生都读过这些诗人的作品,它们也提供了衡量希腊成就的基础。我也偶尔采用米南德(Menander)等作者的写作素材,他们写作与讨论德摩斯梯尼稍后时期的情况。宪法、神圣法、世袭规则及地方团体如氏族和德谟等大部分或全部被忽略,法理学与法哲学的讨论也是如此。本书的第一部主要涉及法律制度的历史发展,第二部主要关于法律所规制的各种行为种类,第三部主要关于公元前4世纪的法律程序。但也并不总是如此,我的目的并非为了构筑严密的逻辑框架,而是为了创作一部使对此主题陌生的读者能够通读并理解的著作。

就职业而言,我并非律师,而是一位古典学者。任何阅读此书的律师都会发现我关于法律的讨论极为简单。然而,我并不把这视为严重的缺陷,因为雅典人自身也非职业立法者,他们也没有罗马及现代法学的知识。也许,更严重的是,尽管我阅读了大量的现代关于雅典法律的著作,但我并不认为我已熟悉所有关于雅典法律的书面知识。所以,我怀疑我是否错失了一些重要信息,因而,书后注释中的参考文献,尽管选择性极强,但应该能够为那些希望继续研究特定课题的读者提供足够的指引。甚至对专家学者而言,我也希望本著作能够作为本主题现有知识现状的概要。他们会发现其中也揉进了一些我自己的见解。本著于1977年夏杀青,当时还没有考虑出版。

本书中所有三位数的日期都是公元前;带有斜线的日期,如403/2,意指整个雅典年,从上个中夏到下个中夏。我参考传统上认可的以修辞学家命名的古代言辞,但这并不意味着我认为此说

法在任何情况下都是正确的。最后,在此,我要感谢我的同事 Dr
R. A. Knox,他极富建设性的意见帮我做出了许多修正和改善。

Glagow

D. M. MacDowell

# 第一部　法律制度的发展

## 一　早期希腊判决

### 导论

争执与纠纷之存续与人类一样久远，或许更久。两人皆欲占有某合意之物或财产，抑或是，一人指控另一人之行为，要求对方赔偿或补偿。

就纠纷一方而言，争议解决的最原始方式是凭借武力或恐吓制服另一方。而文明之道则是把争议交由第三方，且争议双方都要接受其裁定。诚然，在某些情况下，他们乐意如此——双方皆同意把争议提交法官（或法官们），且答应接受他的判决。然而，其他情况下，争议者却并不想如此——他希望维持现状，或保留其所有，此时只有强制，他才会服从审判。

所以，倘若要使判决在各种情况下都有效，不惟在争议双方皆乐意接受的情况下，那就要以凌驾于双方之上的权力为后盾，即他们两者所属的国家或社区的权力。如此，最为便捷之路是让一人身兼法官和统治者两职。原初社会，一人统治普罗大众，他也审理他们之间的争议。这犹如两个发生口角的小孩，会找一位成年人来决定谁应拥有玩具火车一样。一个简易社会里，相信自己遭受伤害的人会诉诸国王,而国王也会像一位公正且严厉的父亲一样裁断。

然而,一些国王并不严厉,一些也不公正,那么,由谁来判断国王的行为呢?简单社会与高级社会的区别(一些人称为差异),就在于高级社会里对个人的判决,并非仅由一个人作出,而是由每个个体所属的社区来裁定。于是,问题就是选择一个能够代表所有人的法官,他的判决就被视为社区的判决。

公元前 6、5、4 世纪,雅典人为此发展出了一种由陪审团审理的精巧制度,这是迄今为止最民主的制度之一,也是最为杰出的社会组织成就。但为了鉴赏雅典人改善纠纷解决方式之意义,我们需要知悉在此之前他们所应用的方法。

公元前 7 世纪末之前,有关希腊司法程序的证据并不十分令人满意,因为,仅有荷马和赫西俄德的诗可资借鉴。欲在这些诗中探寻司法程序的系统性论述,无异于异想天开。它们是神灵和英雄的传奇故事(至于赫西俄德的《工作日和时日》,则是兄弟对有关农场及其他事情的建议)而非法律和社会的论文。然而,它们确曾附带地提供了早期希腊社会和制度的大量信息,它们确也提到了多种争议的解决。因此,在荷马和赫西俄德的著作中,调查争议时发生了什么就是合理的,如,如何行为,如何解决?

《伊里亚特》和《奥德赛》及《神谱》和《工作日和时日》对此的回答不尽一致。各种各样的争议中,主要人物以不同的方式行为。这也许是因为不同的诗(甚至同一首诗中的不同部分)是由不同的诗人在不同的时间或不同的地点所写,但要观察和描述当时所用的不同程序也是可能的。这并非讨论《荷马史诗》如何写就。也许,人们会同意荷马和赫西奥德的诗中所提及的多种多样的纠纷程序在早期希腊都存在,即使并非全部在同一地点同一时间存在,但对当下之目的来说足够了。

## 原始纠纷

那么,《荷马史诗》中有多少种不同的纠纷解决方式呢? 其一,争议双方公平决斗直至一方获胜。在《奥德赛》的一个片段里,一个人为守护自己的牛而战时受伤是正常的和可接受的。

> 确实,人们不应为自己所拥有的东西,如牛或白羊而战斗时有悲痛和悲伤;而……(《奥德赛》,17.470-3)

《伊里亚特》中,两个男人为所分之地的边界而战的现象极为寻常,以致用来比喻特洛伊之战中士兵的战斗。

> 就像两个手握标杆争论边界的人,为一小块土地的平等份额而战……(《伊里亚特》,12.421-4)

这些为了比较和对比所附带提及的战斗的事实,暗含了战斗乃解决争议的常规方式。

有时,一场战斗会牵连整个家族,因为在古代,家族(在宽泛意义上,包括堂兄)保有强大的凝聚力,对其一个成员或财产的伤害就会触怒整个家族。《奥德赛》里,忒勒玛科斯(Telemakhos)如果有兄弟,他们也会帮他与破坏其家庭的求婚者而战。尤其当一个人被杀时,便会预计其家族会对杀人者报复。因此,俄瑞斯忒斯(Orestes)杀了杀死他父亲的阿吉索斯(Aigisthos)时,人们便把这一行为视为功业盛隆、厚德载人。①

然而,即便在荷马时代,也非任何人皆喜欢战斗。一些人更喜欢协商。尤其当对手比自己更强壮时,协商便为一种解决争议的

---

① *Odyssey* 16.97-8, I. 298-300.

方式——即使对手更愿意战斗。因此,伊菲图斯(Iphitos)发现赫拉克勒斯(Herakles)掳走他的母马时,便来到了赫拉克勒斯家,赫拉克勒斯也待之如客,但当他讨要母马时,赫拉克勒斯不但没有归还,还杀死了他。但在其他情形下,口头协商更有成效,奥德修斯(Odysseus)年轻时到麦西尼(Messene)要求三百头羊的赔偿,也许能说明这一情况。① 可能在某种程度上那些当事人双方都同意妥协的情况下,协商才能成为最佳解决争议的手段:"瞧:如果你同意……,那我也会同意……"。尽管此类讨价还价在《荷马史诗》中没有相关实例,但这也许是接受杀人犯支付的赔偿(财产或贵金属)作为惩罚的原因,即受害人亲属解决争议的方式,不是杀死他或驱逐他,而是同意接受赔偿。在《伊里亚特》里,忒拉蒙(Telamon)的儿子埃阿斯(Aias)在批评阿基里斯(Achilles)刚愎自用时就有此暗示。

> 一个人从杀死他的兄弟或儿子的人中接受了赔偿,这么做一是在赔偿了大笔数额后维持他自己的国家,并且其他人也会在他接受补偿后感到愉悦和自豪。而你……(《伊里亚特》,9.632-6)

这意味着,杀人犯同意给予实质赔偿且被害人亲属也同意不再有进一步的报复行为。口头协商会导致讨价还价。由于埃阿斯把此方式与阿基里斯不肯妥协对照,可见他明确地把口头协商作为一种正当且适当地解决争议的方式。

## 国王们

上述所提到的纠纷解决的事例,无论是凭借争斗还是言语,皆

---

① *Odyssey* 21.15-30.

由纠纷双方自己来运作,没有局外人参与。然而,无疑会有这样的情况,纠纷双方既不希望以战斗方式解决,也难以通过协商达成协议,此时,他们就会诉诸局外人来裁决。这种诉诸局外人且视之为公正的方式就是司法程序的起源。

《伊里亚特》有战车竞赛的片段,这是为纪念帕特洛克罗斯(Patroklos)而举行的葬礼竞技会,两个坐在远处的旁观者对哪辆战车处于领先位置存有分歧。伊多梅纽斯(Idomeneus)认为狄俄墨得斯(Diomedes)领先,而俄伊琉斯(Oileus)的儿子埃阿斯则认为是欧美路斯(Eumelos)领先。于是,伊多梅纽斯提出一个赌注。

> 来,我们以一个鼎或锅来打赌,让阿特柔斯的儿子阿伽门农来裁断哪匹马领先,以便你能获悉并赔付。(《伊里亚特》,23.485-7)

单词"istor",在此我译为"judge",字面意思是"智者",其含义是一个人要比其他人更为知悉何为真实,何为正确。伊多梅纽斯解决争议的建议是,他和埃阿斯均同意接受一人的裁定,此人比他们两人知道得更多。但在此特定情况下,此建议也许是愚蠢的,因为观看远方战车所需要的是敏锐视力,而不是良好的判断力。没有理由认为阿伽门农的视力要比伊多梅纽斯和埃阿斯的视力好,因而埃阿斯明智地拒绝了。但对我们而言,最应值得注意的是,伊多梅纽斯提议阿伽门农作法官。阿伽门农是希腊的领袖,国王们的首领。因此,伊多梅纽斯假定纠纷裁断的合适人选就是国王。

这在《荷马史诗》中是一个习惯性的假定。许多段落显示,国王的职能之一就是裁断纠纷。在《奥德赛》里,涅斯托耳(Nestor)也比其他人更为"知悉审判",因为他是三代人的国王,且在《伊里亚特》里两次谈到宙斯把权杖和裁判规则授予国王,①其含义也许是国王被认为享有神圣的灵感。这是他在判断何为正确时胜于他人之处。然而,这并非是国王被视为优秀裁断纠纷人选的唯一理由。另一个原因是他的权力。纠纷当事人一方的请求被法官否决,倘若此法官仅为一个普通人,地位与其相当,那么,他可能会无视这个裁定,但他却不敢无视国王。因此,国王的判决会有效。

赫西俄德《神谱》的开篇就是对九位缪斯的极力赞美,她们是宙斯的女儿,其职能之一是守护着受人尊敬的国王们。

> 每逢神育之国王降生时,伟大宙斯的女儿都会荣耀和照看他。她们口吐甘露,软语柔情。所有人皆视他为凭借直接裁断决定正当之人。确切地说,他能熟练地化解每一次重大的纠纷。这乃审慎的国王的职能:对于在交易中受到伤害的人,他们轻易地使之得到赔偿,因为他们用柔和的语言说服他。(《神谱》,81-90)

这即为简易社会里的理想国王,他对待臣民就像一位仁慈的父亲对待他的子女一样。臣民们有纠纷时,就会求助于他,由他来裁断何为公正。他的裁定要求即刻同意,不仅因为他是一位国王,也因为他是一位熟练的且有说服力的谈者,他的甘美之辞能化解臣民的争议。

此画面过于完美,以致人们普遍认为是不真实的,赫西俄德本人也知道。在其之后的诗词《工作日和时日》中,他敦促他兄弟珀耳塞斯(Perses)与他私下里达成和解,而不是到国王那里寻求公正,因为纠纷会耗费干农活的时间。

---

① *Odyssey* 3. 244 - 5, Iliad 2. 205 - 6, 9.98 - 9; cf. H. Lloyd-jones *The Justice of Zeus*(1971) 6 - 7.

当你有很多[农产品时]，你可以挑起诉讼以取得别人的东西。但在你自己的案件里，你不会再有机会这样干了。此时此地，让我们在宙斯的恩惠下直截了当地决定我们的争执。先前，我们分割了我们的遗产，你已获得了较大的一份，而且是通过谄媚于乐意审理此案的贪婪礼金的国王们而做到的。（《工作日和时日》，33-9）

在诗词里，他进一步描述了神祇尤其称之为Dike（在此应译为"判决"或"法律"，而非"公正"）①的享有处子之身的宙斯女儿。她如何观察人的行为，使正义得到奖赏，使不义得到惩罚。

无论何时，只要有人不诚实地嘲笑她、阻挠她，她就会坐在克诺索斯的儿子、她的父亲宙斯的旁边，向他数说非法之人的意图，直到人们为心怀恶意、枉法裁判的国王们的邪恶行为得到报应为止。贪婪礼金的国王们啊！你们要言语正直，裁决公正。（《工作日和时日》，258-64）

从《神谱》开始，赫西俄德对国王的看法变得恶化，他发现他们可能是公正的，也可能是不公正的，这也许源自他与珀耳塞斯因其父亲的遗产所产生的争执。情况也许这样，珀耳塞斯认为赫西俄德获得了更多份额，因而诉诸国王，并说服国王（赫西俄德暗示其凭借谄媚和贿赂，但我们通常认为，国王收受礼物是正常的和适当的）②做出了有利于珀耳塞斯的裁断。现在，当争议再次发生时，珀耳塞斯会再次求助于国王。由于我们只有赫西俄德的一面之词，因此我们难以判断在此特定案件里谁是正确的。但我们承认这是

---

① Cf. M. Gagarin in *CP* 68(1973) 81-94.
② Cf. P. *Walcot Greek Peasants* (1970) 100-5.

一幅约公元前 700 年左右维奥蒂亚(Boiotia)的司法程序的画面。这一程序简化如下:认为自身遭受了他人不公正对待的人会诉诸国王,而国王会做出裁定。

赫西俄德案中的"国王"也许是当地的君主,他可能是维奥蒂亚城邦中的忒斯皮埃(Thespiai)的君主,赫西俄德生活的阿斯卡瑞安(Askra)村落在其领地内。《工作日和时日》的"侵吞礼金的国王们"是复数形式,这好像暗示几个君主共同统治和判决。但在《神谱》的段落里,判决只有一个国王作出,因此,《工作日和时日》里的复数形式也许仅是轻蔑性言辞。如果像一些现代学者所做的那样,借此证明当时由多个国王统治,那是非常草率的。国王有专门的权力及责任。显然,赫西俄德很不情愿接受国王的初次裁定,也不愿把纠纷再次提交国王;然而,没有任何迹象显示他会拒绝接受国王的判决。如果珀耳塞斯诉诸国王,那赫西俄德不能阻止他;如果国王的裁定不利于赫西俄德,他也不能无视这一裁定。这表明国王享有对赫西俄德和珀耳塞斯的权威。但这并不意味着,有一条法律规则(更不用说一部成文法)确立了国王的司法管辖权。他的现实权力足以让他的裁定被接受。①

## 老者们与民众

但在《荷马史诗》中,国王们不是纠纷判决的唯一人选。人们在谈论并非国王的法官时,事实上倾向于低估斐亚克人(Phaiaki-ans)纠纷解决的女王阿雷特(Arete),因为她被说成是特例。忒勒玛科斯(Telemakhos)在伊塔卡(Ithaka)被称为"审判者",可能意指的是,他代表了缺席的国王奥德修斯(Odysseus),尽管他确

---

① Cf. P. J. Wolff in *Traditio* 4 (1946) 59 - 62.

实不是现实中的国王。① 但当阿基里斯（Achilles）在特罗伊战争之前凭仗发誓："阿开亚人（Akhaians）的儿子们拥有自己的审判者，他守卫着来自宙斯的公平规则。"（《伊利亚特》，I. 237 - 9），那么，作出判决之人不仅是国王一人而是许多领袖人物，就显而易见了。在阿基里斯之盾的场景中，据说是"老者们"作出判决。在荷马时代，除国王外，我们应接受社区中的其他人也可能是"审判者"，因此，在其他提及法官的部分中，我们不必认为这就是国王。"从会议厅出来吃晚餐的，裁定许多寻求判决的年轻人的争议（《奥德修斯》，12，439 - 40）"的人，也许不是国王，而是众多老者或领袖人物之一，他们一天中大部分时间都在会议上裁定纠纷。

上一部分显示，首领或老者们或多或少会在一天中定期举行会议来审判，无论提交给他们的争议是什么。② 这也表明了举行会议之地就是大会场地（Agora③）。其他几个部分也提到了大会场地就是判决之地。④ 判决也许由一人或少数人做出，但民众要在场。

我认为，民众在场不是偶然的，它是《荷马史诗》中司法程序的自然伴随物。在另一部史诗《伊里亚特》的葬礼竞技会中，此意图得以显示。赛车竞赛开始前，阿基里斯展示了各种各样的奖励。竞赛结束后每一位参赛者都主张其正当的奖赏。安提洛克斯（Antilokhos）要二等奖，是一匹母马，而墨涅劳斯（Menelaos）则愤怒地驳斥安提洛克斯，依靠卑鄙的手段击败了他。

> 墨涅劳斯对安提洛克斯怒不可遏，愤而起身。传令官把权杖置于他的手里，命阿耳吉维人（Argive）肃静。然后，庄严

---

① *Odyssey* 7. 66 - 74，II. 186.

② Cf. Bonner and Smith *Administration* i 42.

③ Agora 的希腊词为"αγορα"，含义为大会、公民大会、大会场地。——译者注。

④ *Iliad* II. 807，16. 387，18. 497.

地向他们宣告。

"安提洛克斯,过往你如此聪颖;现在,你干了什么! 你玷污了我的名声,远远落后于我的你,驱马插入前面的队伍,滞阻我马匹的脚步。来吧,阿耳吉维人的统治者和领袖们,在我们之间做个公正地判断,以免阿开亚人(Akhaian)的士兵误传于世,'墨涅劳斯以欺骗手段取胜安提洛克斯,带走了那匹母马,因为,尽管他的驭马远不及对手,但他在权势和地位上却远胜对手。'好吧,让我自己来做个评判吧。我想,不会有达奈人(Danaan)责难于我,因为这是公平的。高贵的安提洛克斯,站到这儿来,按照规矩,站在你的车马前,紧握你刚才驭马的柔顺皮鞭,把手放在驭马上,对着游走于震撼大地的神灵起誓,你并非有意施花招阻碍我的马车。"

听罢这番话,聪颖的安提洛克斯答道:"消消气,墨涅劳斯国王,我比你年轻许多,且你是如此的出众。你知道,年轻人总爱逾规越矩。他心智不稳,怠于审慎。所以,请予体谅,我会给你那匹已经争获的母马。倘若还想要更多的东西,我愿意立刻从我的家里取来,奉送给你,我不愿日后失去你的恩惠,作一个对抗诸神的罪人。"(《伊里亚特》,23. 566 - 95)

于是,安提洛克斯把母马交给了墨涅劳斯,墨涅劳斯很高兴,原谅了安提洛克斯并把母马归还了他。

这场争论不仅事关荣誉,而且也是对一份财产的所有权的争议。① 墨涅劳斯的解决方式是在希腊民众面前演讲,他提议首领和君主们应裁断案件,但随后相反,在他们有机会这么做之前,他叫板安提洛克斯,要他发誓说他是公平地参与竞赛。他的打算是,安

---

① Cf. Gernet *Droit* 9 - 18.

提洛克斯会害怕作伪证,以免招致神祇的惩罚。于是,如果他发誓,那众人会信任他,而如果他拒绝发誓,那众人会断定他犯规了。从而,如果观众相信墨涅劳斯所言属实,那就会推测他们会迫使安提洛克斯交出母马。因此,尽管墨涅劳斯的所有言语均针对安提洛克斯,但其意图却不仅让安提洛克斯(他已经知道自己是否犯规了)信服,更是为了使旁观者信服。他试图让安提洛克斯承受公众舆论的压力。

诉诸公众意见,不同于诉诸国王。国王因资历、阅历及神启而拥有作法官的特殊专长。普通民众很难说具备特殊专长。但如果他们审慎应用它,那么他们所做的即为权力。个人否决国王的判决固然很难,但更难的是否决全体民众的判决。因此,民众的判决可能比国王及老人们的判决更有效。然而,在荷马所处时代,困难在于,民众通常不善言辞,因而他们难以在会议上起到决定性作用。

《奥德赛》里有一个清晰实例,这是在国王缺席情况下(除了有一两处对此的抱怨,但它并没有实际执行)提交到伊塔卡岛民众大会上的纠纷案件。在奥德修斯返回家园之前(这占据了第二部的大量篇幅),他的儿子忒勒玛科斯想要控诉求婚者的行为及对他财产的毁坏。如有可能,他会以武力来护卫自己和家园,然而,他因太弱而无力这样做。他也不能诉诸国王,因为奥德修斯不在。因此,他所做的就是召集民众大会,在他们面前坦陈冤情。会议上有很多人反对,很多人赞成,最后无果而终。

## 阿基里斯之盾的审判

由此,荷马时代的民众大会有时因没有领导阶层而无效。国王或老者们的裁定是最有效的,因为他们使公众意见明确展现出来。之所以在大会场地（Agora）上作出判决，就在于他们与在此集会的民众情感一致。《荷马史诗》中描述司法程序的最重要的段落能证实这一点。详细阐释这一段并不容易，其中一些地方仍有异议和争论。《伊里亚特》第十八卷有对阿基里斯之盾的长篇描述及精心制作的场景画面。这是一个和平安详的城邦，下面就是在此大会场地上所进行的活动。

> 民众围聚在会议场地。静听一件纠纷：两位男子就死者的赔偿争辩。一方向民众陈辞，坚持已全额支付完毕，另一方则坚持根本未曾收受。两人皆欲得到法官的审理。民众声援双方，正反论调皆有支持者。传令官让民众肃静。老者们坐在溜光的石凳上，围成一个神圣的圆圈，手握嗓音洪亮的传令官交给的权杖。然后，他们急步上前，依次作出判决。中央放着两塔伦特黄金，赏付给审判最公正的判者。（《伊里亚特》，18. 497 - 508）

这一部分已被古代法专家详细地讨论过，[①]在此不宜过多赘述。诉讼标的很明确，即杀人的抵偿费（poine）。在古代，如果一个人被杀，通常的后果是，他的家族会认为他们有责任杀死杀人犯来报复，除非杀人犯逃离国家或被放逐，否则难免一死。而如果他被杀了，他的家族转而会试图杀死杀他的人，以致引发两个家族之间永无休止的世仇。为避免出现这种情况，受害人家族会接受一大笔金子和其他财产作为对杀人行为的补偿。之后，事件结束。但

---

① Bonner and Smith *Administration* i 31 - 41，H. J. Wolff in *Traditio* 4 (1946) 34 - 49. H. Hommel in *Politeia und Res Publica* (ed. P. Steinmetz, 1969) II - 38，A. Primmer in *Wiener Studien* 4 (1970) 5 - 13，Q. Andersen in *Symbolae Osloenses* 51 (1976) II - 16，etc.

上文第三句话却模棱两可,它翻译为:"一方说他全额支付了,而另一方则说分文没收到。"有些学者认为,争议仅是杀人犯是否已支付抵偿费的事实问题;但亦有一些学者的问题也可以理解:问题是是否接受了抵偿费或继续血亲复仇。杀人犯已承认杀人了,并当众交付了抵偿费,因而认为自己没有责任了,被害人亲属却拒绝接受它,并坚持继续血亲复仇。纠纷不仅是赔付债务,而是采取何种报复的时限问题——这与《伊里亚特》的主旨相符。

但此部分最为重要的问题是,谁将裁定这个案件? 提建议的显然是一群无明确数量的老者们。他们每一人都拥有一个象征司法职能的权杖("他们手执权杖"之词是复数,不像《伊里亚特》其余地方只有一个权杖,谁发言,就轮到谁拥有权杖),每个人依次作出判断。但他们的判决并非一致,那么如何决定谁的判决应被接受呢? 诗人说,争议双方"都希望获得法官的判决"。"法官"一词是单数,那么,解决争议的法官是谁呢?

对此,有多种解决方案,其中三项值得特别关注:

(a)法官是诉讼过程中的主席。这么是国王,要么是一位老者,他负责管理其余老者,其余老者仅是顾问。在听取老者们的意见后,他独自作出最终判决。

(b)法官是一位被民众认为提出了最优建议的老者。每一位老者都对民众演讲,如果民众赞成,则欢呼或鼓掌,于是,谁得到的欢呼声最大,谁的意见就被接受。

(c)"由法官掌控"仅仅意味着"以仲裁方式",因而,法官指所有老者。老者的多数观点取胜。

以我之见,上述解决方式都有可能,明确否定其中一个没有道理。困难在于,诗人描述了正在进行的审判,却没有告诉我们最后发生了什么。然而,有几个方面是有利于 b 的。对 c 来说,把所有的老者用"法官"的单数来表示确实不太适合。我们也怀疑在荷马时代计票和多数人裁定的观念是否存在。对于 a，另人诧异的是，并没有提到国王和主席的活动，像纠纷当事人，民众，传令官，及老者那样。赞成 b 的观点是，在此部分的最后一句话中提到黄金（争论者所提供的）是给予最佳判决的老者的报酬，因此遵循的是选取个人最佳判决的程序。（此话的另一翻译是，"给予他们中对案件提供最佳辩护的人"，意思是这两块黄金是成功争议者的报酬，这可能是错误的，因为仅有两个争论者，而"最为正确的"是最高级，不是比较级）。赞成 b 的另一个观点来自争议双方的言辞，"一方主张已全部付清，并在民众面前坦陈……"，对于 b，发言者自然是面对民众的，因为正是民众才决定哪位老者的判决被接受，而 a 或 c 没有解释他们为何对民众发言而不是对老者。

如果 b 是正确的，那此审判最有意义的特点就是民众参与。纠纷当事人来到民众大会，然后每一方都对民众发表演讲。在他们演讲时，民众（有很多个人或团体）用欢呼和嘘声来表明哪一方陈述令人可信。双方发言结束后，传令官让民众安静下来，并要老者们作出判决。所谓老者就是那些因年龄和阅历而被视为优秀的"智者"。老者们轮流发言，阐明他认为民众接受或应该接受的对案件的看法。民众会为他们认为是好的判决而鼓掌和欢呼，传令官（假设）决定哪位老者的判决得到的欢呼声最大，这个老者就是"智者"，他的裁定就是对案件的判决，他因作出最佳判决而接受两个黄金的报酬。但真正有效的是民众的裁定。

## 公众意见

因此，在《荷马史诗》中民主判决的源头已有端倪，尽管裁断由国王和老者们作出，但他们都受到了公众意见的影响和指导。阿基里斯之盾中,面对民众高谈阔论的演讲者及公开敦促安提洛克斯发誓的墨涅劳斯,就是面对雅典陪审团演说的雄辩家的先行者。相比我所引述的《荷马史诗》的其他部分的决斗和争执,阿基里斯之盾的审判更为文明,是更为高级的司法审判的标志。

这有多大影响呢?尽管这是虚构的,是诗人描述英雄盾牌上的神的绝美画面,但相似的审判也可能是历史事实。显然,审判程序不是想象的,而是诗人看到的实际运行情况,因而,它不是针对个案而设计的专门程序,而是一套稳定有序的程序。但这并不意味着(像现代读者有时所假定的那样)在《伊利亚特》的时代,这是每一个希腊城邦的常规程序。我们能合理推断的是,此程序至少在某个希腊社区中应用过,其时间早于《伊里亚特》此段落写就的时间。有些学者认为,阿基里斯之盾的创作时间晚于《伊里亚特》的其余部分,总之,没有确定的时间日期。

当然,即便设置此程序的某个地方或某些地方,人们也不能用其解决所有纠纷。阿基里斯之盾中的争论者是自愿要求审判,“双方都希望获得法官的裁断”。那如果其中一人不愿如此,会发生什么呢?没有任何迹象表明他被迫参与审判或接受判决。即使司法程序正式有效,某些人也更喜欢决斗。然而,倘若一方诉诸国王、老者们或民众大会,其对手也很难忽视他们的裁定,因而社区组织化越强,个体不服从公众判决就越难。通过司法程序而非决斗的方式解决纠纷显然合乎公众利益。无疑,为制止决斗,国王有时也会主动介入,即便争议双方没有要求他介入。然而,“应用司法程序何时成为一种义务”是一个伪问题,因为变化是渐进的,况且希腊某些地方无疑会远远落后于其他地方。

从本章所考察的证据中,难以得出清晰而明确的结论。在荷马和赫西俄德的个别段落里,也很难区分是历史事实还是诗人的润色或想象。即便如此，我们仍确信诗人所表明的某些特定类型的司法程序在实际生活中得以应用，我们通常难以道明它在希腊何处及何时被应用。因为依靠我们现有的证据，公元前 7 世纪之前，希腊某地的任何时间段里（赫西俄德所属的维奥蒂亚可能是唯一的例外），我们对"在此时此地应用何种司法程序"的回答，无一例外是我们一无所知。然而，证据确实表明，希腊早期某个地方存在的纠纷裁断方式有三个特点，如此我们必须谨慎地表达这些发源于古典雅典的一些裁断方式。它们是：

（1）个人判决，此人因担任公职而有权裁定纠纷（如国王）。

（2）一组人判决，他们因出身、阅历或其他资格而被认为特别适合执行此职能。

（3）由一群普通人影响的裁断，他们没有专门的判决资格，但他们的意见仍会得到作出裁定的个人或一些人的重视。

关于其他社会问题，君主制、贵族制、民主制是审判问题的三种路径。下一章将揭示在古典雅典的司法程序中三种制度所扮演的角色，最终，第三种方式优于其他两种方式。

## 二　治安法官和陪审团

### 国王和执政官

依据传说，雅典曾由王统治，诸如埃勾斯（Aigeus）和忒修斯（Theseus）。到了公元前 7 世纪，世袭君主制已不复存在。然而，整个古典时期仍存在"王"之称呼的官员。在此，为了与英语中的王区别开来，应用希腊语"basileus"就更为方便。他的职责大多局限于宗教事务，其中一些仅是仪式和礼节。从传说时期的绝对世

袭君主制到有史时期具有同样称号之官员的嬗变鲜有记载。现存
最为完整的论述就是《雅典宪政》(这本关于雅典宪政的著作不能
确定是亚里士多德所写,在此我简称为 AP)的第三部分,但一些现
代学者对其中的大部分观点予以否定,理由是,亚里士多德时代没
有足够可资利用的事关史前雅典的证据,因此其中的描述大多必
定是推测的结果。① 但无论如何,可以合理推测,国王逐渐丧失了
各种职能,也许是因为他们没有正当履行职能而同意或被迫同意
把其职权授予其他人;抑或是,在某段时间,国王死后没有儿子或
没有适合统治的儿子,王位继承便戛然而止。因此在古典雅典
basileus 的称号及职能,或多或少是国王在除祭祀之外的所有事情
被剥夺之后所遗留下的。

  国王权力极端弱化之时,便是"arkhon"(执政官)之称呼的官员
初创之时,因为在古典时期,arkhon 好像要优于 basileus(巴昔琉斯执
政官),且词语本身的含义是"领袖"或"君主",这显示了此职务在地
位上高于所有其他人。但毫无疑问,国王权力是在不同时期转让给
了后面设立的我们所知的官员身上,它们有 polemarch,含义为"战争
领袖";有 thesmothetai,含义为"制定法律"或"设立规则"。② 执政官
(arkhon),巴昔琉斯(basileus),作战执政官(polemarch),以及六个
司法执政官(thesmothetai)就是著名的"九执政官"。但到了公元
前 5 世纪,也存在其他类型的官员,其一些中称之为 arkhe③("管

---

① Cf. Hignett *Constitution* 38 – 46.
② Cf. Ostwald *Nomos* 174 – 5.
③ Arkhe,字面含义为"规则""权威"。原为一抽象名词,但经常作为一般术语应用于描述
  任何公职人员。不同于 Arkhon 一词,Arkhe 一般不限于九个执政官。注意:翻译 Arkhe
  一词的英语词汇是 magistrate。这通常是从罗马人的角度理解的,目的是指导有某些司
  法职能的公职人员,而非指兼职的非职业法官。See, S. C. Todd, *The Shape of Athenian
  Law*, Oxford University Press Inc. , New York, p. 363. ——译者注。

辖""官职""行政官职"):将军,市场管理员等等。

早期,执政官、巴昔琉斯和作战执政官(polemarch)据说任职十年,更早时期是终身任职,但一些现代学者并不认可这一说法,这也许是正确的。总之,从公元前682年开始,他们任职时间仅为一年,接着几乎所有其他官职也被创制了。直至公元前487年,官职的任命方式通常是选举。公元前487/6年,九位执政官的任命制度发生变化,他们从之前遴选出的众多候选人中以抽签的形式选出,在其后一段时间(不早于公元前457年),这一制度又有变化,自此以后,他们便完全以抽签形式任命。在古典雅典,其他大多官职也以抽签方式任命,唯一重要的例外是将军(strategoi)和其他军事官员,他们仍为选举产生。抽签方式的广泛运用意味着,在雅典民主时期,人们并不期望执政官有任何特殊才能、知识及其他资质,他不是一个专家,而仅是一个普通人。当忒奥戈纳斯(Theogenes)成为巴昔琉斯时,公元前4世纪的演讲者曾评论,他"毫无事务经验"。(德谟斯梯尼,59.72)

在这些官员中,如果仅以名字辨认,我们可能会认为,司法执政官是有责任裁决纠纷的官员。事实上,尽管司法执政官比其他官员处理更多法律案件,但其他许多官员对此亦有责任。《雅典宪政》(第56—59页)记载了公元前4世纪时九位执政官的职责:执政官把各种事关财产和家庭事务(继承,监护权等)的法律案件提交法院;巴昔琉斯提交法院的是与宗教有关的案件(虔诚,履行牺牲职责或有权主张祭祀职位的争议),及杀人和故意伤害的案件;作战执政官提交法院的是事关非雅典公民身份之人的案件。此外,司法执政官提交的是一系列不同类型的案件,但这并不意味着他提交执政官、巴昔琉斯及作战执政官无责任处理的所有案件,因为我们从一些个别资料中得知,其他官员也提交事关其职责范围的特定种类的案件。例如，军事官员（将军，小队长（taxiarchs），及骑兵指挥官（hipparchs））提交服役期间擅离职守和逃避服兵役的案件，及市场官员（市场管理人（agoranomi）及监粮官（sitophylakes））提交市场上要价过高和其他非法行为的案件。

公元前 4 世纪，案件提交（详细和例外见十六章）通常意味着要安排陪审团审判。但在公元前 7 世纪，亚里士多德时代的民众陪审团还不曾出现。那公元前 7 世纪的执政官如何审判提交给他的案子呢？可以推测由他独自裁定案件，在《雅典宪政》（3.5）中也确实这么说过，尽管不能确定此陈述是否有据可查还是仅仅推测。执政官已经取代了传说时代的国王。因此，在雅典，早期审判也许是国王的职责（如赫西俄德所属的维奥蒂亚）。当世袭君主制终止，执政官就接管了这一职能。可以想象后面的发展情况（但这几乎是完全推测的）：

（1）过去，国王是唯一的君主和法官。两个雅典人有纠纷，双方不能独自解决时，他们（或其中一个）就会诉诸国王，他会对此作出裁定。

（2）创立执政官官职是为了接管国王各种各样的职能。某些类型的案件（财产和家庭事务，也许还有其他案件）现在由执政官裁定就会成为惯例。其他类型的案件（关于宗教事务的纠纷，指控杀人犯及其他案件）继续由国王来裁定。与此同时或稍后，国王（巴昔琉斯）也停止了世袭。

（3）创立作战执政官官职（并不必然晚于执政官官职）是为了接管指挥军队远征的职能。在雅典人离开家乡进行军事远征时，他们更易于与非雅典公民的个人接触并产生纠纷。因此，作战执政官而非执政官或巴昔琉斯是雅典人与非雅典人有任何纠纷时所订诸的官员就成为规则,即使纠纷发生地是雅典。

（4）纠纷太多,以致执政官、巴昔琉斯及作战执政官无暇全部处理。于是便创设司法行政官来缓解其他官员的一些司法职能。某些类型的纠纷仍留给执政官、巴昔琉斯或作战执政官,而所有其余纠纷就由六位司法执政官来裁定。

（5）随着时代的推进,其他官职也被创制来监管特定事项,至少在一些案件中,此类官员有权裁定其所掌管领域中的纠纷。

（6）民主的观念及情感开始激发对官员个人裁断权的限制和制衡。主要体现为两个方面:成文法,官员要依法判决;陪审团,其裁决官员必须接受。后果就是官员的自由裁定几乎退减为零。公元前7世纪到公元前4世纪之间所发生的这些渐趋变化,是本章后面的主题。

## 战神山贵族议事会(the Areopagos[①])

战神山贵族议事会之所以称为议事会,是因为它在卫城(Akropolis)西部的阿瑞斯(Ares)山上集会。其起源及早期历史已无可信资料(埃斯库罗斯在《欧墨尼得斯》里曾言是雅典娜创建的),但可以合理猜测,它起初是一群在重大或疑难问题上为国王提供咨询的领袖,这要么是因为国王的请求,要么(可能性更大)是因为他们很强大以致能迫使国王接受他们的建议。像王权一样,他们的成员身份可以世袭,可见,议事会象征贵族政治。

《雅典宪政》所显现的迹象是,公元前7世纪战神山贵族议事会的司法权几乎不受任何限制:"战神山贵族议事会具有护卫法律

---

① Areopagos 希腊文为 Αρειος παγος ,含义为战神山。贵族们聚会于战神山,向国王提供咨询,是古代雅典最古老的地方自治会。最初它对杀人和企图杀人而致伤的案件有专属管辖权。本文翻译为战神山贵族议事会。——译者注。

的职能,但它管辖着城邦中大部分最重大的事务,并对一切扰乱公共秩序者直截了当地进行判刑或罚款。"(《雅典宪政》,3.6)然而,这不应被理解为,战神山贵族议事会在实践中确曾对所有违法者进行审判,必定有尚未提及的许多由执政官审判的纠纷。但有证据表明,战神山贵族议事会确曾审判某些特别严重的犯罪行为。

哪些犯罪行为呢?它们确定包括那些战神山贵族议事会在巴昔琉斯执政后期审判的违法行为(其时它已不是世袭制,但由前任执政官组成)。这类犯罪有故意杀人、伤害、纵火及毁坏神圣橄榄树。① 其余杀人案在后期由特别刑事法庭(ephetai)审判,他们在公元前 5 世纪至公元前 4 世纪期间由五十一个人以抽签形式选出。但波吕丢刻斯(Polydeukes)(拉丁文通常称之为 Pollux)在公元 3 世纪写道,德拉古(Drakon)创建它们,且依官衔任命。② 令人怀疑的是,波吕丢刻斯是否有德拉古的可靠证据,但十分可信的是,特别刑事法庭在公元前 7 世纪就存在,这也许意味着他们均为战神山贵族议事会的成员。如果这种推断正确,那所有杀人案件此时都由战神山贵族议事会成员审判。

另一个好似由早期战神山贵族议事会审判的犯罪是"僭主",公元前 7 世纪 30 年代抑或是公元前 7 世纪 20 年代,一位名叫基伦(Kylon)的人在党羽支持下意欲成为雅典僭主。他们占领了卫城(Akropolis),但在那儿被围困起来。在基伦和其兄弟逃跑后,余众投降了,并被说服离开卫城的圣坛,其条件是保留他们的性命但要对之进行审判,即由战神山贵族议事会审判(依据一位阿里斯托芬的注释者所言)。但执政官麦嘎克利斯(Megakles)却判处他们死

---

① AP 57－3, 60.2
② Pol. 8.125.

刑。几年后，麦嘎克利斯一家（阿尔克迈翁家族；他本人当时已去世）却因亵渎圣物的行为被指控"受到诅咒"或"玷污"，并由依职位任命的三百人陪审团来审判。他们被判刑，活着的被驱逐，死去的尸骨被挖出，弃之阿提卡（Attika）之外。①

这两个案件都很特殊。战神山贵族议事会对基伦党羽的审判是因其意图建立僭主但最终并没有成功。阿尔克迈翁家族的审判好像是由当时享有领导地位的一个贵族家族主持的。三百人的陪审团也许是战神山贵族议事会对特定杀人案审判的一次专门会议，借此机会，战神山贵族议事会强化了某些非常规会员的贵族的地位。但除此之外，也有一些其余案件由它处理。普鲁塔赫（Plutarch）指出，梭伦为特赦其任执政官之前被非法驱逐的人颁布法律，"除了那些由战神山贵族议事会或特别刑事法庭及在普吕坦尼安（Prytaneion②）因杀人或血亲复仇的被判刑的人之外"。这是公元前 594 年之前战神山贵族议事会对僭主，及对这些犯罪处以逐出法外（atimia）的充分证据。《雅典宪政》声明梭伦制定了由战神山贵族议事会审判那些阴谋"推翻民众"的人的法律，而在另一段里声明了对任何意图建立僭主之人制定了处以逐出法外的仁慈法律。③ 这里的错误是时代不符，因为在梭伦时代，民主还未确立，因此，不可能使用"推翻民众"的表述，atimia仍是严格意义上的"逐出法外"，并不意味着褫夺公民权的仁慈惩罚。但我们可以确认，公元前 7 世纪后期和公元前 6 世纪前期被指控僭主的人应由战神山贵族议事会审判。

---

① Hdt. 5.71. Th. I.126. *AP* I, Plu. *Solon* 12, schol. On Ar. *Knights* 445.
② 普吕坦尼安（Prytaneion）希腊文为 Πρυτανειον，它是希腊城市的公共建筑，用来敬奉灶神。也是雅典的一个法庭。——译者注。
③ Plu. *Solon* 19.4，*AP* 8.4，16.10.

这就是对雅典早期国王和执政官司法权的限制,即那些被指控为杀人或意欲控制国家的最为高贵的特定罪犯应由战神山贵族议事会审判。

## 民众法院(The Eliaia)

公元前 7 世纪的执政官和战神山贵族议事会在审判时也许会顺便考虑一些民众意见,但直到公元前 6 世纪,正式审判权才首次扩至非贵族身上。传统观点是,梭伦于公元前 594/3 年在任执政官时推行了这一改革。也有几位学者认为时间可能会更晚一些,但无论如何不会晚于公元前 6 世纪中期。我们所有的描述(尤其《雅典宪政》及普鲁塔赫的论述)主要集中于他的经济改革,尤其免除贫困农民的债务及由之引发的奴役状态。经济和政治改革并非本书讨论范围,然而它们也不能完全与法律革新分离,因为它们的主要动机是相似的。雅典普通人对贵族统治产生怨恨,他们认为贵族们自私且残酷。经济上,贵族们控制着土地;政治上,贵族们掌管着官员和委员会;司法上,贵族们主持着法院。因此,非贵族们要求更为公平地分享这三个领域,贵族们也由于害怕革命而同意接受梭伦的改革。

梭伦政体中,有三点看来最具民主性质,最先也是最重要的一点是禁止借贷以人身为担保,第二点是凡愿意者皆被允许替遭受不公正对待的人申冤,第三点——人们说借此大大强化了民众的力量——是向民众法院上诉。因为当民众制约了投票权时,他们也就控制了政体。此外,由于这些法律的言辞既不简明又不清晰,而是与有关继承及女继承人的那些条文一样,必定会引出众多的讼争,民众法院则成为一切公共及

私人事务的裁决者。(《雅典宪政》,9)

从此列表的第三条款"向民众法院上诉"来看,《雅典宪政》清晰地告诉我们梭伦在某种程度上赋予了民众司法裁判权。此短语标明了迈向民主司法最具决定性的一步。不幸的是,它如此简明扼要以致现代学者对此解释颇具争议。

何为"法院"? 雅典后期法院众多,但梭伦不可能创建如此多的法院。值得注意的是,我们所知的雅典古代法中表示"法院"的另一词[1],它是"Eliaia"(通常写为 heliaia,但铭文[2]表明没有字母"h"的形式是正确的)。从词源学看,其含义为"聚会"。基于此(不可否认这有点无力),现在通常认为梭伦时代的法院仅是雅典公民的聚会,即公民大会(Ekklesia)。但我们不知雅典人为司法而聚会时用 Eliaia 取代 Ekklesia 的原因。[3]

"上诉"通常是对希腊语"ephesis"一词的翻译,但并非所有学者都认为这是正确的。在此,介绍两个根本不同的翻译:

(a) 如果纠纷一方不满意治安法官的判决,他可能会上诉到民众法院。民众法院重新听取案情并作出判决,无需顾及治安法官的判决。[4]

(b) 梭伦依法限定治安法官依职权所作出的惩罚。仅当治安法官的行为保持在此限定内时,其判决才为最终的,但如果他希望超越此限定,就不得不把案件提交民众法院,民众法院会认可或驳

---

[1] Lysias 10. 16, Dem. 24. 105.

[2] *IG* i²39(ML 52)75,63. 14,*ATLD*14. II. 7.

[3] Bonner and Smith *Administration* i I52 - 7, Wade-Gery *Essays* 173 - 4, Hignett *Constitution* 97.

[4] Bonner and Smith *Administration* i 159, ii 232 - 5, Wade-Gery *Essays* 173; cf. Harrsion *Law* ii 72 - 4.

回这种更严厉的惩罚。①

一个有利于 b 的证据是，公元前 4 世纪确曾存在几部法律，它们赋予治安法官针对具体犯罪施加一定限额的罚金的权力，但当治安法官认为要施加更严厉的惩罚时，他就要把案件提交法院。这些法律词语暗示，只要治安法官保持在限定内惩罚，就不允许上诉。由于治安法官依职权的裁判权随着雅典日益民主而减弱，尤其他们中大多人由抽签选出后。因此，如果梭伦剥夺了施加惩罚而不准上诉的权力，那后面要想恢复就根本不可能。因此我们应接受的是，（即使《雅典宪政》没有提到这个例外）梭伦并没有让所有治安法官的判决都允许上诉，至少一些小额案件，治安法官的审判是终审。

但这并不能让我们在 a 与 b 之间作出选择。假如在某些小额案件中治安法官的判决是终审，但问题仍在，民众法庭审理的案件仅仅是纠纷一方反对治安法官的判决，还是治安法官需要将案件提交民众法庭（即使双方当事人都不反对）呢？

一些学者依据 ephesis 一词的习惯用法而赞成 a。在司法语境中，此名词与其相关动词和形容词仅应用于案件不满意一方启动第二次庭审时，即，它们仅意指"上诉"。② 但这并非必然是正确的。有一实例，公元前 5 世纪的一块阿提卡铭文（此为规制雅典人和卡尔基斯（khalkis）人之间关系的著名法令）上出现的"ephesis"一词，依据当然解释，其适用于当涉及严重惩罚时应强制参考另一法院

---

① Wilamowitz *Aristoteles* i 60，Hignett *Constitution* 97 - 8，E. Ruschenbusch in *Historia* 14(1965) 38I - 4.

② Wade-Gery *Essays* 192 - 5.

之案件,而不依不满意一方的异议而定。① 因此,就语言惯例而言,ephesis 的含义是 a 或是 b 都有可能。

但有另一份有利于 a 的证据,普鲁塔赫在论述梭伦时有这样的句子:"甚至当他指派官员判决时,他也同意那些希望上诉的人到法院上诉(epheseis)"(《梭伦》,18.3)。此句的最后一词毫无疑问表明了普鲁塔赫认为梭伦所做的是 a,而不是 b。即,仅当纠纷一方有此意愿时才能将案件提交民众法院。我们能相信这几乎写于梭伦 700 年后的叙述吗? 在普鲁塔赫所写的梭伦一章中,有很多与我正在翻译的《雅典宪政》的相关章节的内容极为相似,这暗示了普鲁塔赫读过《雅典宪政》这一章,并附加了自己的评论,以致在普鲁塔赫中而不是在《雅典宪政》中的一些内容仅被视为一种推测,而非独立证据。但我难下决断,因为普鲁塔赫的记载中确也含有《雅典宪政》中没有出现的几个细节问题,而且我们知道他确实大量引用了许多公元前 4 世纪的历史著作,而这些著作却没有留存下来供我们赏析。因此,我认为短语"凡愿意者"的来源可靠,只要没有发现与之相冲突的更有力的证据,它就是可信的。

因此,我的结论是,a 基本正确。梭伦规定,民众法院当且仅当纠纷一方希望对治安法官已作出的判决上诉时才审判案件。但如此来看,我也会采纳 b,条件是某几类案件治安法官保留终审权,只要惩罚在规定的限度之内,就不准上诉。尽管有例外,但梭伦改革显然赋予雅典民众一定程度的控制权。比如,贵族执政官进行司法活动之前绝对没有这种控制权。

起初,某些民众可能怯于到民众法院行使上诉权,因而在许多

---

① *IG* i²39(ML 52)74;cf. Bonner and Smith *Administration* ii 246 – 53,Meiggs *Empire* 224 – 5.

案件中仍接受治安法官的裁定。但一段时间后,胆怯自然会减弱。很显然,在几乎所有纠纷中,治安法官作出不利判决的当事人,都会对其裁决不满意,因而他会欢迎案件有再审的机会,除非他有某些顾虑不这么做。在古代雅典,人们因忌惮贵族统治而抑制自己反对贵族官员的裁断,但随着雅典越来越民主化,这种抑制弱化了。在现代,人们主要因为经济消费而抑制诉讼,但在雅典,上诉到民众法庭并不需要花钱。由此,不久之后,雅典人必定会意识到,如果治安法官做出不利于自己的判决,那上诉也不会有什么损失。

最终的结果是(除了低于特定限额的惩罚的案子外,治安法官的裁断是终审,不允许上诉)治安法官懒得裁断。在公元前 5 世纪末之前,我们发现治安法官仅当当事人向其解释了他们的纠纷是什么时听审才进行。当他确信纠纷严重而自己不能作出终审裁决时,他不会费时作出裁定(对此裁定,纠纷一方确定会上诉),转而会安排由民众法院——或(那时许多法院已经取代了民众法院)适合此类案件的法院来审判。他主持审判,但不会去影响裁断,因而当他在审判终了"作出判决"(希腊语动词 dikazein)时,仅在形式上宣读由陪审团作出的判决。这是我们在《荷马史诗》中看到的原初之判决形式在实践上的逻辑结果。纠纷双方在一群旁观者面前发表演讲,国王或其他法官根据民众的掌声或其他表示作出判决。

没有任何证据确切表明治安法官何时停止了对此类案件的审判。但有信息显示,公元前 490 年左右他们仍能独自作出审判,其依据是普鲁塔赫所记载的一则故事,地米斯托克利(Themistokles)说,他会利用他作为执政官的权力来帮助朋友,但即便故事是真实的,这种尝试也不成功,因为此时,一个无所约束的执政官无论如何会采用除了司法裁决外的其他方式来帮助其朋友。[①] 企图表明他们仍在公元前 460 年左右审判,如果依据是规制雅典人与法瑟里斯人(Phaselis)的法规中的某些措辞,那也难以奏效,因为这些话语仅仅意味着治安法官主持审判,在形式上宣布判决,并不是他决定裁断。[②]

然而,许多学者认为,一定有一个特定时间,此时依据法律正式禁止治安法官作出审判。尽管如此认为是可能的,但却没有证据来证实,因而没有特别理由相信它。也许更为可信的是,在实践中裁判官的审判可能弃而不用了,因为当明确了到民众法院上诉时,它就没有任何意义了。对比一下皇家恩准英国议会的法案就可知了。众人皆知,在实践中君主不再有权否决议案。但对"何时君主丧失了这种权力?"的问题是无法回答的,虽然其权力从没有被法律取缔。当然可以说,最后一个否决议案的君主是安妮女王,但谁能说更晚的君主如果他企图否决议案不会成功呢? 同样,一些雅典的治安法官也许是最后一个作出判断的(提交民众法庭或陪审团恩准的案件),但没有具体资料证明裁判官作出了他最后一次想做的判决。我们能够肯定的是公元前 5 世纪末没有人能如此做。

## 民主陪审团

随着治安法官审判的案件上诉到民众法院越来越常态化,就有必要经常召开民众法院以受理上诉。当然,亦有其他因素导致审判次数的增加:雅典人口的增长;普通雅典人更乐于积极争取他

---

① Plu. *Aristeides* 2. 5; cf. Wade-Gery *Essays* 176 - 8.

② *IG* i² I6 (ML 31); cf. Wade-Gery *Essays* 182 - 6, R. Sealey in *CP* 59(1964) 17, Stroud *Drakon* 42 - 5.

们自己的权利。然而,公民大会花在审理案件上的时间并非没有限定,他们也要生存。那如何在没有耗费民众的劳作时间及其他活动的情况下维护其上诉权呢?

此问题的英明解决是对民主及司法行政作出的一个巨大贡献,即把有限数量的公民作为整体公民的代表;部分社区代表整个社区,部分裁定视为整体裁定。现代国家通常被视为民主基础的普通公民陪审团的审判权(非特殊职位或享有专门知识的人)就是在雅典被创造的。

遗憾的是,我们不知谁首先想到的及何时想到的。有确凿证据显示,民主陪审团最早在公元前5世纪中期就存在了。其时,伯利克里建议给予陪审团报酬。① 但没有特别理由相信这是首次组建陪审团。

要成为陪审团成员,一个人必须年满三十岁,且拥有完整公民权。从自愿参加的成员中,每年以抽签方式选出6000人来作陪审员(也许从十个部落中的每个部落各选600人,尽管没有相关证据)。② 不同法院的陪审团由这6000人来组建,法院并非每一天都开庭,且在节假日和公民大会召开时法院也不会开庭。因此,并不是每天都需要所有陪审员参与,每一个陪审员仅在其审判案件的当天有报酬。③ 有段时间,报酬是每天两个欧宝(obols),可能在公元前425年,克莱翁(Kleon)提议把报酬提升到每天三个欧宝。④

给予报酬的主要目的是,让陪审团中的贫困阶层获得公正表

---

① Arist. *Politics* 1274a 8 - 9, *AP* 27. 3 - 4, Plu. *Perikles* 9. 3 - 5; cf. Wade-Gery *Essays* 235 - 8, Hignett *Constitution* 342 - 3.

② Ar. *Wasps* 662, *AP* 24. 3, 27. 4, 63. 3.

③ Ar. *Wasps* 303 - II, [Xen.] *Ath.* 3. 8, Dem. 24. 80.

④ Ar. *Knights* 51, 800, schol. On *Wasps* 88, 300; cf. J. J. Buchanan *Theorika*(1962) 14 - 21.

达的机会。如果没有报酬,贫苦之人也许不会自愿充当陪审员,因为他承担不起因担任陪审员所损失的金钱或农产品,而这些是他正常劳作所能得到的。然而,每天两个或三个欧宝的数额也不是很高。一般来说,一个身体强壮的人能够通过其他的劳作赚得更多。也许,人们从来都不会有这样的想法,审判案件是一项工作,或把陪审员职位视为一个全职职位;也许,可以预计许多人非常高兴为社区从事这项业务,条件是做这件事时他们不会挨饿。然而,现实生活中,自愿从事这项工作的身体健壮之人很少,许多自愿者都是那些不再适合从事普通工作或不能通过其他手段赚得更多钱财的老人。这样,陪审员的报酬充任老年人的养老金。尽管付给陪审团报酬的方法成功地为贫困公民提供了公平发言的机会(也许比公平更多),但却没有为不同年龄群体提供这样的机会。这是阿里斯多芬在喜剧《黄蜂》中所提出的。剧本中的合唱队由贫困老人构成,他们唯一的营生就是他们作为陪审员所获得的报酬,他们穷苦潦倒,由合唱队的领唱者和每天早上陪他去法院的儿子以半喜剧,半同情的方式显示出来。

男孩:爸爸,要是我向你讨一点东西,你给我吗?

父亲:小宝宝,我一定给你。告诉我,你要我给你买什么好东西? 我想,你会说要一件便宜的玩具。

男孩:不,爸爸,我要干无花果。

父亲:你会杀死我的!

男孩:好,那我再也不陪同你了。

父亲:这点低廉的报酬,我要用来买面包、柴火和肉,你竟然还要无花果!

男孩:告诉我,父亲,如果法庭今天没有开庭,我们的午餐怎么解决？你对我们的前景是怎么看的呢？

父亲：我确实不知我们的晚餐怎么办？

(阿里斯多芬，《马蜂》，291 - 311)

## 法庭陪审团的分配

每个有责任提交案件的治安法官总会出席同一法院。[①] 经常提及的法院是"司法执政官的民众法院"。这是审理许多重要案件的法院，其中一些案件需要特大陪审团（1000 个陪审员或更多），因而它必须比其他法院有更大的场所（也许此建筑因作为 Metiokheion[②] 而知名）。[③] 这可能就是此法院拥有"Eliaia"这个称号的原因，在早期，Eliaia 的意思是雅典公民全体会议。原初为表演而建造的音乐厅（Odeion[④]）（犹如名字所示），也用做法院，斯多葛学派的画廊（Stoa Poikile）也在这里。[⑤] 公元前 5 世纪或公元前 4 世纪的其他法院被称之为新法院，临时法院（the Inserted Court），吕科斯（lykos）法院，卡里奥（Kallion）法院，三角法院，大法院，及中等法院。[⑥] 在市场挖掘中曾试图确认各种法院的遗址，但大部分都难以确定。[⑦]

---

① Ar. *Wasps* 1108 - 9，Ant. fr. 42，Dem. 59.52，etc.

② Metiokheion 是 μητις(智慧)和 χεο(溢出)的合成词，其含义为智慧满盈。——译者注。

③ *IG* i² 39(ML 52)75，Ant. 6.21，etc.；cf. MacDowell *Wasps* 273 - 5.

④ Odeion 希腊词为 Ωδειον，含义为 歌咏场，音乐厅。亦作一般会场，在该处举行公民大会，进行哲学辩论，审判案件，以及发放粮食等。——译者注。

⑤ Ar. *Wasps* 1109，Dem. 59.52，*IG* ii²1641.28 - 30.

⑥ Ar. *Wasps* 120，389，Ant. fr. 42，*FGrH* 324 F 59，Pausanias I. 28.8，Pol. 8.121，etc.；cf. Jacoby's commentary on *FGrH* 324 F59，MacDowell *Wasps* 274 - 5.

⑦ Thompson and Wycherley *Agora* 56 - 72.

## 古典时期的雅典法

公元前 5 世纪,每个陪审员每年都会被分配到一个法庭,[1]但并不清楚每个法庭会分配多少陪审员,也不知道每个法庭是否有相同的人数。我们所知道的是,公民大会(Ekklesia)投票组建 1000、1500 或 2000 陪审员的特别法庭。[2] 常规法庭可能比这些特别法庭的人数要少,但并不知道公元前 4 世纪时通常 500 人的陪审团是否在公元前 5 世纪也是这个数字。公元前 415 年里奥格拉(Leogoras)对斯彪西波(Speusippos)的违法议案公诉,据说(安东柯蒂斯,1.17)就是由 6000 名陪审员审判。如果这个数字正确(质疑一直存在),这必定是一件极不寻常的案件;由于公民大会对厄琉西斯秘密宗教仪式(Eleusinian Mysteries)和残缺的赫尔墨斯神像(Hermai)的警觉,它必定会组建一个专门法庭,由来自所有普通法庭的陪审员一起来审判这一极为重大的案件。仅有一件公元前 5 世纪的案件的陪审员数量被记载在案:伊索克拉底(Isokrates)的一次演讲中提到过由 700 个陪审员审判的案件。一些编辑把人数改为 500 人,但我们对公元前 5 世纪的陪审员规模知之甚少,以致我们并不确信 700 人的数字是否确切,案件日期也不清楚,但它不可能晚于演讲的日期(可能公元前 400 年),也许早几年。[3]

公元前 5 世纪末,陪审员腐败的问题极为棘手。安尼图斯(Anytos),即后面起诉苏格拉底的那个人,据说创造了称之为 dek-azein[4] 的贿赂方式。[5] 这也许是我们看到公元前 4 世纪早期有不同的分配陪审员参与审判制度的原因所在。对此,最好的证据是

---

[1] Ar. *Wasps* 242 - 4,303 - 5.

[2] *ATL* List 25.60 - 1 and A9.16,Lysias 13.35,Plu. *Perikles* 32.4.

[3] Iosk. 18.54;cf. MacDowell *Homicide* 53 - 4 and in *RIDA* 18(1971) 267 - 73.

[4] Dekazein 希腊词为 $\delta\epsilon\kappa\alpha\zeta\omega$,含义是贿赂(陪审员)。——译者注。

[5] *AP* 27.5;cf. page 173.

阿里斯多芬在喜剧《公民大会妇女》(Ekklesiazousai)的一个片段。在雅典,普瑞阿卡戈拉(Praxagora)和其他妇女建构了一个"共产主义"国家,在此没有私人财产,食物由国家统一分配给个人。当每个人都拥有所需事物时,就不会有盗窃,法院因此被取消,法庭上的相关设施便会有更好的用途。

> 布莱普奥斯(Blepyros):你用这些分配机干什么呢?
>
> 普瑞阿卡戈拉(Praxagora):把它们拿到市场上。放在哈尔摩狄奥斯(Harmodios)旁边,给每个人抽签用,签上的字母表明用餐地点。传令官会宣布,获得 beta 字母的人到皇家画廊用餐;theta 字母的人去紧邻的画廊;获得 kappa 字母的人去城邦粮仓的画廊用餐。
>
> 布莱普奥斯:衷心祝贺抽到 kappa 字母的人!
>
> 普瑞阿卡戈拉:不,不,仅仅是去哪用餐。
>
> 布莱普奥斯:那没有抽到用餐签的人,其余人会把他们赶走吗?
>
> 普瑞阿卡戈拉:不,我们不会允许这种事发生。我们会为每个人提供任何事情。
>
> （阿里斯托芬,《公民大会妇女》,681－90)

从此拙劣的模仿中可以推测到,这一时期陪审员的真实分配程序。年初,本年度的陪审员并非被分配到法院去,而是被划分为规模相同的小组,每组以字母表中的一个字母为标志。也许有十组,字母由 alpha 到 kappa（犹如我们所知公元前 4 世纪的情况)。每天早晨,所有陪审员都会在某个地方集合,除了那些因病或其他原因缺席的。字母表中的一个字母（也许是 lambda 之上,如之后那样)在当天被分配到每个使用的法庭。之后,从两个容器中抽签

（一个容器针对的是陪审员小组，另一容器针对的是法庭），抽出的第一组陪审员就列席抽出的第一个法庭，依次等等。如果某一天法庭开庭数量少于 10 个，那会有一些因没有开庭而离开的陪审员小组，他们就不得不回家且没有那天的报酬。（在阿里斯多芬的《财富》1166－7 中暗指有陪审员企图让自己登记几个"字母"，以便于减少被漏掉的机会，当然这是非法的。）

　　普瑞阿卡戈拉的话清楚地表明了所有同一字母的陪审员都会到同一个法庭去；因此，后面针对单个陪审员的抽签制度在《民众大会妇女》的时代还没应用，此时仅是小组整体抽签。小组为了能够交替使用，必须有同样规模。如果有 6000 个陪审员（如公元前 5 世纪，但公元前 415 年之后没有关于此整体的确切证据）和十个小组（如公元前 4 世纪）。① 那么每个陪审团就有 600 个陪审员或（如两个或多个小组一起审判一个重大案件）1200 个或 1800 个或更多个陪审员。但事实上，我们碰巧得知在此时期唯一一个陪审团的人数是 500 人。② 因此，要么陪审员的全部人数是 5000 人（非 6000 人），要么有十二个小组（非 10 个），要么有 600 个人一组的陪审团被称之为"500"，因为每一组在某一天可能有多达 100 个缺席者，没有办法来说哪个替代方案是正确的。

　　也没有任何信息显示，此制度建构的确切日期。阿里斯多芬的引文仅仅表明，在《民众大会妇女》（公元前 393 年或公元前 392 年）或《财富》（公元前 388 年）上演的时代有此制度。此制度的目的是为了抑制贿赂，依据的方式是审判日之前特定案件不知由哪个陪审员小组审判。然而，在某种程度上这并不令人满意，因为不久之后此制度又变化了。

---

① Ar. *Wasps* 662，And. 1.17，AP24.3，63.4.
② Isaios 5.20.

新制度极为复杂。《雅典宪政》(63－65)对此有详尽叙述,在此仅扼要总结。每位登记做本年度陪审员的人都会被分配一个身份牌(pinakion①),其是由青铜和木板制作的"票"或"名牌",上面刻有他的名字及字母表前十个字母的某个字母(从 alpha 到 kappa);十个部落(phylai)中的各个部落大约都有持有相同字母的陪审员人数。每天早晨,每个部落的陪审员要单独集会,分别在法庭围场的十个入口处中的某个入口旁。九位执政官和司法执政官(thesmothetai)的秘书负责分配,每个官员负责一个部落。每个到达的陪审员都把他的身份牌投入一个标有他的字母的箱子里。执政官(或秘书)从每个箱子里随机挑选一个名字,被选中的陪审员就成为当天的此字母所属的陪审员的"插票员"。他把箱子里的其余身份牌插入分配机(kleroteria)前的垂直排列(柱形物)的一个槽里。每个部落都有两台分配机,每台有五个竖排的用于塞身份牌的槽,总共十个竖排,一个竖排包含标有所有字母 alpha 的身份牌,另一竖排包含标有字母 beta 的身份牌,依次等等,因此每一横排包含了标有所有不同字母的身份牌。接着,执政官(或秘书)会把一些白色和黑色的小骰子(或球)放进分配机。白色代表此部落中有五个人被选中,黑色代表有五人没被选中。例如,如果需要从部落中选 300 个陪审员,而有 400 个申请者,那他会把三十个白色骰子和十个黑色骰子放入每台分配机。然后他会一个接一个取出骰子。如果第一个骰子是白色,那么此分配机最上面的横排槽中的身份牌所属的五个人就被选为当天的陪审员;如果是黑色,他们就没有被选中。第二个骰子决定第二横排人的命运,依次等等。之后,每个陪审员也这样挑选法庭,他们会从一个翁(urn)中

---

① Pinakion 希腊词为 Πινακιον,含义为(陪审员写有罪或无罪的判词的)一种小木板。——译者注。

挑选一个标有字母（lambda 字母之前，这些字母在当天更早时早已抽签的方式分配到开庭的法院）的"橡子"或球，以决定他去哪个法院。然后，他被给予一个标有颜色的木棍，这代表他有权进入那个法庭（每个法庭都有不同的颜色），且（在任何人有机会贿赂他之前）迅速进入法庭围场的入口。这是对这一程序的扼要总结，希望了解更多信息的读者可以看看《雅典宪政》的叙述和 Sterling Dow 对之细致的阐释，还有 J. H. Kroll 对幸存下来的身份牌的权威研究。①

《雅典宪政》写作之时，陪审员的身份牌由木板制作，但也发现了许多青铜身份牌，此时间应为公元前 4 世纪第二个季度，正如 Dow 和 Kroll 表明的。Kroll 相信采用此制度的时间极可能是公元前 378/7 年。（陪审员的青铜身份牌贴有三欧宝钱币背面的猫头鹰饰面的图案，象征着他们每天的报酬是三个欧宝，它们不同于没有印记的青铜身份牌，公民应用它们并不是登记做陪审员，而是为了每年执政官职位和其他职位的分配。根据 Kroll 所记载的时间，大约从公元前 370 年到公元前 322 年）因此，这些身份牌表明采用这种制度可能是本世纪中期之前。其他相关证据是，德摩斯梯尼的演讲辞《诉提莫克拉底》（《Against Timokrates》）（可能是公元前 353 年）中所提及的法令，规定一个有"两个陪审员小组（dikasteria②）的审判，相当于 1001 人"。③ 奇数的目的是为了避免投票平局，但这没有多大意义，除非能保证确切地参加人数。在原先分配制度下，无论一个陪审员小组的人数是 500 人还是 600 人，

---

① Kleroteria 的图表展示见，S. Dow in *Hesperia* Supp. 1(1937) 198 – 215 and *HSCP* 50(1939) 1 – 34；某些修改和补充见，J. D. Bishop in *JHS*90 (1970)1 – 14. Pinakia 的描述见，by S. Dow in *Bulletin de Correspondance Hellénque* 87(1963) 653 – 87, and 完整的以图片来编排与讨论见，J. H. Kroll *Athenian Bronze Allotment Plates*(1972).

② Dikasteria 希腊词为δικαστηριον，含义为陪审员小组。——译者注。

③ Dem. 24. 9；cf. 24. 27.

这个小组几乎很少或从没完整过，因为在任何一天都可能有一些缺席者。于是，当颁布法令规定需要 1001 人的陪审团时，所施行的分配制度必定是这样的，一个陪审团总体上并不是由一个完整的陪审员小组构成，而是由审判那天知道出席的人员构成，因此，单个分配陪审员的制度，就像《雅典宪政》所描述的，一定在《诉提莫克拉底》之前采用，每个案件都有确切陪审员数量的渴望就是采用这一制度的原因，或原因之一。①

"两个陪审团小组，相当于 1001 人"的引文暗示，500 或 501 个陪审员被视为一个小组或一部分。公元前 4 世纪后半期很少提及 1000 或 1500 或 2500 人的陪审团。有一些不精确地提及确曾有 1001 人或 1500 人或 2501 人的陪审团，由两个、三个或五个陪审小组组成。② 但也有提到 201 人（不确切地是 200 人）或 401 人的陪审团；③因此，陪审团并不一定是 500 的倍数。也许对于 201 人或 401 人的陪审团来说，500 人陪审团首先由一般分配程序选出，然后剩余的就由进一步的抽签形式排除了。④ 但我们没有足够证据来确定这些细节。我们也不知道，500 人（比如说）的陪审团是如何及何时在标有十个"字母"的十个部落中抽取五名而组成，更不用说选出 501 人的陪审团了。

公元前 4 世纪后半期这一制度更为细化。此时，每个负责提交某类案件到法院的治安法官总是在同一法院担任主持。公元前 340 年左右仍如此，《诉奈纳》的演讲提及，在大剧院（Odeion）中经

---

① Cf. G. M. Calhoun in *TAPA* 50（1919）191 - 2, Kroll *Athenian Bronze Allotment Plates* 5 - 7, 62 - 8, 87 - 90.

② Dem. 21. 223, Dein. 1. 52, 1. 107; cf. Pol. 8. 53, 8. 123.

③ Dem. 21. 223，*AP* 53. 3.

④ Dem. 25. 27；cf. Lipsius *Recht* 142.

常审判这类案件。但不久之后,《雅典宪政》写作之前,每天开始以抽签方式为治安法官配备相应法庭。①

整个分配陪审员的制度,像在公元前 4 世纪所发展的那样,证明了雅典人非常相信抽签方式能够确保公正及抑制腐败。每个陪审团分配程序之冗长及人数之巨大(公元前 4 世纪及公元前 5 世纪)也证明了他们认为花费如此多时间从事陪审服务是值得的。按人口比例来看,雅典人必定比历史上其他民族在审判上消耗的时间更多。陪审员在雅典喜剧中作为雅典人的象征并非没有道理。例如,阿里斯多芬的《云》,"瞧,这就是雅典人。""什么,我不信,我没有看到任何出席的陪审员。"在《群鸟》中,"你来自哪个国家啊?""来自有优良船舶的国家。""你不是陪审员,对吗?"②等等。

所有这些倾向于把一个陪审团等同于整个群体。雅典陪审团就是雅典人。面对陪审团陈辞的发言者欲谈论雅典城邦时,他所用的词汇是代词"你"。③ 因为,在民主雅典,人民是至高无上的,陪审团的裁定是终审裁定,不允许上诉。

# 三　法典

## 德拉古和梭伦

原始社会,当国王和法官处理纠纷时,仅依据裁量权作出判决。当然,他通常会受到当时通行于其社区的对与错的观念,或先前的相似案件判决的指导,其他出席审判的民众包括大量的旁

---

① Dem. 59. 52, *AP* 66. 1.

② Ar. *Clouds* 206 - 8, *Birds* 108 - 9.

③ And. 1. 66, Lysias 13. 10, Isaios 4. 17, Dem. 43. 72, etc. ; cf. Ar. Wasps917.

观者(犹如阿基里斯之盾的场景)的意见也会有助于他评估纠纷者的主张,但是公众意见可能不一致或不明确。有责任心的法官通常会发现不适当的指导,自私的法官通常有机会作出有利自己的判决,公民则很难弄清他是否能够采取某些特殊措施而免于惩罚。

规则或法律的功能就是减少这些质疑。如果人们都同意并权威性地声明某特定种类的行为是错误的,且它将招致法定的惩罚,那么,这会对个人的行为提供指导,也会有助于社区控制法官,因为每个判决都必须服从以前制定的法律。即使在极端君主制社会里,制定法律的国王能够变更法律或触犯法律而免于处罚,但国王制定了法律却又做出与之不符的判决的时候至少会招致怨恨。法律的另一个功能,是有助于政府贯彻纠纷应由正式任命的法官来审判,而不是由私人使用武力来决定。遭受伤害的人有可能更愿意克制报复行为,而把案件提交给法官并接受他的判决,如果他知道法官会依据成文规则来审判的话。

最古老的法律是口述的。然而,口述法律一般难以令人满意。有纠纷时,人们对法律是什么会莫衷一是。因此,所有文明社会都会把法律形诸文字。当今时代,复印文本是为所有希望阅读它们的人而准备的。在古代希腊,尽管人们会抄录它,但法律本身是单个文本,保存在官方档案馆里或(尤其在民主时代的雅典)在公共场所展示以便让全体民众看到,它通常刻在木板或石板上以免任意变更。古典时代的希腊可能把法律视为一个物体。

德拉古法典是雅典第一部成文法。德拉古立法的传统日期是公元前 620 年,但有关此日期的证据相对单薄,然而,也没有证据证明它是错的。我们不知德拉古担任何种职位,如果有的话,也不知在何种形式下雅典君主希望,或至少在某个时刻接受把法律形诸文字。① 普鲁塔赫保留传统的说法,这是我们的词语"残酷的" (draconian)的来源,即其中所规定的惩罚极为严厉:

> 差不多所有的违法行为,都适用一种惩罚,那就是死刑。甚至那些被定为犯了懒惰罪的人也要处死;而盗窃蔬菜和水果的罪犯,竟与渎神犯和杀人犯所受的处罚相同。所以后来德马德斯说得很对,德拉古的法律不是用墨水写的,而是用血写的。据说有人问过德拉古,为什么他对大多数的罪犯都采用死刑? 他答复说,在他看来,轻罪理当处死,至于更大的罪,还找不到比死刑更重的刑罚。(普鲁塔克,《梭伦》,17. 2 - 4)

我们没有可信的德拉古法律的记载。(通常认为《雅典宪政》4 的记载是伪造的。)有散乱地提及各种单个法规,尤其是盗窃和懒惰的法规,显然在后世看来,这是臭名昭著的(像普鲁塔赫所揭示的),但所提及的一些法规可能是错误的,因为它们成文于梭伦废除德拉古法律之后的两个世纪或更长时间,此时真实文本不可能仍存在。②

但也许有一重要例外。据说梭伦并没有变更德拉古关于杀人的法律,公元前 5 世纪和公元前 4 世纪的雅典人认为那时实施的杀人法就是德拉古法律,从他那个时代起一直保持原样没有变更。③ 公元前 409/8 年此法律重新刻在石柱上。很多铭文现在存在于雅典碑铭博物馆(Epigraphical Museum),R. S. Stroll 最近再次对之进行研究,出版了一部较先前必读文本更佳的著作。④ 一些学者包

---

① Cf. Stroud *Drakron* 65 - 75.

② Lysias fr. 10(Thalheim), Xen. *Oikonomiks* 14. 4 - 5, 及以后的作者; cf. Stroud *Drakon* 75 - 82.

③ Ant. 6. 2, And. 1. 81 - 3, Dem. 20. 158, 23. 51, *AP* 7. 1.

④ Stroud *Drakon*(ML 86).

括 Stroll 准备承认它为公元前 7 世纪以来准确的且没有变更的法律。但如果新铭文上的老文本包含了公元前 6 世纪或公元前 5 世纪早期修订的部分，那么公元前 409 年的雅典人是否知道这件事则是可疑的，因此，较为安全的做法是，承认他们确实不知（当然我们也不知道）这是否是没有变更的德拉古法文本。

然而，无论如何，有一点是确定的，就是德拉古确曾把杀人和其他犯罪行为付诸成文法，这是迈向以下两个目的的非常重要的一步：有助于雅典政府规定必须遵守司法程序来制止杀人和其他暴力行为（尤其对杀人行为的报复）；也有助于制止执政官和战神山贵族议事会免于刚愎自用且前后矛盾的判决，或处以不适当的惩罚。

据说，梭伦废止了德拉古那些除杀人外的所有法律，并制定了新法律。像德拉古法律一样，这些法律也被刻在称作 axones 的四面木柱上，它为框架结构且能够以轴为中心旋转以使四边都能阅读，或者刻在带有尖顶的三角板（kyrbeis①）上，也许包含重要的宗教法律。② 因此，德拉古的杀人法和梭伦的其他方面的法律就是雅典法律。当然，随着时间的推移会做些增补和修订，木头柱（axones）最终也为石头铭文所取代。但这个名字流传下来，公元前 4 世纪的修辞学家通常把他们时代所存在的法律称为"梭伦法"，甚至在明确相信不能追溯到梭伦时代时，亦是如此。结果是，我们很难从我们知道的以后实施的法律中挑选出真正的梭伦法。E. Ruschenbusch 曾试图汇集我们所知的梭伦法的文本，但在大多数

---

① Kyrbeis 希腊词为κυρβειε，含义为一种公布法令的三角板。——译者注。

② *AP* 7.1, Plu. *Solon* 25.1; cf. A. Andrewes in Φ´ορο ς, *Tribute to B. D. Meritt*(1974) 21 – 8, H. Hansen and W. F. Wyatt in *Philologus* 119(1975)39 – 47.

情况下对于一个特定法律是否真是梭伦法仍不明朗。[①] 在此,本文并不想罗列梭伦的法律,但在本书的 23—28 页和 53—55 页对他在法律程序上的一些革新做出过解释,有关他的单个法律也会在后面的相关章节中提到。

## 法律和法令

德拉古和梭伦为雅典制定了一部成文法规后,治安法官要遵守它,陪审团在组建后也要如此。尽管陪审团的裁定不受任何制约,也不允许上诉,但并不意味着,陪审员可以作出他们喜欢的任何裁定:陪审员应投票对一个践踏法律的人判刑,及宣判遵守法律的人无罪。在公元前 4 世纪,每个陪审员在年初(而不是在开庭前)都会立下誓言,尽管现代学者认为德摩斯梯尼在《诉提莫克拉底》中所提供的誓言文本,有许多引用错误及伪造的条款,[②]但无论如何它确定包含这样一些话语:"我会依据雅典的法律和法令审判,法律没有规定的事情,我会依据最公正的观念审判。"[③]因此,陪审员并不能独自自由地裁定何种行为是正确的或错误的,他必须依据法律和法令裁定,如果相关法律和法令存在的话。有鉴于此,那是什么形成了一部有效的法律,及法律和法令的区别是什么?

希腊单词"nomos"确实比英语单词"law"的意义更为宽泛。其含义是"习惯"或"生活方式",词典中其他意思及与此不相关的其他意思除外。它是社会认可的行为规范,即大家公认的正确做法。[④] 因此,应用此词并不必然意味着具体规则已被写下来。然

---

① E. Ruschenbusch Σόλωνος νόμοι(1966).

② Dem. 24. 149 – 51; cf. Bonner and Smith *Administration* ii 152 – 5.

③ Dem. 20. 118, 23. 96, 39. 40, 57. 63, Ais. 3. 6.

④ Cf. Ostwald *Nomos* 20 – 54.

而,到了公元前 4 世纪,nomos 是制定法(statute)的常用词,即以书面形式颁布的且由政治程序确认的有效法律。

在德拉古和梭伦时代,通常用作法律的单词好像并不是 nomos 而是 thesmos。Thesmos 一词是指已经制定或由权威机关所强加的规则,无论其是一个国王,或像德拉古一样的立法者,抑或是,议事会或公民大会。因此,与 nomos 有点不同:共同承认的行为规则原先也许由一些权威机关制定,但并不必然如此;而由权威机关所制定的规则(thesmos)并不必定被普遍认可。于是,当我们发现雅典通常所用的法律词汇,在公元前 7 世纪和公元前 6 世纪是 thesmos,而在公元前 4 世纪和公元前 5 世纪是 nomos 时应引起注意。它标志着民主观念的改变,暗示着法律的有效性取决于社区的同意而非君主的权力。Martin Ostwald 曾详细研究过此术语的转变。他认为用 nomos 取代 thesmos 作为制定法的正式术语,是克里斯提尼于公元前 507 年建立民主制度的一次审慎的政治行为。这一提法尽管没有被证明,但似乎是可信的。①

民主制度一旦确立,新法律便由公民大会(所有公民参加的大会)投票制定。公民大会的事务先由公民议事会(Boule②)讨论,但任何公民均可向其提交议案,如果公民议事会赞成并在公民大会召开之前提交上去,那么它可能由出席会议的公民以多数票形式通过或修订后通过,因而变成了法律。于是就会经常应用另一个词——psephisma。这个词通常翻译为"法令",其字面含义是"投票",适用于公民大会投票制定法律或决定决议案。(这个词的原初含义是指以卵石投票,即 psepho(小石子),但它也用做举手作出

---

① Ostwald *Nomos* 137 – 73.
② Boule 希腊词为βουλη,含义为议事会,尤指雅典 500 人的公民议事会。——译者注。

裁定。其并不限于公民大会的裁定,但其他会议的 psephisma 并没有法律效力。)在公元前 5 世纪,nomos 和 psephisma 是叠用词,任何新法律皆由公民大会投票制定,因此可以称之为 nomos 或 psephisma,尽管仍然有效力的德拉古法和梭伦法并非由投票制定,因而仅被称之为 nomos,或如果发言者更喜欢用旧词语来指旧法律,那就是 thesmos。但是,也许部分因为幸存的德拉古法和梭伦法是最古老的、最牢固的雅典法律,所以 psephisma 一词并不适用它。我们通常认为,法律(nomos)是某种比法令(psephisma)更为根本和更为持久。法律是某些行为的普遍规则;法令是在特定情况下所采取的具体行为。① 但此区别并非必然,公元前 5 世纪末之前,法律和法令在颁布形式上没有任何区别。

希望持久生效的法律被刻在木板或石板上,竖立在公共场所以便让所有人都能看到。这样的法律被放置于人民能够查阅的各个地方。例如,厄菲阿尔特(Ephialtes)和阿凯思特图斯(Arkhestratos)的关于战神山贵族议事会的法律被放置在战神山(Areopagos)上;关于厄琉希尼翁(Eleusinion)的法律被放置在那座神殿里;关于崇拜狄俄尼索斯(Dionysos)仪式的法律被放置在莫塞斯(Marshes)的狄俄尼索斯神殿里。② 必须谨记的是,这不仅仅是法律的复本,它们就是法律本身,正式的文本。当然,公元前 5 世纪最后十年之前是否有任何法律收藏中心是可疑的。似乎可能的是,每位执政官可能都有一套正式的与其职责相关的法律复本。③ 其他雅典人如果想知道某些事的法律规定,他通常会查明法律置于何处,并去查询。

---

① Cf. F. Quass *Nomos und Psephisma* (1971) 30 - 9.
② *AP* 35. 2, And. 1. 116, Dem. 59. 76.
③ Cf. Stroud *Drakon* 28 - 9.

更为复杂的是,法庭上的演讲者有时会援引"非成文法",这些规则或原则要么被社区普遍接受的,要么是靠神谕制定的,即便它没有被梭伦或其他人形诸文字("所有人都应知道……是错误的"),它也被维护。在法庭上,为说明非成文法的重要性可以引用伯利克里的权威。[①] 所有这些让陪审团感到在具体案件中应该或必须采用何种法律变得日益困难。

## 法律重新雕刻

公元前 5 世纪末,为改善这种状况,雅典人付出了巨大的努力。公元前 410 年,他们任命了头衔为"anagrapheis"(意思是"雕刻者")的官员。他们的职责是搜集所有梭伦法的复本,并把它们重新刻在石板上。其中一人,名叫尼科卡瑞斯(Nikomakhos),他在几年后的吕西阿斯(Lysias)的剧本中遭到抨击:

> 当他被教导在四个月的时间里雕刻梭伦的法律,他取代了梭伦而把自己看做是法律制定者,且不是四个月而是使其职位持续了六年。每天都能获得报酬,而且,他添加了一些法律并删除了一些。(吕西阿斯,30.2)

这是对尼科卡瑞斯行为的一种片面描述。因为,吕西阿斯继续说,他在公元前 404 年放弃其职位时,通过了其任职期间行为的常规核查,没有任何迹象显示他有渎职行为,因此,我们不必相信他的行为像吕西阿斯所说的那样是不当行为。也许在公元前 410年,人们认为四个月的时间去重新雕刻梭伦法足够了,但雕刻者搜集完法律后,他们发现其中多处模糊,且前后矛盾,因此他们的任

---

① Lysias 6.10.

期延长,他们校订法律文本以消除这些难题,尽管如此,但"添加一些法律,删除一些法律"的说辞无疑是极为夸大的。在公元前409/8年,他们的任务是在石板上雕刻"德拉古杀人法",且竖立在皇家柱廊的前面。除了幸存下来的部分铭文,被发现的石刻碎片好像组成了皇家柱廊的三面墙。在一面墙上,是用公元前403年之前的阿提卡旧字母来雕刻的,另一面墙是用那个时间之后的爱奥尼亚(Ionic)字母雕刻的,尽管片段太少而难以确定,但普遍认为用阿提卡字母雕刻是尼科卡瑞斯和其余雕刻者在公元前410至公元前404年雕刻"梭伦法"时使用的。①

如果公元前404年雕刻者完成了对"梭伦和德拉古法律"的重新雕刻,那雅典法典可能比一个世纪之前更连贯和更易获取。但不幸的是,骚乱再度发生。同年,雅典人在伯罗奔尼撒战争(Peloponesian War)中战败,民主制度暂停,三十寡头当政。公元前403年,一场内乱之后,民主制度恢复,但雅典人明显觉得他们不能简单地继续,好像什么也没发生。公元前404/3年的事件表明,古老法典在某种程度上是不适当的,应有新的开始。在一次公民大会上,也许是民主制恢复后的首次大会,就有用新法律取代"梭伦和德拉古法律"的议论。但再次举行会议时,雅典人达成了更为明智地共识,现存的法律没必要废除,所需的是做些补充。一位名叫泰萨门努斯(Teisamenos)的人的法令议案被通过了,我们有此文本。他制定了一套程序来审核"德拉古和梭伦法律",以便看看哪些需要增补,且任何必要的增补部分都由"立法者"和公民议事会一起筹备和审查。如果赞成这些增补,那会连同现存法律一起被

---

① *SEG* xv 114; cf. S. Dow in *Proceedings of the Massachusetts Historical Society* 71 (1953—7)3 - 36, *Historia* 9(1960)270 - 93, *Hesperia* 30(1961)58 - 73, Stroud *Drakon* 26.

刻在石墙上。①

做完这些之后，雅典人宣布，就法典而言，这是新时代的开始，这一年即公元前 403/2 年，是欧几里德（Eukleides）担任执政官那一年。自此以后，公元前 403/2 年之前通过的法律无效，除非它被列入公元前 410 年到公元前 403 年的新铭文中；没有雕刻的法律无效，法令不能推翻法律；也不能因公元前 403/2 年之前的犯罪而被起诉。②

与此同时或不久以后，又有几个方面的改变。一是法律铭文和其他正式文件采用爱奥尼亚字母，这一变化虽没法律意义，但象征着新起点的决心。另一个是正式宗教祭祀日历重新刻在石柱上。

尼科卡瑞斯，无疑还有其他雕刻者，在公元前 403 到公元前 399 年负责这个事情，祭祀日历刻在皇家柱廊前刻有"梭伦法"的石头墙背面。确切地说，它并不是法典的内容，但重新雕刻的决定明显是大众渴望所有官方规则应是清晰地和可理解的后果。③ 另一项革新是中央档案馆的建立，一个为公民议事会而设的新的议事厅（the new Bouleuterion），老机构变成了母亲女神的辖区，且用来保存法律、法令及其他正式文件，这些文件是在纸莎草纸而非石板上书写的。④ 在公共文件的使用上，这是一个巨大进步，例如，现在就更容易把正式发表的文本带进法庭并对陪审团宣读。

---

① And. 1. 81 - 5；cf. MacDowell *Mysteries* 194 - 9.

② And. 1. 85 - 7.

③ Lysias 30. 4 - 5, 30. 17 - 21；cf. S. Dow in *Historia* 9（1960）270 - 93，*Hesperia* 30（1961）58 - 73，MacDowell *Mysteries* 197 - 8.

④ Dem. 19. 129, Ais. 3. 187, etc. ；cf. H. A. Thompson in *Hesperia* 6（1937）203 - 17，U. Kahrstedt in *Klio* 31（1938）25 - 32，A. R. W. Harrison in *JHS* 75（1955）27 - 9，Rhodes *Boule* 31.

## 立法者的立法

公元前 403/2 年或之后不久,立法上的重要改变是制定或修订法律的程序的改变。也许人们意识到,凭借一次公民议事会和公民大会的简单多数票轻易废除无论多么重要的现存法律,或制定极为极端的新法律的旧程序,都是促使公元前 404 年革命的原因之一。因此,现在急需的是,在法律生效之前要更为谨慎的核查法律的变更。自此以后,法律领域中任何变更的议案都归之于立法者(nomothetai)会议。

此制度的细节尚不完全清楚。① 首先,好像仅在每年特定的时间才能提出法律变更。任何希望提议新法律或修订现存法律的人都必须提交书面议案,在几次(也许是三次)公民大会会议上宣读,且在公共场所展示以便人们阅读。这使人们在投票之前有了思考的时间。之后,如果公民大会投票赞成,它也不会立即成为法律,而是要提交立法者(本年度的某些陪审员)会议。就像法庭陪审团一样,他们相当于全体雅典人民。我们对其程序知之不多(除了举手表决,而非像陪审团那样投票外),但很明显,他们仔细地研究法律变更议案,尤其与已生效的其他法律是否存在冲突。如果立法者投票赞成,那它就会成为有效的法律。②

几年之后,程序在某些方面更为合理,也许因为,他们发现没有必要如此笨拙或耗费时日。到了公元前 4 世纪中期,法律变更议案被允许可以在任何时间提出,公民大会投票之前的公众宣读和议案展示也放弃了。但,公民大会投票之后,它们仍要呈交到立

---

① 详细讨论见,MacDowell in *JHS*95(1975)62 - 74.
② Dem. 20.89 - 96.

法者会议上,他们的裁定是最终的。现在,每次会议的立法者都由公民大会重新任命,不再必须是陪审员了。[①]

也有一些提醒立法者发现与现存法律中不一致或其他错误的常规程序。每年年初,在公民大会上都有一个称之为"法规投票"的审核程序;如果公民大会认为任何四个团体筹划的法律不令人满意,那么团体就会提交立法者来修订。[②] 一段时间后,就会选出某个专门委员会负责理清法律中的矛盾。大约从公元前4世纪中期起,立法者被赋予每年核查法律的不一致和冗余的任务,如果公民大会认为非常严重,那交由立法者来矫正。[③]

所有这些都表明,雅典人在公元前4世纪比公元前5世纪更为关心法典的连贯性和持续性,且不屈从于考虑不周的变更。一些现代学者惊奇于公民大会在多大程度上把立法权移交给了立法者。但如果考虑到这个制度的三个重要特点就不会这么好奇了。一是立法者自身不是带头提议新法律的人,像以前一样,任何雅典人都可以提出立法议案,立法者仅对置于他们面前的法律议案表示赞成或反对。二是除非公民大会投票认为应提交立法者,否则立法者不会收到任何议案。公民大会总能阻止任何变更建议。三是立法者制度仅仅适用于法律,而非法令,目的是为了法律的恒久。现实生活中,雅典人大部分的决定是临时的或具体的,法令就是如此,这意味着出席一次公民大会会议的公民们的简单多数票。

## 违法议案诉讼(graphe paranomon)

无论一项新议案是否是法律或法令,动议者自身有义务确保

---

① Dem. 3.10,20.91,24.33.
② Dem. 24.20 - 3
③ Dem. 20.91,Ais. 3.38 - 9.

它没有僭越任何现存法律，无论在形式上还是内容上。如果僭越了，那动议者会被起诉。起诉者一旦立下誓言（hypomosia①），他就想启动违法议案诉讼（起诉违法行为），那所动议的法律或法令，无论公民大会已投票赞成与否，都会悬置，直到审判终结。如果被告有罪，就会被惩罚，通常是罚金，且他的法律或法令无效。如果一人三次被判违反了这种行为，他会被额外剥夺公民权（atimia）。②

所知的最早违法议案诉讼案是，公元前415年里奥格拉起诉斯彪西波及同时期涉及安提丰（Antiphon）和德摩斯梯尼（Demosthenes）（将军，而不是那位修辞学者）的案件。③ 程序进行了多久及谁提议的并不清楚，由于缺乏证据，因此现代学者的各种猜测就不再叙述了。无论谁建议，他无疑是一位想维持法律和现有宪政的人。其宪政制度的意义在本书讨论的范围之外，对此题目有兴趣的读者可以查阅 H. J. Wolff 和 M. H. Hansen 的近期著作。④

公元前4世纪，也可能因"制定了一部不适当的法律"（nomon me epitedeion theinai）而遭到公诉。此指控的适用范围在某种程度上比违法议案诉讼要窄，因为它仅仅是针对新法律，而不是新法令。从另一个角度来看，它又是"宽泛的"，因为"不适当的"的术语是模糊的，涵盖了除违背现有法律之外的所有其他违法行为。它

---

① 誓言（hypomosia）希腊词为 υπωμοσαμην，其含义为用书面起誓请求延期审判。——译者注。

② Antiphanes 196，Hyp. *Philippides* 11 - 12，Dem. 51.12，Plu. *Phokion* 26.3；cf. Harrison *Law* ii 176.

③ And. 1.17，Plu. *Ethika* 833d，Ant. fr. 8 - 14.

④ H. J. Wolff '*Normenkontrolle und Gesetzesbegriff in der attischen Demokratie* (Sitzungsberichte der Heidelberger Akademie der Wissenschaften，Philosophisch-historische Klasse，1970)，M. H. Hansen *The Sovereignty of the People's Court in Athens in the Fourth Century B. C. and the Public Action against Unconstitutional Proposals* (1974).

有时间限制：如果在一年之内没有提起诉讼，新法律的动议者就不再被惩罚了，但仍可能有针对此法律的公诉行为，如果诉讼成功，那么法律无效。事实上，德摩斯梯尼（Demosthenes）于公元前 355/4 年所编撰的幸存下来的剧本《诉莱普廷斯》（《Against Leptines》）就是针对莱普廷斯法律的公诉。① 另一个是剧本《诉提莫克拉底》（德摩斯梯尼，24），在期限之内要求对提莫克拉底惩罚。对这类公诉行为的惩罚由陪审团评估，可能极为严厉，在公元前 382/1 年，一位名叫优德摩（Eudemos）的人就被判处死刑。②

公元前 5 世纪还不知有因"制定了不适当法律"而起诉的案件，此程序仅适用于法律的事实表明，它可能制定于公元前 403 年后，此时，法律和法令已有明确区别。如立法者立法的制度，也可能起因于那段时期欲使法典免于不良变化的特殊焦虑。但法令不断受到违法议案诉讼的攻击，这两项指控很多是平民所为。它成了起诉在公民大会上经常提出议案的杰出政治家的流行方式。公元前 4 世纪初的一位政治家刻法罗斯（Kephalos）自夸到，尽管他有很多法令动议，但从没有针对他的违法议案诉讼；但死于公元前 330 年的阿里斯托丰自夸道，他在七十五次的违法议案诉讼中被宣告无罪。③

在所有违法议案诉讼案中，最为人所知的是一件具有政治动机的案件，即德摩斯梯尼的皇冠案。公元前 336 年，泰凡西（ktesiphon）提出法令动议，雅典人应该授予德摩斯梯尼一顶金冠，以表

---

① *AP*. 59. 2，Dem. 20. 144（with *hypothesis* 2. 3）.

② Dem. 24. 138.

③ Ais. 3. 194，Dem. 18. 251. "75"肯定是夸张的说法；cf. S. I. Oost in CP72(1977) 238 – 40.

彰他的功绩和德行,"因为他一致为民众说话,为民众行事"[1],传令官在狄俄尼索斯节日的庆祝剧场上宣布了这件事。德摩斯梯尼的政治老对手埃斯基涅斯(Aiskhines)通过对泰凡西的违法议案提起诉讼来阻止法令的通过。该案于公元前 330 年审判(我们不知为什么拖了六年之久,但其原因一定是政治的,而非法律的)。埃斯基涅斯的《诉泰凡西》和德摩斯梯尼的赞成泰凡西的《论金冠》都幸存下来,这是两部篇幅最长,也是最值得赞美的古代修辞学范本。埃斯基涅斯证明泰凡西法令非法基于三个理由:首先,法律禁止授予任职行为还未经受核查的官员金冠。德摩斯梯尼确实在泰凡西提出议案时,担任维修城墙(teikhopoios)和掌管大量资金的官员。其次,他说,授予金冠法应在公民大会而不是别的地方宣布,而泰凡西议案是在狄俄尼索斯的剧场宣布的;最后,法令中有非法的虚假陈述,根据埃斯基涅斯的观点,德摩斯梯尼的发言和政策都有益于雅典人的说法是错的。埃斯基涅斯确实感兴趣的是第三个理由,其演讲中最大篇幅是对德摩斯梯尼的政治生涯的批判。因此,德摩斯梯尼在答复中详细讲述了其政治活动,尤其讲述了公元前346 至公元前 338 年抵抗马其顿的菲利普所实施政策的正当化。这些演讲是此时期关于希腊政治历史的最为重要的信息来源,它们标志着在政治斗争领域中应用违法议案诉讼达到了顶峰。泰凡西被宣布无罪,主要因为德摩斯梯尼的名气和修辞技巧。尽管至少埃斯基涅斯的某些主张有法律依据,但相比于案件中个人的魅力,雅典陪审团很难被说服会给予法律更多的重视。

---

[1] Ais. 3. 49.

# 四　起诉者和案件

## 自愿起诉者

要对罪犯审判和惩罚，就有必要有人向治安法官和法院告发他所犯的罪过。早期，解决的方式有两种：一是由犯罪或违法的受害人（或家族）指控违法者。二是治安法官注意到犯罪行为，或引起他注意的犯罪行为，他会亲自去调查。但最后人们认识到，这两种方式都不足以使所有违法行为绳之以法。如，某类针对个体的违法行为，受害人不能对罪犯提起诉讼；如，一个被剥夺了其应继承财产的孤儿。更为常见的是，某类犯罪对社区的危害尤甚于对个人的伤害，如，在国家需要时逃避服兵役的人。执政官不可能对每个这样的案件皆必亲躬去调查。

这也许就是梭伦在推行《雅典宪政》(29)所称的宪政中的第二个最为民主部分时所想到的："让自愿者为受伤者复仇"。这暗示了，直至梭伦时代，犯罪起诉都由受害者本人（或家族）提起。为使任何自愿者(ho boulomenos)（"他愿意"）有机会对已有的犯罪事实提起诉讼，梭伦提醒到，有些恶行会危及全社区。他说，法律应被遵守及人们行为正当是每个人应关心的事。[①] 这就是公元前 4 世纪的修辞学者为何强调法律制度中起诉人的重要性的原因：

> 有三种至为重要的东西保护和维持国家的民主和繁荣，首先是法典，其次是陪审员的投票，最后是对违法行为的审判。法律规定什么不应该做，起诉者指控谁应受法律的惩罚，

---

① Plu. *Solon* 18. 7.

陪审员惩罚那些由于这两种情况而引起他注意的人,因此除非有人把罪犯交给陪审员,否则法律或陪审员的票都是无用的。(利库尔戈斯,《诉利奥克拉底》,3—4)

当然,总会有人以非正式的方式引起治安法官的注意,如逃避服兵役者,就由治安法官决定是否调查并采取何种措施。梭伦法的新颖性,在于允许告发人在审判中为控方陈述案情。再者,我们知道,公元前4世纪的自愿者诉权并没有扩及到所有的犯罪行为,因为在公元前6世纪和公元前4世纪之间(此一时段,普通雅典人参与公共事务的权利更多了,而不是更少了),这一权利不可能被减少,因此,梭伦把它限制在某类犯罪行为内是可信的。《雅典宪政》没有提及限制的原因,是因为这个叙述是对梭伦所推行的民主新特征的扼要总结。自愿者被获准可以提起诉讼是新事物,而自愿者不能提起诉讼事实上并不是什么新东西。也许梭伦允许自愿者起诉犯罪的范围与公元前4世纪的公共案件所处理的范围相似(本章后面会介绍)。但雅典人在公共案件与私人案件上的区别,与现代的刑法案件和民事案件的区别大相径庭。因此,把梭伦视为雅典刑法的创始人不仅没有益处,反而更易误导读者,就像 G. M. Calhoun 在其著作中所陈述的那样。[1]

## 法律规定了什么

一位潜在的起诉人需要知道,他应对何种类型的犯罪行为提起诉讼及应向哪位治安法官提出申请。这些信息在特定违法行为的法律中可以找到。但关于这些问题,法律是如何规定的呢?

我们有很多法律文本(尽管只有少部分存在),它们要么在最

---

[1] G. M. Calhoun *The Growth of Criminal Law in Ancient Greece* (1927) 6.

初的石板文献上,要么在幸存下来的法庭演讲的引语里。然而,只有极少文本是完整的。许多石块文献残缺不全;演讲中的大多引语只适用于那些或多或少与修辞者案件相关的条款。而且,一些引语根本不是真的,仅是后世学生或伪造者为了创造与法律文本相似而在必要之处插入的。然而,尽管很多个别法律遗失了,但有足够证据表明一部法律通常或有时包含何种类型。

到公元前5世纪末(尽管这不像梭伦法那样的真正古代法),法律一般始于所记载的制定的时间和程序,现代学者称之为"规定"。这包括许多固定词语或惯用语,法律通过的官方机构(公元前5世纪的公民议事会和民众大会,公元前4世纪的立法者),执政官(以其名字纪年),提出立法动议的人,有时有其他事项。

除法令外,没有固定的语言形式或主题编排。雅典法律并非由职业人士所创,它取决于提出法律动议的个人以他认为的最佳方式表述的议案。在这种情况下,首先考虑的是法律要点,紧接是法规,无论是否符合逻辑安排,这并不令人诧异。通常,这是做或不做某事的命令(以命令式的不定式或祈使语气的第三人称来表达),或可能是一个条件从句(如果某人……)规定了会招致惩罚的某种活动和行为,或可能是具有法律效力和影响的一次裁决。通常以极为简洁和直截了当地形式表述出来,没有术语释义或情境描述。一部法律(像我们所称呼的)可能列举了许多所规定和禁止的活动,雅典人通常以复数形式称之为"许多法律"。

当法律目的是规定执政官和其他官员的义务和职能,及公民大会或公民议事会或法庭的日常规则(这是这些机关的主持官员须遵守的)时,文本中就无需其他内容。违背法律的官员在其任职行为的常规核查时应受指控或惩罚,这不言自明。然而,确实有法律规定了对违背法律的官员的惩罚,如一定数额的罚金。

但当法律是关于不受常规审查的民众的行为时,通常引发的问题是,如果法律被触犯,应提出何种诉讼。由此,法律至少应规定:向其提出控诉或起诉的治安法官,诉权的类别(如,任何有意愿的雅典公民,或任何有诉权的人),应用的程序[公诉(graphe)和控告(phasis①)],及如果罪犯有罪,其应招致的惩罚,或每个案件中由陪审团裁定的惩罚声明。在此,有份包含了此四项条款的法律模本:

> 如果有人把外邦女人卖给雅典人做媳妇,好像她与他相连,那剥夺他的公民权,财产充公,其财产的三分之一归胜诉的原告。对之的公诉由有诉权的人提交司法执政官,对冒充公民权的人以同样的方式处理。(德摩斯梯尼所引证的法律,59.52)

许多幸存下来的法律文本中,尽管某些条款已部分遗失或全部都遗失了,但它们事实上也不可能全为含糊其辞。在某些情况下,尽管幸存文本不完整,但确实在我们没有保存下来的文本中有此规定。在其他情况下,在它们没有被明确表述的地方,我们可以清晰地断定其隐含的意思。

对惩罚做出以下推定易于理解:如果法律对一些违法行为没有规定惩罚,那可能假定由陪审团来评估惩罚。同样,对于有诉权的人:私人案件仅由遭受伤害或财产丧失的人起诉,而公共案件可由任何人起诉(除了奴隶或剥夺了公民权的人),除非明确受到限制。这样,如果特定违法行为的正当诉讼程序众所周知,那有诉权的那类人就可以由此推断出,而不必在法律中规定(尽管有时照样规定)。应提起诉讼的治安法官的身份,在法律的相关语境下也是

---

① phasis 希腊文为 φασιS,其含义为:控告,告发。——译者注。

清晰的,即便没有明确规定。有一些证据表明,至少在公元前 4 世纪,法律依据治安法官的管理职责编排顺序。[①] 于是雅典人发现了法律(比方说)是立法者们的法律,他们会知道立法者就是违背此法律而向其提起诉讼的治安法官,即便立法者在具体法律文本中没有提到。

对我们来说,不容易搞清楚的是,是否对违背法律的任何人,法律都规定了所适用的法律程序。即问题是法律程序是否局限于定义和命名"诉讼"。案件类型是如何详细规定的?

## 案件类型

雅典案件一般以程序来分类,依据程序,案件分为启动阶段和审判阶段。案件一词是 dike,在宽泛意义上,案件区分为私人案件(dike idia)和公共案件(dike demosia)。

公共案件是影响整个社区的违法行为或纠纷,因而,任何有意愿的人都有权提起诉讼。自愿者可能是任何自由的成人男性,除了没有公民权的人不能提起某类案件及剥夺公民权的人没有诉权外。公共案件所涉及的违法行为,涵盖那些同样明显影响整个社区的案件,如叛国或擅离军职或侵占公共资金。但也有一些针对个人的犯罪属于此类,或许因为此类犯罪的个体受害者不能为自己提起法律诉讼,或许仅因为这种行为是如此严重,乃至直接冒犯了那些没有自身遭受伤害的人,如虐待孤儿、诱惑享有自由权的妇女、某类盗窃及严重的人身侮辱(hybris[②])。

---

① Dem. 24. 20;cf. MacDowell in *JHS* 95(1975) 66 - 7.

② 愤怒(hybris),希腊文为 υβρισ,其含义为狂妄行为,暴行,淫荡;虐待,侮辱,伤害,殴打,强奸;严重的人身侮辱;破坏,损害,损失。本文译为"严重的人身侮辱"。——译者注。

最普遍的公共案件类型是公诉(含义是"书写")。之所以如此称呼,可能是因为这是最初以书面形式起诉的唯一类型,即便到了公元前4世纪,书面形式起诉在案件中成了惯例后,亦如此称呼。由于梭伦推行由自愿者提起公诉,所以通常认为,是他提出了公诉(graphe)的名称和程序,尽管对此没有有力证据。

各种不同特点的公共案件都有不同的名称。所有这些种类将在后面论述与某类违法行为相关的章节中提及,在此仅为概括性的罗列。公元前4世纪时,所有自愿起诉的人都可以在法庭上为控方辩护,但其中很多人可能源于更古老及非正式的程序(早于梭伦改革和公诉启用),此时会有人把罪犯带到治安法官面前,治安法官运用其权力来执行法律。① 押送官府(Apagoge)程序的显著特征是,起诉者逮捕被告,并押去公共监狱。引领官吏缉拿罪犯程序(Ephegesis)的第一步是原告带着治安法官到被告处,并告诉治安法官捉拿他。检举不称职之人的程序(Endeixis)是指,向治安法官提交指控的原告,如果愿意可以逮捕被告但不必必须如此。② 注销程序(Apographe)是指,起诉者递交一份财产清单,他主张尽管被告财产被政府罚没,但却留为己用;如果起诉者赢得官司,其报酬是财产的四分之三。在控告程序(Phasis)中,成功的起诉者接受被告被判决应交付的数额的二分之一;在 phasis 和 graphe 之间是否有其他程序上的差异难以确定。检举程序(Eisangelia)适用于几个不同类型的案件:向公民大会或公民议事会(Boule)告发的案件;虐待孤儿和女继承人的案件;指控公共仲裁员的渎职行为的案件。也许各种检举程序(Eisangelia)共有的唯一特点是,如果起诉者在

---

① Cf. Ruschenbusch *Strafrecht* 53 – 64.

② Cf. Hansen *Apagoge* 9 – 28.

起诉前撤回案件或仅仅获得少数陪审团的投票，他不会遭受惩罚。Probole 是指案件在法庭审判前要先在公民大会预审。任职资格审查的程序（dokimasia）是为了核查一个人是否有资格成为公民或担任官职或在公民大会上发言。账目审查（euthyna）是核查一个人是否公正地履行了其职责，也被视为公共案件一类。

私人案件，即 dike idia，一般仅称之为 dike。它涉及的是不影响整个社区而仅事关个人的案件。只有认为自身遭受某种不公和损失的人才是起诉者。专门的私人案件是确权案（diadikasia），在两名或更多人之间争议权利（如，继承权）或义务（如，执行三层桨战舰司令官的职务）时使用。其与众不同的特点是，没有原告或被告，所有权利请求人地位平等。

杀人案（dike phonou）例外。因为一个人不可能因杀人而被他杀死的人起诉，所以，此类案件严格来说并非个人案件。起诉者通常是死者亲属，是否允许非亲属起诉是有争议的。然而，公诉（graphe）和公共案件的其他条款不适用于杀人案件，也许因为在整个古典时期雅典人保留的杀人案件的程序，是在公诉被发明之前由德拉古或更早的立法者所创制的。

显然，不同主题的法律详细列举了违法者将被提起诉讼的案件类型。有些违法类型可能属于不止一种法律类型，因而可能有多种不同的诉讼种类。在《诉安卓生》（《Against Androtion》）（德摩斯梯尼，22.26 - 7）的演讲中有此范例，在此，我们得知对于盗窃，法律规定了四种不同的程序：押送官府程序、引领官员缉拿罪犯程序、公诉或私人诉讼。但此文本和其他文本的含义清晰表明，它不能适用于其他任何法律，除了那些相关法律中的详细规定。许多现代学者的确相信，这里隐含了更为确切和系统化的东西。雅典的修辞学者和后期的作家经常提及这样的案件，把程序的名字与意指违法行为的名词属格相连：虐待诉讼（dike aikeias），擅离职守诉讼（graphe lipotaxious），等等。由此推断，这些词语是关于"诉讼"的一套综合性的名称，有点像罗马法中的诉讼（actiones），因而，除非法律规定了虐待诉讼或擅离职守诉讼或一些其他单个命名的"诉讼"（也许有一百之多），否则就不会有这样的案件被提起诉讼。

但这走得太远了。雅典人不知罗马法，他们没有如此系统化。在幸存的这些两个词组成的法律文本中，每个都带有属格形式的违法行为程序的名字极为少见，违法行为和程序通常都以动词来表示。即便在修辞学家那里，某些违法行为好像没有名词适合于插入属格，而是以长句表述（"他错误地被作为骗子而囚禁"的公诉等等）。如果一个人因别人殴打他而起诉对方违背了禁止殴打的法律，那有时为了便利而称此为虐待诉讼（dike aikeias），但我们不能由此认为法律赋予它这个名称，也不能认为，如果法律没有规定这个名词，就不能起诉。①

另一方面，为了避免出现此类错误，我们也不要落入相反的错误中，即相信在法律没有规定的行为领域中可以起诉。我们一定不要被陪审团誓词中的条款误导："我依据雅典的法律和法令审判，没有法律规定的事件，我会依据最为公正的意见来裁定"。"无法律规定的事件"，不外乎是法律所规制的行为领域中的具体问题。例如，根据柏拉图的《欧绪德谟篇》，当欧绪德谟的父亲把一个人捆绑着留在地沟里，并导致此人死亡时，欧绪德谟起诉他杀人。我们断定，没有法律会规定把一个捆绑的人留在地沟里是否算杀

---

① Cf. H. *Mummenthey Zur Geschichte des Begriff βλάβη im attischen Recht* (Dissertation, Freiburg im Breisgau, 1971)3 – 34.

人,因而陪审团不得不"依据最为正当的意见"来审判。但这并不意指法律没有规定杀人和杀人案的详细法律程序。

一个重要的范例是《诉鲍埃涛斯》(《Against Boiotos》)的首次演讲的情况(德摩斯梯尼,39)。演讲人曼梯透斯(Mantitheos)起诉他同父异母的兄弟,诉因是尽管他们父亲(已去世)给了他兄弟的鲍埃涛斯的姓,但他用的却是曼梯透斯的姓,导致他们两个人经常混淆。确定的是,没有现成的法律规定一个人不能变更其姓,或他必须保留其父系的姓,或他一定不能与其兄弟有同样的姓,因为,如果有此规定,曼梯透斯会引用它。那么,在这种事情上完全没有法律规定吗?相反:

> 现在,如果他指出了赋予孩子有姓名权的法律,那么你就有权投票赞成他所说的。但如果法律,你所知道的与我也差不多,给予父母权威不仅是首先起名字,而且,如果他们希望,可以再次取消它,或不认这个孩子。如果我证明,我们的父亲,依据法律有权命名他是 Boiotos,我是 Mantitheos,除了我所说的,你会投票赞成什么呢?(德摩斯梯尼,39.39)

既然曼梯透斯避免引用他所指的法律,我们也确实不知法律规定了什么。也许,是一部未成年人法,事实上并没有规定是否允许一个成年人采用一个新名字。但在此,没有必要去判定曼梯透斯对法的解释是否是正确的。在此与之相关的事实是,给孩子取名的法律确实存在。曼梯透斯案和任何其他案件都没有涉及法律没有规定的问题。任何人提起没有法律规定的诉讼也行不通:他不知道该向哪个治安法官申请,也不知程序是否是私人诉讼或公诉或押送官服或其他诉讼程序。治安法官自身也无法回答这些问题,他们也没有权力(像罗马裁判官所作的那样)创造新的诉讼形式或诉因。

因此,结论是,尽管法律并没有列举如虐待私人诉讼(dike aikeias)或擅离职守公诉命名的"诉讼",但它表明了哪种程序(如私人诉讼或公诉或其他)是起诉违反者的正确程序,除非它没有表述清楚(像对受制于卸任审核(euthyna)的官员职能的法律一样)。因而,如果某些问题没有法律,就没有具体的程序,那么不可能对此问题提起任何法律诉讼。这看起来非常严格,但实际上,它并没有看起来那么严格,因为某些法律禁止的违法行为(如毁坏财产)的解释极为宽泛。雅典法律的模糊性给予陪审团更多的自由裁量权。

## 公诉人

有一些特定案件,公诉人是以官方身份行事的男性。有时,治安法官本人也会注意到自身职责范围内的违法行为。如,将军可能需要起诉擅离职守的士兵,或市场管理人(agoanomos)会起诉市场上(agora)扰乱治安的行为。如果对违法行为的惩罚需要比治安法官依其职权所施加的惩罚更大,他必须把案件提交法院,由陪审团来审判,自己作为公诉人。

确实有一群仅有起诉职能的治安法官,即十人辩护团(syne-goroi),他们参与的是因账目审查(euthyna)而被起诉的任何前任治安法官的案件。辩护团由抽签选出的十个公民组成,报酬是每天一个德拉克玛(drachma)。[1]

另一类辩护人(也称之为告发者(kateporos))由公民大会或公民议事会任命,在特定案件中代表控方发言。当公民大会或公民

----

[1] Ar. *Wasps* 691, AP 54. 2.

议事会颁布法令规定某人应被审判,或以检举程序(eisangelia)起诉,或当战神山贵族议事会做汇报时,法令会规定在审判中由谁起诉。在实践中,这个人通常是最初提起诉讼的人,但公民大会或公民议事会任命其他人起诉或者代替他起诉或者辅助他起诉,也极有可能。公元前324/3年对德摩斯梯尼或其他人的审判就任命过这样十个起诉者。[①]

因此,在雅典不存在公开任命公诉人的说法是不正确的。当然,多数公共案件由自愿者提起。

## 诬告者(sycophants)

在几乎没有警察权的社区里,激励自愿者起诉的设计是让犯罪分子绳之以法的一个创举。自愿者欣然参与的案件,必定是那些原告胜诉会获得一份经济报酬的案件。此类案件之一是控告诉讼(phasis),尤其应用于事关贸易的违法行为,违法者交付罚金的一半归胜诉的起诉者。另一类是注销诉讼(apographe),用于弥补扣留的国家财产,胜诉方将会获得所恢复的国家财产的四分之三。再一类案件是公诉(graphe),此类案件是指一个外邦人被指控与一个女性公民同居,或一个男性公民被指控与一个外邦妇女结婚,犯罪者的财产被没收且其中三分之一归胜诉方。[②] 但也有一些人愿意从事那类胜诉方没有报酬的案件。他们有公正无私之心愿,希望看到正义伸张或希望获得爱国社会名人的声誉。再者,他们也会发现这是打击政治对手或个人对手的一种便利方式,许多希腊人认为,把打击敌人作为目的是完全合适的。

---

① Hyp. *Demosthenes* 38, Dein. 2.6, Plu. *Ethika* 833 f.
② Dem. 59.16, 59.52.

然而,至公元前 5 世纪后半期,这一制度就变得令人生厌。那些习惯了不正当起诉的人,要么是因他希望让无辜者被告定罪,从而可以因胜诉而获得一份报酬;要么是因为他希望勒索被告贿赂他撤销案件。这样一个人被称之为"诬告者",现代英语中此词有不同含义,但在希腊语中"sykophantes"是对不正当起诉者的一个模糊不清的贬抑性的词。它的起源未知,尽管有很多猜测。①

对现代读者来说,了解诬告者主要来自阿里斯多芬对他们的讽刺。在《阿卡奈人》(《Akharnians》)中有一众所周知的场景,一名麦加拉(Megarian)人到市场上去兜售他的女儿们,把她们装扮成猪,诬告者企图以控告程序(Phasis)起诉他买卖从外邦进口的货物。"在雅典这是多么邪恶!"诬告者被驱逐后,麦加拉评论道。不久之后,一名维奥蒂亚人希望拥有一件本地没有的雅典的特色产品,诬告者被包裹起来让他带走了。另一名诬告者出现在剧本《群鸟》中,剧本中遗失的一部分明显是以抨击诬告者为主旨。② 在阿里斯多芬最后一部幸存下来的剧本《财富》中,对诬告者的看法好像有点柔和,因为他允许诬告者为其行为辩护,以下是剧本内容:

> 诬告者:奥 宙斯和神灵啊! 我必须忍受这些人对我可耻的对待吗? 我,一个可敬的、爱国的人,遭受如此不公,是多么可悲啊!
>
> 善人:你,爱国,可敬?
>
> 诬告者:是的,胜过任何人!
>
> 善人:那告诉我一些事情,好吗?
>
> 诬告者:什么?

---

① Cf. J. O. Lofberg *Sycophancy in Athens* (1917) pp. vii - viii.
② Ar. *Akharnians* 818 - 29, 899 - 958, *Birds* 1410 - 68, *Wasps* 1037 - 42.

善人:你是农夫吗？

诬告者:你认为我很疯狂吗？

善人:那么,是商人？

诬告者:奥,是的,至少有时我会找这个借口。

善人:那么好,你有一技之长吗？

诬告者:当然没有。

善人:如果你不做事,你怎么生活呢？

诬告者:我监管所有的公共和私人事务。

善人:什么让你做这些呢？

诬告者:我自愿的。

善人:如果你在与你无关的事情上树敌,你怎么能做个好人呢？ 你这恶棍!

诬告者:尽我所能地服务我的城市难道不是我的事情,你这白痴!

善人:服务？ 是瞎弄吧？

诬告者:不,是维持已经制定的法律,不允许任何人行违法之事。

善人:为此目的,城邦不是任命了陪审员了吗？

诬告者:但谁起诉呢？

善人:自愿起诉的人。

诬告者:好,那就是我。因此,城邦之事皆系于我。

(阿里斯多芬,《财富》,898-919)

雅典法律确实在相当大的程度上依靠自愿起诉者来实施,但有必要制止他们缠扰无辜的人。因此,在公共案件中,采用了对获得少于陪审团五分之一票数的起诉者的惩罚机制。同样的惩罚也适用于已提起诉讼却又撤诉的人，这是恐吓者所为，如果他从受害人那里获得贿赂。惩罚是 1000 德拉马克的罚金。一些幸存下来的文本仅仅提到罚金，但也有一些也提到了剥夺公民权。此规则在公元前四世纪期间有可能变化。但总体而言，这些文本的最佳阐释就是，除了罚金惩罚外，他丧失了以后对此类案件的诉权（公诉或控告或无论什么诉权）。这种对将来同类案件诉权的剥夺，是一种部分公民权的剥夺。但如果他没有缴纳罚金，那因他是国家的债务人而自动剥夺全部公民权。①

然而，也必须注意到一些例外。在某类公共案件如检举诉讼，直到约公元前 330 年，起诉者如果得到陪审团少于五分之一的票数也不会受到惩罚，但此时间之后，在此情况下，他会被惩罚 1000 德拉马克罚金，然而没有对其以后诉讼的限制。也许，检举诉讼所适用的那些犯罪如此严重，以致没有任何理由阻止起诉者将罪犯绳之以法，但此类不公正的案件以后变得如此寻常，以致就有必要施加一些威慑。② 另一类公共案件如预审（probole），公民大会事先会预审，预审之后，会允许起诉者撤案，不需要继续由陪审团审判。由战神山贵族议事会审判的案件中，起诉者撤案好像不会受到惩罚，但如果战神山贵族议事会认为惩罚适当，那么就可能处以罚金。③

甚至最为普通的公共案件公诉，我们得知几件撤案的起诉者没有遭受任何惩罚。有两个文本似乎暗示，如果逼供后的奴隶提

---

① And. 1.33, 1.76, Hyp. *Euxenippos* 34, Dem. 21.47, 26.9, 58.6, etc.; cf. Bonner and Smith *Administration* ii56 – 7, Harrison *Law* ii 83, Hansen *Apagoge* 63 – 5.
② Isaios 3.47, Hyp. *Lykophron* 12, Dem. 18.250, Pol. 8.53; cf. Harrison *Law* ii 51.
③ Ais. 2.93.

供了有利于被告的证据,起诉者也被允许撤案。① 在其他几个例子中,我们读到起诉者从治安法官处撤回起诉或让治安法官取消案件,但并不清楚为何允许这么做。② 另一方面,当起诉者和被告私下同意起诉者以他生病为理由申请延期审判,而后再也没有申请重新审判的固定日期,无疑这是撤案的一种迂回手段,不采取正式形式的撤案事实上是为了避免惩罚。甚至撤案的起诉者被剥夺了公民权,有时他也会置之不理,因为,在现实中他能够继续行使其理论上失去的权利,直到其他人发难,起诉他这么做时为止。总之,精明的诬告者通常会在接受贿赂而撤案时逃避惩罚。③

但也有另一种可能性,一个人可能因作为一名诬告者而被起诉违法。此案通过预审程序行使:公民大会每年一次(第六次部团期重要会议)的会议上,任何雅典人都可以提起诉讼,指控某人是诬告者。在此情况下,可以举报的人数局限于三个公民和三个外邦人。(外邦人是诬告者的事实暗示了在任何案件中起诉者不必是公民。)预审的程序为,公民大会预审,之后是陪审团的审判。惩罚由陪审团来裁定,唯一记载的情况是 10,000 德拉马克的罚金。④

通过公诉程序(graphe)起诉诬告者也是可能的。检举程序(eisangelia)可能曾经适用此情况,但当检举法限定了违法行为所适用的程序后,检举程序可能被排除在外了。然而,公元前 4 世纪中期的商法规定可以使用检举不称职之人(endeixis)和押送官府(apagoge)程序起诉诬告者,原因是他非法起诉一位船主或商人,

---

① Lysias 7. 37, Dem. 59. 121.

② Dem. 20. 145, 59. 53, 59. 68.

③ Dem. 58. 43; cf. Bonner and Smith *Administration* ii 58 – 63.

④ Lysias 13. 65, Ais 2. 145, AP43. 5.

由此来看,亦有其他起诉形式的可能性。①

我们并不清楚,法律上是否有诬告者的定义,以便帮助陪审团裁判案件。可能没有这样的界定,因而,陪审团必须在每个案件中独自判定被告的活动是否是诬告者。相关证据可能是,要么他收取报酬来起诉某人,要么他威吓某人如果不付报酬就会起诉他,要么他莫名其妙地泄露了他本人不相信他所提起的诉讼的真实性,此类事情通常很难证明。这些情况,连同因这种违法行为而允许如此多的不同类型的诉讼的事实,暗示了雅典人要抑制诬告者是极为困难的。

---

① Lysias 13. 65, Ais. 2. 145, *AP* 43. 5. 100 Isok. 15. 314, *AP* 59. 3, Dem. 58. 11.

# 第二部 法的范围

## 五 个人身份

### 基于出生的公民身份

在雅典,任何人的权利包括法律上的诉权皆系于他的身份,即他是否是公民(polites 或 astos)、外邦人(xenos)或奴隶(doulos 或 oiketes)。

直至公元前 5 世纪中期,一个人只要其父是公民,他便是公民,其母不必是公民。事实上,一些颇有名望的雅典人的母亲就是外邦人。如,公元前 6 世纪前半期,阿尔克迈翁家族(Alkmeonid)的主要成员麦嘎克利斯(Megakles)就娶了西锡安(Sikyon)君主克里斯提尼(Kleisthenes)的女儿阿加莉斯(Agariste)为妻,雅典宪政的改革者克里斯提尼就是他们的一个孩子。公元前 6 世纪末时,米尔泰德斯(Miltiades)娶了色雷斯(Thracian)的公主,他们的儿子基蒙就是公元前 5 世纪 70 年代和公元前 5 世纪 60 年代的雅典将军。

公元前 451/0 年伯利克里的立法改变了这一状况。自此之后,只有父母双方都是公民时,一个人才能成为公民。(此限制可能没有剥夺既有的公民权,仅适用于法律生效之后出生的人。)在伯罗奔尼撒战争后期，这条法律好像没有实施，但公元前403/2年在阿里斯托丰抑或尼考门尼斯（Nikomenes）的提议下可能再次被确认。（附带条件是此法律不适用于公元前403/2年之前出生的人，从而，科农（konon）与其色雷斯妻子之子忒莫泰奥斯（Timotheos），能够在公元前4世纪前半叶担任将军一职。）这种限制动机并不清楚。《雅典宪政》中说，这是"因为公民人数太多了"。一些现代学者推测，雅典公民或者希望与尽可能少的人分享特权；或者希望保留他们种族的纯粹性；或者担心，如果许多雅典男性与外国妇女通婚，那会有更多的雅典妇女单身。这些想法好像来自于有这些想法的人的兴趣和道德信念，而非来自确实的证据，但第一个想法至少比较符合《雅典政制》的评论。[①]（依据伯利克里法律的其他条款，公民与外邦人的婚姻无效。）

有些学者认为，一个非法出生的人不是公民（即他的父母不是以许配（engre）或判决（epidikasia）的形式结婚，第六章有所解释）。但以我之见，这是错误的，原因在于把公民资格和附属于氏族（宗教承袭的组织）的权利或财产继承权混淆了。确立一个人的公民权，仅仅表明他父母是公民即可，无需他们之间是否结婚。有三项证据佐证这个观点：《雅典宪政》把公民身份的法律要件解释为父母双方都是公民，从没提及婚姻；公元前411年阿科普图慕斯（Arkheptolemos）和安提丰的"合法的私生子"被剥夺公民权的法令，暗示了非婚生子原本就是公民；公元前4世纪的一名演讲者提到皮洛斯（Pyrrhos）的私生女与一位名叫凯努克勒斯（Xenokles）的

---

① *AP* 26.4, Isaio 8.43, Dem. 57.30m schol, on Ais. I. 39（FGrH77 F2）, Plu. *Perikles* 37, *Athenaios* 577a – b; cf. Hignett *Constitution* 343 – 7, Harrison *Law* i 25 – 6, Lacey *Family* 100 – 5.

婚姻,①其时公民与非公民的婚姻是被禁止的。

雅典早期,公民都分布在四个部落(phylai)里,其成员身份是世袭的。但在公元前508/7年,在克里斯蒂尼的提议下,这四个部落基于政治和法律的目的而为一个新的制度所取代。新制度的根基是地方化。每个公民都是他所生活的"行政区"的成员。希腊词是demos,通常翻译为英语单词"deme"。一个德馍可能是四周农地环绕的村庄,或是雅典城的一个区域。大约有150个德馍。这些德馍被归为十个团体,如此安排是为了使每个团体都包括阿提卡的不同地区的德馍(雅典城、沿海或内陆),且人数是总人数的十分之一。这十个团体被称之为部落(phylai),但与原先的四个老部落没有任何联系。确实,重组部落的主要动机之一就是终结原先部落的影响。但区域分割的详细情况和真实动机会导致很多复杂的问题,在此无需多言。②

公元前508/7年,每个公民都是其所居住的德馍的成员(犹如现代国会选区)。从此时起,他一直是同一德馍的成员,即便他变更居所(与现代国会选区不同)。儿子附属于他父亲的德馍,因此,尽管原初组织是地方化的,但其持续性是世袭的。相比现代人,古代雅典人很少变更居所,许多家庭可能几个世纪都生活在同一个农场里。但雅典人有时也迁移,因此德馍成员的身份逐渐趋于分散。公元前346/5年,即新制度实施了160年后,一名演讲者评论阿里莫斯(Halimous)德馍的大部分成员都居住在德馍里,这暗示了有一些没有说到的德馍不再如此。③

---

① *AP* 42.1,Plu. *Ethika* 834b, Isaio 3 - 45; cf. MacDowell in CQ 26(1976) 88 - 91.

② Cf. D. M. Lewis in *Historia* 12(1963)22 - 40, J. S. Traill *The Political Organization of Attica* (*Hesperia* Supplement 14, 1975).

③ Dem. 57.10.

这个由部落或德谟构成的组织至为重要的目的是任命官员，采用的形式是，要么抽签要么投票。每一德谟每年都会为某些职位提供一名成员担任，总计十个人。对于公民议事会（Boule）（五百人的议事会），每个德谟都会依据人口比例固定地提供议员人数。因此每个德谟都有一个"抽签职位登记簿"（lexiarkhikon grammateion），德谟的所有男性成员都登记在册，以便表明谁有资格担任官职。每个成年男性公民都登记在德谟登记簿上。德谟登记簿是唯一的公民名单列表，没有含有妇女及孩童的完整的公民身份列表。

每个德谟每年都会通过抽签提名一名成员担任首席或主席。[1] 他主持德谟成员大会，并保管会议期间的登记簿。夏至即年初所举行的会议上还要补充登记。[2] 在德谟成员的儿子满（或至少可能年满）18 岁时，他本人要出席这个会议，[3]德谟成员宣誓后便投票决定他是否应登记在册。首先他们要决定他是否已经年满 18 岁，（由于雅典人没有出生证明）他们依据其身体发育和证人证言来判断。如果他们认为他不够，他就需要返回"孩童"；其次，依据出生，他们要决定他是否有资格成为德谟成员；如果他们认为没有资格，他有权上诉到法庭。如果陪审团裁定对他不利，那对他的惩罚是奴役。当且仅当他们对这两项都满意时，他们才会为他登记。为了确保无人会在 18 岁之前登记，新登记的年轻人会受到公民议事会的审核。如果委员们认为他们中有人不到 18 岁，他们会对为他们注册的德谟成员实施罚金，德谟成员也会针对罚金向法庭上诉，

---

[1] *IG* ii² 1194. 3.

[2] Lysias 21. i, Dem. 30. 15.

[3] Dem. 27. 63, AP 42. 1; cf. R. Sealey in *CR*7(1957)195 – 7, Rhodes *Boule* 172.

以便陪审团裁定他的年龄。① 这种审核及登记的程序称之为资格审查(dokimasia)。

所有这些做法似乎表明登记簿能够得以精心保存,但事实上某些德馍的做法可能是粗心大意的。我们曾得知,阿里莫斯(Halimous)的行政官员就遗失了登记簿,因此德馍的全体成员不得不依据他们相互之间了解的信息再次登记造册。② 公元前346/5年,在德墨菲劳斯(Demophilos)的提议下,雅典人颁布法令规定,德馍的全体成员应审核他们的登记簿,宣誓后决定每个名字应保留还是排除。这表明了有人质疑某些不适格的人已经登记在册了。在此次审核中,任何被排除的人都可以上诉到法院。我们关于阿里莫斯(Halimous)的信息就来自于法庭上的演讲词(德摩斯梯尼57,《诉优博里德斯》),这是一个在此次排查中被德馍排除的人在法庭上的陈词,他在法庭上依据证人证词极力证明其父母均来自雅典公民家庭。③

目前,还不知所有德馍的登记簿是否都接受了系统性的审查。但任何时候,被指控伪装成公民(行使任何只有公民才能享有的权利)的人,都会被以"作为一名外国人(xenia)"而公诉。审判期间,他会被监禁起来,如果有罪,他就会成为奴隶,由城邦买给任何愿卖他的人。④

除德馍和部落之外,许多雅典公民也属于一个胞族(phratria),一些人以自己属于一个非同寻常的氏族(clan)而自豪,

---

① Ar. *Wasps* 578, *AP* 42. 1 - 2; cf. Lacey *Family* 94 - 5, MacDowell *Wasps* 210.

② Dem. 57. 26.

③ Dem. 57(with *hypothesis*), Ais. 1. 77(with schol. ), 1. 86, *FGrH*324 F52, DH *Isaio* 16, *Deinarkhos* II; cf. A. W. Gomme *Essays in Greek History and Literature*(1937) 67 - 86.

④ Dem. 24. 131(with schol. ), *Epistles* 3. 29.

犹如苏格兰人以从属于一个特殊的氏族而自豪一样；但氏族或胞族成员几乎没有法律意义，因此这部分在此不详细叙述。（唯一所知的胞族的法律功能是在被害人没有近亲的情况下，会原谅一个无意杀人的罪责。）然而，尽管氏族或胞族成员身份本身不会影响一个人的法律地位，但在他的合法公民身份被质疑时，这作为证据还是有用的，因为一个氏族或一个胞族不会接受一名新成员，除非他有合法的雅典公民出身（或由法令授予一个外国人公民权）。这就是我们在某些案件中发现演讲者不辞辛苦地证明某人有没有被一个氏族或胞族所接受的原因。①

## 授予外国人公民权

藉出生无权获取公民权的人通常难以成为公民，因为没有常规入籍程序，然而，在雅典有授予外国人公民权的特殊实例。

据普鲁塔克记载，梭伦引进了这一制度。如果外国人被自己的祖国永久性驱逐或如果他携带全部家眷住在雅典做生意或从事某种职业，那么他就有权获得雅典公民权。② 但由于没有此项法律的其他信息，所以普鲁塔克的陈述并不可信。确切地说，公元前5世纪和公元前4世纪的雅典，这样的外国人一般不能获得雅典公民权。也许这项法律在实施不久就被撤销或废止了；抑或是，普鲁塔克错误记载了此项法律，其仅仅是允许外国人（aliens）成为外邦人，而非公民。

据亚里士多德记载，公元前508/7年克里斯提尼创立的德馍和部落的新制度，包括"很多"外国人和居住在雅典的奴隶。③ 但我

---

① E. g. Dem. 57.54, 59.59; cf. Harrison *Law* I 64 – 5.

② Plu. *Solon* 24.4.

③ Arist. *Politics* 1275b 36 – 7，AP 21. 4；cf. D. Kagan in *Historia* 12(1963)41 – 6.

们不知,他们有多少人及依据何种标准被选出来。也许克里斯提尼认为如果有更多男性公民参与国家管理,那么管理就会更为民主,因而更好。当然,他也会想,他本人会得到这些拥有公民权的公民们的政治支持。

公元前519年,小城邦普拉提亚(Plataia)与雅典结盟(某些学者对修昔底德的文本进行修订,认为是509年);也许同时,也许稍后,(修昔底德没有明确说明这个时间,但肯定在公元前429年之前),普拉提亚人被宣布为雅典公民。① 然而,只要他们居住在普拉提亚,那这种公民荣誉身份可能没有太多现实意义。公元前427年,斯巴达人和底比斯人(Thebans)征服普拉提亚时,雅典人允许他们在雅典避难,并颁布法令允许他们在部落中登记并行使公民权,但不允许普拉提亚人担任雅典的祭司或九位执政官(他们负责一些宗教仪式)的职位,他们的子孙却不受这项法律限制。除此之外,普拉提亚人与本土雅典人享有同样的政治和法律权利。② 演说词《诉潘柯里昂》(《Against Pankleon》(吕西亚斯,23))(第十四章讨论)提及这样一个案件。一个人因主张是一名普拉提亚人而获得雅典公民身份。公元前421年,一些普拉提亚人从雅典迁往赛翁尼城(Skione),并且在公元前387/6年缔造了王之和平后,一些人放弃了他们的雅典公民身份而返回普拉提亚,但其他一些人可能作为雅典公民永远留在了那里。③

公元前406年,雅典人由于迫切需要为其战舰配备人员以对抗斯巴达,便授予任何想参加海军的人(与对普拉提亚人的条款一

① Th. 3.55.3, 63.2, 68.5; cf. M. Amit *Great and Small Poleis* (1973) 75 - 8, W. Gawantka *Isopolitie*(1975)174 - 8.

② Dem. 59. 104 - 6, Isok. 12.94.

③ Th. 5.32.1, Pausanias 9.1.4.

样)以公民权。因此许多人,包括一些奴隶,确实因通过参加阿吉纽斯(Arginousai)海战而获得公民权。[1]

为了感谢萨默斯人(Samos)在伯罗奔尼撒战争后期对雅典人的忠诚,雅典人于公元前405年(由公元前403/2年的另一部法律确认)颁布法律宣称萨默斯人为雅典人,并且那些当时已在雅典的萨默斯人立即被分配给德馍。[2] 但直到他在德馍登记后才能行使公民权,然而,许多萨默斯人很可能没有来雅典登记。

公元前403年,当民主制在三十寡头政权之后恢复时,民主派领袖色拉西布洛斯(Thrasyboulos)提议颁布法令,授予所有参与占领比雷埃夫斯(Peiraieus)的民主人士以公民权,其中一些人是奴隶(其中就有演说家吕西亚斯);然而,阿肯努斯(Arkhinos)以违宪议案诉讼抨击此项法令,依据是它没有通过公民议事会,因而无效。[3] 在公元前401/0年通过另一项法令,虽然由于铭文凌乱,恢复成疑,但这项法令好像授予一些参加从部落(phyle)驻地到比雷埃夫斯行军的民主人士以公民权,作为他们服务于民主的酬劳。[4]

与普拉提亚(Plataia)一样,伯罗奔尼撒半岛上的小城邦特洛真人(Troizen)是雅典人的老盟友。雅典人授予那些在公元前320年左右被马其顿前任君主驱逐的人以公民权。[5]

除整体和分类授予公民权外,雅典人有时也把公民权授予单个外国人。这可能是巩固与外国关系的政治姿态,如公元前431年色雷斯国王的儿子撒窦科斯(Sadokos)就成了雅典人;[6]或是对

---

[1] Ar. *Frogs* 693–4(cf. 33–4, 191), Hellanikos(*FGrH*323a) F25.

[2] *IG* ii² 1(Tod 96–7, ML 94); cf. W. Gawantka *Isopolitie*(1975)178–97.

[3] *AP* 40.2, Ais. 3.195, Plu. *Ethika* 835f–836a.

[4] *IG* ii² 10(Tod 100).

[5] Hyp. *Athenogenes* 32.

[6] Th. 2.29.5, 67.2, Ar. *Akharnians* 145.

服务于雅典人的一种奖赏,如公元前 409 年喀吕栋(kalydon)的色拉西布洛斯(Thrasyboulos)和墨迦拉(Megara)的奥布卢杜劳斯就因为在公元前 411 年杀死四百人寡头政体的领袖费内库斯(Phrynikhos)而被授予公民权。①

公元前 4 世纪,约公元前 370 年左右,法律制定了一套授予个人公民权的固定程序。授予理由是此人有"勇敢的德性"(andragathia)。公民大会上曾有人提议一项授予正在讨论的外国人公民权的法令。如果通过,不会立即生效,在下一次民众大会上,会有一次秘密投票,投票所需的法定人数是 6000 人,仅当此次投票获得多数票时,法令才有效。然而,即便法令生效之后,它仍有可能遭受违法议案诉讼的抨击,新公民会因陪审团投票反对而丧失公民权。也有一些法律禁止那些非凭出身而是依靠法令获得公民权的人拥有祭祀职位和担任九位执政官的官职。②

从这个时期起,我们有许多各种各样的授予单个外国人以公民权的法令铭文。其中一些是外国的君主,如叙拉古的僭主狄奥尼西奥斯(Dionysios)。对于这些人而言,授予雅典公民权不仅仅是恭维。③ 其他一些是居住在雅典的人,因对雅典人友好而被本国人驱逐,如弗尔米奥(Phormion)和喀菲纳斯(Karphinas),两位在凯柔尼亚(Khaironeia)战役中与雅典人共同作战的阿卡纳尼安斯人(Akarnanians)。④ 然而,专门法令的起草、通过、秘密投票、且每一个案件都铭刻在石板上的事实显示,授予外国人公民权从没有成为常规事件。而且,每条法令上的官方话语并非是授予"公民

---

① *IG* i² IIO (ML 85),Lysias 13.72.
② Dem. 59.88-92;cf. M. J. Osborne in *BSA* 67(1972)129-58.
③ *IG* ii² 103(Tod 133).
④ *IG* ii² 237(Tod 178).

权"给予 X,而是"X 是雅典人",这表明这并不仅仅是一种荣誉,而是新国籍的真正确认。

## 逐出法外和剥夺公民权

Atimia 是一种针对各种违法行为的惩罚,公民身份可能由此受到影响,这意指他丧失了权利和特权,但实践中此词的确切含义难以界定。现代对此主题的讨论也不十分令人满意。迄今为止,M. H. Hansen 的近期论述是最好的,但亦有一些问题尚未解决。[①]

公元前 6 世纪或 5 世纪早期,atimia 是剥夺法权:如果一个人丧失公民权利,那任何人可以杀死他或虐待他或掠夺他的财产而免于起诉或惩罚。他几乎不可能继续待在雅典,可见,atimia 大体等同于逐出阿提卡,且此种刑罚既可惩罚外国人也惩罚雅典人。我们存有一条法令的部分文本,这可能是公元前 477 年到公元前 450 年间基蒙(Kimon)提议的。此法令对一名外国人(来自小亚细亚的齐利亚(Zeleia))阿提缪斯施加 atimia 惩罚,因为他贿赂伯罗奔尼撒的民众支持波斯,但实际上,这是一项禁止他进入阿提卡的措施。[②]

到了公元前 5 世纪晚期,剥夺法权开始应用不同的词汇("让他死而不受惩罚"),atimia 的含义变小。大体来看,它意味着褫夺了雅典公共生活的权利,因而它仅仅是对公民的惩罚,不适用于外国人。更为简洁的翻译是"褫夺公民权"。然而,其损失的权利远远多于投票权。被剥夺公民权的人不准进入神殿或公共广场,不

---

[①] Hansen *Apagoge* 54 - 98.
[②] Dem. 9. 41 - 5; cf. Meiggs *Empire* 508 - 12.

能担任任何公职,也不能成为公民议事会议员和陪审员。他不能在公民大会和法庭上发言(尽管他可能出席法庭但不允许发言)。但并不清楚他是否会丧失其他的公民权利和责任;也许,他仍然可以娶雅典人为妻或在阿提卡拥有自己的土地,仍然有责任缴税和服兵役。一个被褫夺公民权的人并不完全等同于一个外国人(alien)。在某些方面,他会优于外国人,但其他方面有可能更坏。例如,一个外国人不能娶雅典人为妻,但他可以在公共广场上经商或在法庭上陈词。法庭上禁言可能是褫夺公民权在实践中最为令人厌烦的部分。一个被褫夺公民权的人可能要忍受很多人对他的伤害和侮辱,因为他不能起诉。但如果他是某类虐待案件的受害者,针对此类公共案件,可能愿意提起公诉的公民都会提出诉讼(例如针对恶意侮辱的公诉),他可能让一个朋友来提出诉讼,如果他被杀死,那就不能阻止他的亲属提出杀人诉讼。因此,atimia 在公元前 4 世纪的剥夺公民权的含义,尽管严重,但比公元前 6 世纪的逐出法外要轻很多。

通常而言,褫夺公民权是终生的,也可能被继承,即适用于违法者的子孙,但更多时候仅仅适用于违法者本人。然而,国家债务人就处于一个相当不同的境地了,一个欠国家钱的人(例如,一个被判处罚金的人或者一个享有收税特权而没有在到期日支付价款的包税人(tax-farmer))从其产生税负之时起就被视为剥夺了公民权,直至他支付完毕。如果他死于支付完毕前,那其后嗣所继承的并不仅是债务还有褫夺公民权的惩罚。但一旦债务还完,剥夺公民权的惩罚就会自动终止。

剥夺部分公民权也是可能的,一个公民可能被剥夺一项或两项具体权利。为公元前 411 年的四百人寡头政权履行兵役的人(在民主恢复之后)就禁止在公民大会上发言或成为公民议事会议员。那些在公元前 404/3 年的三十僭主期间,在骑兵中服役的人同样也被禁止成为公民议事会议员。其他例子是安东柯蒂斯(Andokides)对 atimia 的解释,在所有褫夺公民权惩罚中,任何权利可能全部被剥夺,也可能单个被剥夺。①

如果一个被剥夺了公民权的人被看到进入他被禁止的地方或履行了受禁止的职责,那任何希望起诉他的人都能利用检举(endeixis)程序起诉他。Endeixis 的字面意思为"指出",其原初含义无疑是要关注看到的罪犯。但到了公元前 4 世纪,就像其他公共案件那样,第一步是以书面形式起诉到有管辖权的治安法官那里,就检举程序(endeixis)而言,他们通常是立法者(thesmothetai);检举程序(endeixis)最重要的特征,就是起诉到治安法官后,原告只要愿意就可以逮捕被告,并把他羁押在公共监狱里直到审判。② 然而,程序上也会有一些变化:有时被告没有被关押,甚至不需要提供担保人;有时没有告发到治安法官那里就被捕了(这种程序称之为押送官府程序);有时受理诉讼并把案件呈交法院审判的治安法官不是立法者而是十一人委员会(掌管监狱的官员),甚至是巴昔琉斯(被告安东柯蒂斯就因参加一场禁止其参加的宗教仪式而被起诉)③。惩罚也多样化:一些违法者(例如担任公职但欠国家钱的人)依法应判处死刑;而其他违法者则由陪审员来裁定。④ 对规制程序中的法规及惩罚的变化仍没有清晰地解释。是故,atimia 仍是雅典法律研究最为主要的课题之一。

---

① And. 1.75-6, Lysias 16.3, 26.10.

② Dem. 20.156, 24.22, 53.14; cf. Hansen *Apagoge* 11-17.

③ And. 1.2,1.111, Dem. 24.105, *AP* 52.1; cf. Hansen *Apagoge* 20-1, 94-6.

④ Dem. 20.156, 24.105, 25.92, *AP*63.3, etc.; Hansen *Apagoge* 96-8.

## 外国人(Aliens)

不言而喻,外国人不能在雅典担任任何公职,也不能成为陪审员或公民议事会议员或公民大会的成员(尽管一个外国人(如大使)会在特定时间受邀参加公民议事会或公民大会并发言)。他也不准在阿提卡拥有地产和房产,也不准(公元前 451/0 年后)娶雅典女人为妻。如果他想在公共广场做生意,他需要缴纳专门的外国人税(xenika)。①

外国人可以在雅典法庭上陈词,无论作为原告、被告还是证人(在这方面优于被褫夺公民权的人)。然而,外国人的法律权利在三个方面上少于公民的法律权利。首先,有几类公共案件,外国人不能提起诉讼,因为法律规定此类案件的起诉者必须是雅典人。② 然而也有几类公共案件,可由外国人提起诉讼。有一确切事例,一位名叫艾拍奈陶斯(Epainetos)的安德罗斯人(Andrian)以公诉程序(grape)向立法者起诉公民斯特凡奥斯(Stephanos)违法关押他。③ 但我们并不清楚,为什么一些案件外国人能起诉,一些案件不能起诉。

其次,外国人被起诉时(某些案件是确定的,也极有可能是所有案件),原告会要求担保人(engyetai)出席法庭。这很正常,因为相比雅典人,为了逃避审判,外国人很容易会离开阿提卡从而给原告带来更大的风险。其程序是,如果原告可能与外国人被告一起向作战执政官(Polemarch)申请起诉,被告必须提供一些朋友来支付如果他缺席审判的份额。这个数额可能是他们争议标的的价

---

① Dem. 57.31 - 4.
② Dem. 21.47,59.16,etc.
③ Dem. 59.66;cf. Harrison *Law* i 195 n. 1.

值。如果被告没有提供担保人，他就会被投入监狱直到审判。①

再者，在许多治安法官负责提交法院的案件中，事关外国人的案件与仅事关公民的案件不同。这种设置并没有贯穿整个古典时期，它受到雅典人与外国人之间法律程序条约的影响，也受到公元前 4 世纪制定的商法的影响，此主题会在第十五章讨论。

## 定居的外国人(外邦人)

某些居住在阿提卡的外国人享有(定居的外国人)的身份。希腊语为"xenos metoikos"(定居的外国人)或"metoikos"，英文为"metic"(外邦人)。外邦人并非公民，与外国人相比没有更多的政治权利，但他被接受为社区的一员。他有责任缴纳税赋，包含一种专门针对外邦人的税赋(metoikion)，每年每人 12 德拉马克，女性为 6 德拉马克。如果他不缴纳，就会被奴役。这在哲学家色诺克拉底(Xenokrates)身上发生过，但帕勒隆的德米特里(Demetrios of Phaleron)购买了他并把他释放了。② 外邦人在雅典陆军和海军需要时也要服兵役。战争爆发时，如果他企图通过居住外地而逃避兵役，那就再也不准返回雅典。③

外邦人身份是否为所有定居于雅典的外国人(奴隶除外)拥有，抑或仅为其中一部分所有，还是个有争议的问题。许多学者认为，有在雅典定居的外国人并非外邦人，但对此没有明确证据，因为涉及雅典外国人的各种文本均解释为，要么是外邦人(外国人的一类)，要么是没有定居的外国人。反面论证则更有说服力：倘若外国人被恩准永久居住在雅典，却不能成为外邦人，那么他们都不

---

① Ar. *Wasps* 1042, Isok. 17. 12, Dem. 32. 9.

② Dem. 25. 57, DL4. 14, Harp. Under μετοίκιον.

③ Hyp. *Athenogenes* 29. 33.

可能选择外邦人的身份,因为缴税和服兵役是义务,不是特权,所有定居的外国人都要遵守。雅典人怎会允许一个外国人享有居住在他们城邦的特权,而不让他们为税赋和防卫做贡献呢。于是,我们可以认为,每个永久居住在阿提卡的自由外国人都是外邦人。问题是如何区分永久居住者与游览者。对此,必定有法律上的界定,但不幸的是,保存下来的文本没有相关说明。一种可能性是,一个与雅典人待在一起或在小旅馆的外国人被视为一名访客,而拥有自己家产的外国人则是外邦人。另一可能性是期限,当外国人在阿提卡度过了规定的时间期限后,他就不会被视为外国人,而成为外邦人了。公元前 2 世纪拜占庭的阿里斯托芬(Aristophanes)所定义的外邦人就与此相似:"外邦人是指来自国外并居住于此,缴纳城邦要求的固定税赋;在特定天数之内,他被称之为游览者并免于税赋,但如果超过特定期限,他就会成为外邦人,缴纳税赋。"但并不确定他指的是古典雅典。①

如果官方文件通常把外邦人称为特定德馍里的居住者的情况属实,那想永久居住的外国人必须以外邦人身份在特定德馍里申请登记注册。② 他需要一个雅典人作为他的保证人和庇护人(prostates),同时他可能不得不首次缴纳自己的外邦人税赋,但没有其他必须的条件或行为。只要他缴纳税款,提供庇护人,登记就是顺其自然之事。

外邦庇护人的确切职能没有被任何古代学者解释。相对可信的猜测是,他会用某种方式确认一个外国人是一个被接受的合适

---

① Ar. Byz. *Lexeis* fr. 38(Nauck p. 193); cf. E. Stelzer *Untersuchungen zur Enktesis im attischen Recht* (Disssertation, München, 1971) 109 - 41, Gauthier *Symbola* 107 - 26.

② E. g. ML 79. 33.

的在雅典永久居住的人。一旦外国人以外邦人的身份登记,没有明确的证据表明庇护人有进一步的责任。某些学者认为,在外邦人陷于官司时,他的庇护人能够代其发言,但这是错误的(原因在于错误地类比了罗马的保护人(patronus))。因为我们知道几名外国人为自己发言的案件,然而在这些案件中,当庇护人为他发言时没有外邦人曾保持沉默。针对没有庇护人的起诉是可能的,惩罚是被奴役,但学者们很难想象何种情况会如此。也许这种语言形式仅仅意味着对居住阿提卡而没有登记为外邦人的起诉。①

其他方面,所有在 81 至 82 页关于外国人所谈的皆适用于外邦人(尽管在某些外邦人案件中,区别于外国人的是由不同的治安法官向法院提交案件)。

## 享有特权的外国人

除外邦人身份外,其他特权有时也授予外国人作为其服务于雅典的优惠和奖赏。一些只授予外邦人,一些则授予任何外国人。

(1)Enktesis,可能是"土地和房屋"或仅仅是"房屋",是指有权在阿提卡获得土地和房屋的所有权。②

(2)一个外邦人可能被授予同等税(isoteleia),即与公民支付同样税款的特权,这取代了由外邦人支付的高额税款;或仅豁免外邦人税(metoikion)。甚至,一个外国人可能被免除所有雅典人的税款(ateleia),但这可能极少授予永久居住在雅典的外国人。

(3)一名在雅典陆军或海军需要时服役的外邦人,可能被给

---

① Cf. Gauthier *Symbola* 126 – 36.

② Cf. J. Pecirka *The Formula for the Grant of Enktesis in Attic Inscriptions*(1966),
   E. Stelzer *Untersuchungen zur Enktesis im attischen Recht*(Dissertation,München,
   1971.)

予与雅典公民并肩作战的特权,取代单独组建的外邦人部队。

（4）Asylia 是免于被国外雅典人袭击或掠夺。外国人可能被置于雅典将军的保护之下。

（5）在雅典的外国人可能被置于雅典公民议事会（Athenian Boule）的保护下。他也可能有公民议事会或公民大会开会之前提交起诉状或申诉状的权利。

（6）非外邦人的外国人可能被授予与外邦人一样在作战执政官（polemarch）面前的受审权。

（7）外国人也可能被授予这样的特权,如果有人杀死他,那凶手会遭受与杀死雅典公民同样的处罚,或从雅典及雅典其余同盟国中驱逐出去。①

雅典民众的赞助人（Proxenos）或恩人（euergetes）的头衔好像并非赋予接受者特定的权利或特权的荣誉称号,但被赋予这些头衔的人同时也被给予特权。我们拥有许多公元前 4 世纪零散的铭文,其授予这项或那项特权或通常几项特权。如下:

> 成为雅典民众的赞助人或恩人,无论自身还是后裔,当他们在雅典时,给予他们同等税（isoteleia）,或者他们要贡献战时财产税（eisphorai）及像雅典人一样纳税,或者与雅典人一起服兵役,他们将拥有土地和房屋的产权（enktesis）。在任的公民议事会成员和将军都要时刻留意有没有针对他们的违法行为。公民议事会秘书把这个法令刻在石板上并置于卫城上……（IG, ii 287）

---

① Cf. MacDowell *Homicide* 126.

## 奴隶

许多著作谈论过雅典奴隶，尤其他们的道德或经济意义。在此仅解释奴隶在雅典古典时期的法律地位。

奴隶大多是外国俘虏或他们的后裔。在希腊，战争中被敌人捕获的人成为捕获者的奴隶是惯例，除非他的亲戚或朋友支付赎金才能获得自由。在雅典，自由人成为奴隶还有其他几种方式：对违法者施加的奴役惩罚；战争中被捕获并支付了赎金的人需要偿付索赎者的赎金，如果没有支付，他就成为索赎者的奴隶。[1] 在某些希腊城邦，没有偿还债务的债务人也可能成为其债权人的奴隶，但在雅典，债务奴隶在公元前 6 世纪时被梭伦取缔。普鲁塔赫在《梭伦传》(13.5)中说，一些雅典人以前把他们的孩子作为奴隶卖掉，因而梭伦立法禁止了这种行为，除非是那些犯婚前私通罪的女孩。但在公元前 5 世纪和公元前 4 世纪的雅典，父亲卖掉其最为乖戾的女儿好像不可能。

父母都是奴隶的人，从出生之日起就是奴隶。没有任何古代学者清晰地告诉我们，在雅典，如果父母一方是奴隶而另一方不是会是什么情况，但如果母亲是奴隶，那他就是奴隶；相反，母亲是自由的，那他就是自由的，这是可能的。[2]

任何企图奴役自由民的人都易于作为奴役者而被捕。[3] 或者，一位不公正地沦为奴隶的人可能形式上会让朋友"使他自由"。[4]如果把他作为奴隶的人仍然坚持己见，那他就会起诉那个朋友。

---

[1] Dem. 53. 11.

[2] Cf. Harrison *Law* I 164.

[3] *AP* 52. 1, Isok. 15. 90.

[4] Lysias 23. 9 - 12, Ais. 1. 62, Dem. 58. 19, etc.

他会在作战执政官面前提供担保人以确保所谓的奴隶出席审判。陪审团的裁定决定这个奴隶是否确实是主张之人的奴隶；如果情况属实，那这位朋友不仅要交出奴隶或奴隶身价相符的价款（或者两者都交），而且还要支付同等金额的罚金给城邦。①

像其他财产一样，奴隶可以被买卖，雇佣，遗赠，或者赠送。法律规定，出卖奴隶的人要说明其身体的所有缺陷；如果买方发现奴隶身上有没有说明的缺陷，那他可以归还奴隶并要回钱财。② 奴隶不能拥有任何东西，奴隶主除了提供食物和衣服之外，也可能会给奴隶一些零花钱或其他东西，或者允许他持有通过劳动挣得的部分钱财，③但这些东西在法律上仍然是奴隶主的财产，如奴隶自身一样。

奴隶主好像并不允许杀死奴隶（尽管证据并不十分确定），④然而他可能按其意愿来毒打或虐待他。害怕遭受主人毒打的奴隶经常出现在希腊喜剧中。有一则笑话，一个年轻人刚刚继承财产就抑制不住毒打他的奴隶，因为他没有学会要认真对待他的财产。⑤但奴隶确实有让自己免于遭受主人毒打的庇护地，他会到提塞翁那里寻求庇护并要求卖给其他人，因为这样惩罚奴隶是非法的，但并不清楚，如果没有购买者提供主人能够接受的价格，会发生什么。⑥

在雅典（不像其他一些希腊城邦），不是奴隶主的人不准打奴

---

① Lysias 23. 9 - 12. Isok. 17. 14, Dem. 58. 21, 59. 40, Harp. Under ἐξαιρέσεως δίκη; cf. Harrison *Law* i 178 - 9, 221.

② Hyp. *Athenogenes* 15.

③ Ar. *Wasps* 52. [Xen. ]Ath. 1. 11.

④ Cf. MacDowell *Homicide* 21 - 2, Harrison *Law* i 171 - 2.

⑤ Ar. *Wasps* 1309.

⑥ Ar. fr. 567, schol. On Ais. 3. 13.

隶,但也有例外,一名农场主被允许毒打他抓到的那个偷他粮食的奴隶①。但奴隶自己不能对违法者提起诉讼,任何案件都由他的主人提起,如果他的主人没有提起诉讼,那奴隶对此无能为力。(如果违法行为合乎公共案件,如恶意侮辱,当然任何公民都有权提起诉讼,但可能很少,甚至没有人自找麻烦为了别人奴隶的利益而提起诉讼。)同样,如果一个奴隶被杀,也是由其主人采取针对凶手的行动。②

如果奴隶侵犯了别人,法律程序取决于他是否履行了他主人的命令。如果是,正当的法律程序仅仅是起诉他的主人。如果不是,那就对奴隶起诉,但判处的任何赔偿金或罚金都由其主人来支付。③ 尽管没有古代学者明确阐述过这些,但可以假设的是,呈交案件的治安法官与奴隶主自身被起诉的程序一样,无论他是一名公民、外邦人或其他外国人;由主人而非奴隶来辩护。

证据显示,这种安排基于如此推定,奴隶通常处在主人的监视和控制之下。至公元前 4 世纪,这种推定在某些案件中就不切实际了。当然,仍有许多奴隶在其房屋、农场或工厂里在主人的监视下工作和生活,但得到信任的奴隶独自生活和工作也很寻常,他们从事一些商业或贸易活动,除了支付价款外很少见到其主人(ap-ophora),这可能是贸易利润的一份或仅是固定额度,每月支付一次甚或更少。在米南德(Menander)仲裁案中,有一个简易案例:主人公之一是凯斯特陶斯(Khairestratos)的奴隶舒利斯库斯(Syris-kos)。舒利斯库斯与妻子住在农村,以烧炭为生。剧本情节是,当

---

① [Xen. ]*Ath.* 1. 10, Dem. 53. 16.

② Plato *Gorgias* 483b, Dem. 47. 70, 53. 20;cf. MacDowell *Homicide* 20 - 1.

③ Dem. 37. 21, 37. 51, 53. 20,55. 31 - 2, Hyp. *Athenogenes* 22; cf. Harrison *Law* i 173 - 4.

天他去凯斯特陶斯(Kratos)家支付提成款项(apophora)[①]；现实生活中，据说提莫克斯(Timarkhos)有九个或十个皮革工人，其中一个每天支付他三个欧宝(obols)的提成款，其他的每天两个欧宝，余下的收益部分归自己所有。[②] 再者，安西纳吉尼斯(Athenogenes)的奴隶米达斯(Midas)。安西纳吉尼拥有三家香水厂。米达斯掌管其中一家，因经营不善而负债。如果安西纳吉尼斯没有把工厂和米达斯出售给一个购买者，且此人相信无论多大的债务都有责任来偿付，那他就有义务来偿还债务。[③] 这个案例表明，甚至到了公元前 320 年，仍保留有奴隶主有责任偿还因其奴隶所招致的债务的法律。唯一的例外是，公元前 4 世纪中期引进的商法，此法犹如对待独立自主的个人一样，平等对待商人和船主，无关乎他们的公民身份。我们确实知道一名是奴隶的船主。除商法外，没有令人信服的证据证明，隶属于主人的奴隶能够独自提起法律诉讼。在这方面雅典法是保守的。[④]

## 自由

如果主人愿意，他就能解放一个奴隶。这会使奴隶成为一个自由人(apeleutheros)。对此，法律上没有正式程序。一个外国出生的奴隶在自由时可能返回他的家乡。倘若他留在雅典，就要以外邦人身份登记，以前的主人为他的庇护人(prostates)。法律禁止其他自由人做其庇护人。因此，奴隶主只要愿意就能阻止他的自

---

① Men. *Epitreprontes* 380.

② Ais. 1. 97.

③ Hyp. *Athenogenes*；cf. Gernet *Droit* 161‑2.

④ Dem. 34. 5；cf. Gernet *Droit* 159‑64，Harrison *Law* I 174‑6（但我质疑他们对 Dem. 的解释：35. 14）。

由人成为外邦人。法律也把对前奴隶主的其他义务施加于自由人身上，但并不清楚是什么，可能包括履行奴隶主施加的作为自由人的价格的义务。例如，他需要支付一笔钱，由于自由人为奴时在法律上没有任何自己的财产，因此他不得不向朋友借款，直到他赚够了再归还。如果自由人没有完成对他以前主人的债务，或者自己让其他人做庇护人来登记为外邦人，那他前主人可能对其"离开"起诉。倘若自由人被确认为有罪，那他会再次成为奴隶。① 因为这种案件是私人案件，所以他必定再次成为他前主人的财产。当我们在德摩斯梯尼的 25.65 中读到，城邦出售一个犯有怠慢庇护人罪的妇女时，我们把这视为是对外邦人无庇护人起诉的误会。②

　　奴隶的解放可能会在主人的遗嘱中，只有在其死后才生效。在这种情况下，并不清楚自由人是否履行对其前主人的继承人的任何义务，也不清楚是否他必须让继承人作为其外邦人登记的保护人。当主人本人是外邦人且解放一个奴隶时，他不能成为他的自由人的外邦人登记的保护人，因为庇护人必须是一个公民。

　　在特定情形下，城邦会在没有主人同意的情况下解放奴隶。一个奴隶告发他的主人犯了圣事罪，如果这个信息确凿，奴隶就会被解放。针对其他违法行为的告发是否会得到同样回报，也许可能但并不确信。③ 在公元前 406 年的阿吉纽斯（Arginousai）海战中为雅典而战的奴隶不仅获得了自由而且也被授予公民身份。

---

① Harp. Under ἀποστασίον, Pol. 3.83; cf. Gernet *Droit* 168 – 72，Harrison *Law* i. 182 – 6.

② Cf. Lipsius *Recht* 625.

③ Lysias 5.3 – 5，7.16，And. 1.28（Andromakhos 的奖金隐含着他不再是一名奴隶）. in Ant. 2c. 4，5.34 并不清楚关于杀人案中的解放信息是否是法律要求．

## 公共奴隶

一些奴隶并不属于个体业主而属于城邦。例如,公共建筑和公共钱币的保管人及依据十人委员会或其他官员的命令执行警察任务的弓箭手。

唯一一个我们有很多资料的公共奴隶是毕塔拉考斯(Pittalakos)。埃斯基涅斯(Aiskhines)在《诉提莫克斯》中曾谈及他。他被说成"拥有许多钱财"。其中一个场景是他与赫格桑德奥斯(Hegesandros)和提莫克斯争吵后,开始对他们提起诉讼,然后赫格桑德奥斯认为毕塔拉考斯属于他,并企图使他为奴,但格劳孔(Glaukon)"让他自由"。从这些情况来看,公共奴隶与属于个体业主的奴隶在法律地位上完全不同,他甚至可称之为"自由人",与外邦人身份有些相像。①

# 六 家 庭

## 家庭和家眷的管理

上一章是关于个体与城邦之间的地位。因出生或婚姻而产生的个体与个体之间的关系也同样重要。法律上,考虑这种关系的方式有两种。

首先,人们认识到,不能期望孩子或女人能够自主行为,他们通常处于男人的保护和控制之下。因此,法律认可男人的地位,他是另一个人的 kyrios(主人)。孩子或妇女的主人对其家眷有责任

---

① Ais. 1.54, 1.62; cf. Harrison *Law* i. 177 - 8.

也享有权威。他要照顾他的家眷,让他们有房住,有食物享用,他的家眷也要服从他。他掌管任何属于其家眷的财产,如果他的家眷陷入法律诉讼,他要在法庭上为其辩护。孩子的主人通常是他的父亲,如果父亲去世了,那主人可能是已成年的兄长或父系的长辈,但如果这些人都不在了,那就会任命一个监护人。妇女的主人在婚前一般是她的父亲,婚后则是她的丈夫。倘若她的父亲在她婚前去世了,那他的继承人就是她的主人。如果她丈夫去世了,她要么留在丈夫的家族里让丈夫的继承人为她的主人(尤其当继承人是她儿子时),要么回到她父亲那里,那她的父亲或继承人为她的主人。如果女人的主人要外出旅行很长时间,他会任命其他人(可能是他最亲近的成年男性亲属)在他不在的这段时间里作为她的主人。① 没有主人,雅典女人决不会自主行为。但外邦女人可能因在雅典没有男性亲属而做"自己的主人"(kyrios)(德摩斯梯尼,59.46),即便如此,作为一个外邦人,她会有一个庇护人(prostate)为其在法律事务中辩护。

其次,法律承认雅典社会不仅由个人,还由家庭(oikoi)构成。Oikos 的字面意思是"房子",这个词用于在一个房子里一起生活的家庭成员。Oikos 有两个方面的特别意义:家庭财产(在多数情况下,包含维持家庭的农场及房屋)都由家庭的主人掌握,以致其余成员为自身生计或多或少都要依赖他;家庭有自己的炉火和宗教仪式,包括纪念已去世成员的仪式。因此,雅典人(其他任何希腊城邦亦如此)极为重视家庭的保护,重视现任主人死后家庭的延续。

---

① Men. *Aspis* 127 - 37; cf. Plautus *Trinummus* 573, 1156 - 8, E. Karabelias in *Revue Historique de Droit Francais et Etranger* 48(1970)366 - 8.

奴隶、姘妇及非法出生的孩子,尽管也居住在家里并参加宗教仪式,但他们不是家庭成员。所谓家庭成员仅限男性主人的合法亲属,除他妻子和孩子外,可能还有他寡居的母亲,未结婚的姐妹们和其他家眷。如果他的女儿或姐妹结婚了,她们就会离开家族,进入她们丈夫的家族。反之,如果他的儿子们结婚了,他们会把他们的妻子带入这个家族,在适当时期,可能还有他的孙子或重孙子。如果他去世了,他的儿子会成为家庭的主人。倘若他不止一个儿子,那每个儿子都是一个家庭的主人,因此两个或更多的家庭取代了原先的家庭。[例如,在德摩斯梯尼 43.19 中,发言者讲述波塞劳斯(Bouselos)有五个儿子,他们分割财产,每个人都有妻子和孩子,因此从一个家庭中诞生了五个家庭。]倘若他没有儿子,就会有继承问题。人们普遍认为家庭灭绝是非常悲惨的。尽管财产或幸存的女性家眷会被其他家庭接管,但如果没有继承人,家庭宗教仪式就被忽略了。

要注意把家庭的管理(主要指家庭财产的所有权及家庭宗教仪式的责任)与对女人和孩子的管理区别开来,即便两者的管理者使用同一个词 kyrios。当然,通常会发生这种情况,一个男人是家庭的主人同时也是家庭中其他人的主人。但并非总是如此,例如,当一个家庭包括一个父亲和他成年儿子,那父亲就是家庭的主人,但不是他儿子的主人;如果儿子结婚了,儿子的妻子的主人是儿子而不是父亲。

家庭的自然属性及家庭生活的其他方面在 W. K. Lacey 的系列丛书之一:《古典希腊的家庭》中翔实描述过。本章的目的并不想重复同样的内容,而仅解释雅典法律的规制方式,一个人如何成为另一个人的主人,或成为一个家庭的成员或主人及他所获得的权利。

## 婚姻

一些古代国家,男人单身和没有孩子会招致经济上的或其他的惩罚,但并不确定雅典曾经如此过。有些文本曾说或暗示男人因未婚而被以公诉形式起诉。修辞学家达艾考斯(Deinarkhos)曾言,法律禁止没有合法孩子的男人从事修辞学或担任将军。① 但这些规则,如果曾经存在,在公元前 4 世纪好像也没有执行过,因为此时一个男人选择不结婚有极大可能性。②

如果他想结婚,他需要与那个相配的女子的父亲或其余主人(kyrios)达成协议,因为婚姻仅当婚前有许配行为(engye)时才有法律效力。[唯一例外是,如果女人的父亲去世了,那判决(epidikasia)取代许配行为,婚姻才合法有效。]Engye 是她的主人把女人许配给其未来的丈夫,它仅仅体现于主人的正式话语中,"我把我的女儿(或姐姐等)许配给你"。让女人在场或同意,甚至让她知道要出嫁了,法律上都是不必要的。③ 无论何时,当女方进入男方家后,就算真正结婚(gamos)了。Engye 和 gamos 的法律区别在于,engye 大致是制定合同,而 gamos 是执行合同。④

新喜剧中有一些场景可以看到,请求父亲同意其婚姻的儿子,或为儿子安排婚礼的父亲。也许这意味着,只要他父亲是家庭的主人,那在现实中儿子就很难违背他父亲的意愿。但这确实是家庭内部问题而非法律问题。没有证据显示,没有父亲同意的儿子

---

① Plato *Symposium* 192b, Dein. 1. 71, Plu. *Ethika* 493e, Pol. 8. 40.

② Dem. 44. 10, ; cf. Lipsius *Recht* 341 - 2, Harrison *Law* i 19.

③ E. g. Men. *Dyskolos* 762, 842.

④ See, Harrison *Law* i 3 - 9.

的婚姻在法律上是无效的。①

法律不允许女子嫁给一个直系长辈或直系后裔（如祖父、父亲、儿子、孙子），也不准嫁给她的兄弟或同母异父的兄弟。但可以嫁给同父异母的兄弟，收养的兄弟或她的叔叔、表兄弟或更远的亲属及没有任何亲属关系的男人。②

雅典早期，公民可以娶外国女子，如西锡安（Sikyon）僭主克里斯提尼（Kleisthenes）说："依据雅典法律，我把我的女儿阿加莉斯（Agariste）许配给阿凯迈农（Alkmeon）的儿子麦嘎克利斯（Megakles）"（希罗多德，6. 130. 2）。公元前5世纪中期之后，这是非法的。阿里斯多芬的喜剧《群鸟》（1650－2）（前414年）戏谑地让佩斯特泰尧斯（Peisthetairos）把雅典法律应用于神灵，并告诉赫拉克勒斯（Herakles），他是一个私生子，不是宙斯的合法儿子，因为他母亲是一个外国人。公民不能娶外国人的法律与公民和外国人的孩子并不是公民的法律一样都是伯利克里于451/0颁布的法律的一部分。③ 并不清楚公元前5世纪的法律宣布公民与外国人的婚姻无效或也规定了惩罚，但到了公元前4世纪中期有了明确的惩罚。此时，作为丈夫或妻子加入公民家庭的外国人（词语 synoikein 暗指名义婚姻，不仅是非法同居）可能会以公诉（graphe）方式被起诉，倘若有罪，就被出售为奴；那个接受外国女人以妻子的身份进入他的家庭的公民也会因此而被罚1000德拉马克。那个把外籍女子介绍给公民结婚的男人，也会被以公诉形式起诉。如果他有罪，那他会被褫夺公民权并没收他的财产。④

---

① Men. *Dyskolos* 784－7, Georgos 7－8, Dem, 40. 4；See, Harrison *Law* i. 18.

② See, Harrison *Law* i. 21－4.

③ Plu. *Perikles* 37.

④ Dem. 59. 16, 59. 52；See, Harrison *Law* i. 26－8.

法律并没有要求新娘的父亲（或她婚前的主人），为她配备嫁妆，但通常会这么做。嫁妆是为了维持妻子和其未来孩子的开销的。这是本钱而非收入。丈夫可以使用且把受益专用于供养他们，但不能耗尽如婚姻终结需返还原先出资者的资金额度。有时，嫁妆数额是想要大量嫁妆的未来丈夫和欲提供少量嫁妆的父亲讨价还价的主题，其额度通常会由新娘的主人同意并在许配时陈辞，如："我同意把我的女儿许配给你，并为她准备 3 塔伦特作为嫁妆。"①可能仅是钱财，也可能是一些土地或其他财产（这是有价值的，婚姻解体后有必要按其价值来偿还）。嫁妆可能在许配时或之后移交，也可能分期支付，如果马上全部移交，新娘的主人也会做一份正式协议详细规定后面支付的东西。同时他也会同意支付利息。他会为他承诺的数额提供抵押。② 倘若他没有履行协议，丈夫可能会起诉他（或他的继承人）侵犯协议。但是，由于嫁妆并不是法律要件，所以新娘的主人并不会因没有提供嫁妆而被起诉，如果他没有正式同意这么做的话。③

丈夫不需要在性上忠实于妻子，但妻子要忠实于丈夫。察觉到妻子通奸的丈夫依据法律可以离婚，④引诱者会遭受严厉惩罚。离婚极为简单，至少对丈夫如此。倘若他希望离婚，那只要把他的妻子赶走就可以了，不需要更多手续。同样，妻子的父亲也有权把

---

① Men. *Dyskolos* 842－4，*Perikeiromene* 1013－15.

② Dem. 30.7，41.5－6.

③ 关于嫁妆见，H. J. Wolff in *RE* under προίξ(1957)，P. D. Dimakis Ὁ θεσμὸ ς Τῆς πρ οικὸ ς κατὰ τὸ ἀρχαῖ ον ελληνικὸ ν δίκαιον(1959)，Harrison *Law* i. 45－60，La-cey *Family* 109－10.

④ Dem. 59.87.

她从她丈夫那里带回来。(尽管有人提出,这种权利在有孩子之后就失效了。)①对于一个希望与丈夫离婚的妻子来说,程序则较为复杂。没有充分合理性不能离开他,只有在执政官办公室递交书面通知后离婚才有效,②并不清楚这障碍有多大。一些学者把这仅视为一种形式而不予理会,从而断定,离婚对妻子来说,和丈夫一样简单易行。但更可能的是,会见执政官前,程序给了丈夫更多干涉的机会,如果他有此意愿的话。无论如何,普鲁塔赫相信规则的目的是给予丈夫一个找到妻子并再把她带回家的机会。③ 也许执政官在她丈夫反对的情况下不接受妻子的离婚通知,倘若如此,妻子如没有丈夫认可则不能离婚。

倘若婚姻以离婚而终结,那么无论何原因,嫁妆都要和妇女一起回到原先主人(或他的继承人)那里。在某些情况下,归还嫁妆的预期可能是制止丈夫与妻子离婚的主要因素,这也是新娘的主人提供嫁妆的主要动机,即防范妇女及其亲属离婚。④

倘若妻子去世且没有孩子,她的嫁妆可能要返回到她原先主人(或他的继承人)那里。但倘若遗留孩子,他们会继承它。⑤ 倘若丈夫去世了,撇下一个没有孩子的寡妇,她就会回到原先主人那里,这种情况下,她丈夫的继承人必须归还嫁妆。⑥ 但如果她有孩子(或怀孕了),那她可能会与孩子们一起留在丈夫家里,他们(或

① Dem. 41. 4, Men. *Epitrepontes* 657 - 8, *Didot Papyrus* I (Menander, ed. Sandbach, pp. 328 - 30); See, Paoli *Altri studi* 385 - 91.

② Isaios 3.78, Dem. 30.17, 30.26, And. 4.14, Plu. *Alkibiades* 8.5.

③ Plu. *Alkibiades* 8.6.

④ Isaios 2.9, 3.35 - 6, Dem. 59.52.

⑤ Isaios 3.36, Dem. 40.14, 40.50.

⑥ Isaios 3.8 - 9, 3.78, 8.8.

他们的监护人)会保留她的嫁妆。① 寡妇带着孩子的状况极为特殊：也许是唯一一种状况，雅典妇女会为自己在家庭和主人之间选择。②

任何情况下都要维护这个规则，无论谁管理女人的嫁妆都有责任维持她的生活。一个不再有权持有女人嫁妆却仍然持有的男人，易于被有权持有的人起诉。倘若他不能或不想立即支付全部款项，他要为此支付很高的利息，每月150％的利息来维持女人的生计或(倘若她死了)她的继承人的生计。倘若他没有支付这些，他会因生活费用而被起诉。③ 为提防这种可能性，在婚姻持续期间，丈夫有时会为最终偿还嫁妆而提供抵押品。

离婚或寡居的女人可能再婚。倘若她已回到她原先主人那里，她的主人一般会把她许配给新丈夫，附带她第一任丈夫返回的嫁妆。④ 或者，她第一任丈夫临终之时或在其遗嘱中把他的遗孀及嫁妆许配给一个新丈夫。⑤

## 姘居

法律规定男人不能娶多名女人为妻(女人也不能嫁给多个男人)。但法律上并不反对他有一个姘妇。我用"妾"(concubine)翻译希腊词 pallake。它意指女人住在男人家里，与他有性关系但并没有正式嫁给他。(有两个不同于 pallake 的词，hetaira 是一个更常用的词，没有女人与男人长久生活的意思；porne 意思是妓女，她

---

① Dem. 42. 27，43. 75.
② Dem. 40. 6；See, H. L. Levy in *Mediterranean Countrymen*（ed. J. Pittrivers，1963）142.
③ Isaios 3. 8 - 9，3. 78，Dem. 27. 17，59. 52.
④ Isaios 8. 8，Dem. 40. 6 - 7.
⑤ Dem. 27. 5，45. 28.

们的性服务可被任何男人购买。）

法律上把生养"自由孩子"的妾区别于其他妾。① 没有"自由孩子"的妾通常或总是那个拥有她的男人的奴隶。她的孩子也将是他的奴隶,她的法律地位与其他奴隶一样。

生养"自由孩子"的妾可能是一个外国女人,其自由但并非出生公民。一个著名的例子是阿斯帕西娅(Aspasia),一名来自米利都(Miletos)的有才华的女子,她与伯利克里同居多年。出于对伯利克里的特殊照顾,一项授予他们儿子合法性和公民权的法会被通过,否则他将被依法驱逐出去。此法律由伯利克里提议,规定公民与外国人的婚姻无效,仅当父母双方都是公民时才是公民。②

或者,生养"自由孩子"的妾可能是雅典公民的女儿。伊西艾奥斯(Isaios)(3.39)指出那些给予"自己的"女人以妾的身份的公民,以议定的数额作为礼物,像嫁妆。诱惑妾者所受的惩罚与诱惑妻子者一样。③ 因此,这类姘居非常像婚姻,除了没有许配行为外。我们可能会想,父亲更想给予他合法的女儿以婚姻,而仅给予他的私生女以妾的身份。但没有任何证据证明给予合法女儿妾的身份是非法的。

之后,几位权威人士在提及苏格拉底和欧里庇德斯(Euripides)时提到,由于人口短缺,雅典人颁布法律,允许任何公民"娶一名有公民身份的女人,也可以与其他女人生孩子"。④ 尽管一些现代学者质疑这种说法的真实性,但并没有否定它的有力证据。在伯罗奔尼撒战争期间,雅典人焦灼于战场上大量人员被杀或大量

① Dem. 23.53.
② Eupolis 98 Koch(114 Edmonds), Plu. *Perikles* 24.37.
③ Lysias i. 31 - 2,Dem. 23.53.
④ DL 2.26,Athenaios 556a, Gellius 15.20.6;See,Harrison *Law* i.16 - 17.

人员死于瘟疫,许多雅典女孩没有未婚男子可以做她们的丈夫。因此法令的动机是鼓励公民们多生孩子,及减少大量留在家里的雅典女人成为老处女。如果接受这种现实,那法令所规定的就不仅仅是公民可以有妻子也可以有妾(因为之前已认可),而且如果妾是公民,那妾所生的孩子像妻所生孩子一样是合法的。苏格拉底的婚姻状况可能就是这样,米尔托(Myrto)是他的妻子,而桑迪碧(Xanthippe)则是他的妾,但他与桑迪碧所生的儿子(拉姆普客勒斯(Lamprokles))是合法的。然而,有关苏格拉底的婚姻的证据很凌乱,我们也难以确定此事。① 妾的孩子是合法的的法令,如果确实存在,在公元前 5 世纪末时必失效。公元前 4 世纪的辩论词中明确表明只有正式婚姻的妻子的孩子才是合法的。

## 孩子

当一个雅典女人生了一个孩子时,通常父亲会进行一次正式确认,孩子是他的。这通常在命名日(dekate)进行,即孩子出生十天后,家人聚在一起为孩子命名。② 命名日是宗教仪式而非法律要件,但在法律上,父权的确认对孩子很重要,因为他的家庭(oikos)成员身份及公民身份都依据此。一个父亲,如果不承认事实上是他的孩子的家父,就会通过法律诉讼迫使他承认。臭名昭著的鲍埃涛斯(Boiotos)案就是如此,他起诉曼忒阿斯(Mantias)没有确认鲍埃涛斯的父亲身份,因而剥夺他的公民权。③ 也有可能父亲在认

---

① Aristoxenos fr. 54a - b(Wehrli), DL 2.26, Plu. *Aristeides* 27.3 - 4, Athenaios 555d - 556b; See, J. W. Fitton in *CQ* 20(1970) 55 - 66, L. Woodbury in *Phoenix* 27 (1973)7 - 25.

② Ar. *Birds* 922 - 3, Isaios3.30, Dem. 39.22.

③ Dem. 39.2; See, J. Rudhardt in *Museum Helveticum* 19(1962)39 - 64.

可后通过正式的否定(apokeryxis)撤销确认,如果他有理由相信孩子不是他的话。① (有些学者认为,apokeryxis 是"剥夺继承权",但雅典证据与这种看法相悖,即法律上允许父亲剥夺他儿子的事实继承权,除非他被别人收养。因此,更可取的做法是把 apokeryxis 当作否认父权。)

如果孩子的父母以许配或判决的形式结婚,那他就是合法的。否则,除在伯罗奔尼撒战争期间有短暂的变化外,孩子都属私生子(nothos)。

父母没有法律义务抚养孩子,犹如我们在新喜剧中所见,婴儿的曝光通常是情节的高潮部分。尽管雅典父亲(不像罗马父亲)没有权利置孩子于死地,但遗弃一个活着的孩子并不视为杀害。

父亲直到女儿结婚前都是她的主人,在他的儿子成年前也是他儿子的主人。儿子在 18 岁时,倘若他是出生公民,那此时他要在他所属的德馍(deme)登记。之后,儿子在法律上独立于父亲,但他仍然是他父亲为主人的家庭的成员。

如果父亲老了,且有一成年儿子,他可能会退休,并把家庭的管理权让与他的儿子,在阿里斯多芬的《云》中就是如此。如,博德卢克隆(Bdelykleon) 就从他父亲菲劳科隆(Philokleon)手中接过了家庭管理权。倘若他不止一个儿子,那他们会共同管理,或在他们之间分割财产。

在《诉尤尔高斯和美思布劳斯》(《Against Euergos and Mnesiboulos》)的辩护词中有这样一个例子。意欲寻觅忒奥菲慕斯(Theophemos)的发言者,质疑他的兄弟尤尔高斯,"我问他,是否与他的兄弟分割了财产,还是他们共同拥有他们的财产。尤尔高

---

① Dem. 39.39;See,Harrison *Law* i. 75 - 7.

斯回答说他做了分割,忒奥菲慕斯独自生活,他本人与他们的父亲一起生活。"(德摩斯蒂尼,47.34－5)显然,父亲已经退休,把财产让与两个儿子,他们选择分割了财产。一般而言,父亲会依其意愿来退休,但倘若他老态龙钟、精神错乱以致无力掌管家庭(oikos)却仍不退休,那他的儿子会以精神错乱为由提起诉讼,如果他的儿子获胜,他就获得了对财产的法律控制。①

在梭伦法律下,儿子可能会因虐待父母(kakosis geneon)而被起诉:他没有为父母或祖父母提供食物和房屋,并对他们实施人身暴力;或在他们去世后没有举行适当的葬礼仪式。(衣食住行的必需品可能在其父母变老或没有生活能力时才提供。)惩罚是褫夺公民权。这种诉讼的程序也许是检举程序(eisangelia),犹如虐待孤儿所实施的程序,尽管有关证据并不十分清晰。② 但是,在梭伦法中,如果父亲没有教授孩子一门手艺或生意,或者让他为妓,或者倘若他的出生为非法的,那会免除孩子赡养父亲的责任,因为,在这些情况下,他的父亲有过错。③

## 合法儿子的继承

一个人死了,倘若留有一个合法儿子,那儿子会继承他的所有财产(包括别人欠他的债务,也包括他父亲欠下的债务)。倘若去世的人是家庭的主人,那他的儿子就会成为主人。

一个人死了,倘若留下不止一个合法儿子,那这些儿子平等继承他所有财产;长子并没有特权。他们会商定共同拥有财产或部

---

① Ar. *Clouds* 845, Xen. *Apom.* 1.2. 49, Ais. 3.251, AP 56.6; See, Harrison *Law* i. 80－1.

② Lysias 13.91, Ais. 1.28, Dem. 24. 103－7, *AP.* 56.6, Harp. Under εἰσαγγελία.

③ Ais. 1.13, Plu. *Solon* 22.

分财产(如他们居住的房子);但实践中一般会分割成同等价值的份额;倘若去世之人是家庭的主人,那几个家庭就会取代原先的家庭。倘若合法儿子死于父亲之前,并留有他自己的合法儿子,那这些儿子就有权拥有他们祖父财产中他们父亲的份额,等等。分割财产时,通常做法是,首先商定多少份额,然后才决定谁拥有那种份额。可能会以抽签方式来决定。如果只有两个继承人时,那可选择的方式是让一个规定份额,另一个来选择。①

只要有合法的儿子或直系子孙在世,那其他任何亲属就无权索求任何财产。儿子无需法律形式就可以拥有财产,其他任何索求财产的人都会由于合法儿子的存在而被限制。

但如果父亲去世时儿子尚未成年,那就会产生问题。这需要任命一个或两个监护人负责未成年的孩子及其财产。法律要求执政官来"照顾"孤儿;②这意味着他必须见到孤儿有监护人。[我用"孤儿"(orphan)一词翻译"orphanos";在希腊语中此词的含义是"没有父亲",并一定意味着孩子也失去了母亲。]倘若无人做监护人,那执政官就强迫一个人来承担这项义务;在监护人有竞争的情况下(比方,孤儿有很多财产),执政官就会在这些竞争者中选择。我们并不清楚执政官基于何种原则来选择,但我们在所有有清晰资料的案件中看到,父亲临死之前都会为他的儿子指定一个或几个监护人,如果是这样,那执政官(arkhon)就仅是在形式上认可父亲委托的被指定人。最著名的事例是有关德摩斯梯尼的例子,他在之后写的《诉阿夫布斯》和《诉奥内特》中曾描述过。在他父亲德摩斯梯尼去世时,他七岁,他的妹妹五岁。老德摩斯梯尼临死之

① Dem. 36.11, 48.12 - 13; See, Harrison *Law* i. 130 - 2, H. L. Levy in *TAPA* 87 (1956) 42 - 6, P. Walcot *Greek Peasants*(1970)49 - 50.

② Dem. 43.75, Ais. 1.158,etc.

际,让他的妻子带着嫁妆嫁给他的侄子阿夫布斯。(以许配形式)他让女儿带着嫁妆嫁给他的侄子德馍奉(Demophon)。(他女儿适龄时:这意味着在许配和婚姻之间有一段很长的时间。)他指定阿夫布斯、德馍奉及一名非亲属关系的名叫特里皮德思的朋友共同作为年幼的德摩斯梯尼及其财产的监护人。由此可知,一个孤儿可能会有几个监护人,且监护人也并一定是家庭成员。

监护人对房屋、食品、衣物和教育进行监管,且在被监护人的财产涉及的公务或法律事务中代表他(作他的主人);他也必须知道监管的财产得到适当保存和应用。例如,如果财产中含有一些农业用地,那监护人要么耕作,要么租给农夫去耕作。财产的受益用于维持监管的费用。在被监护人达到 18 岁时,监护人不仅要交付财产而且也要提供账本,以显示现在交付的财产等同于被监护人父亲遗留的财产,其中加上累计受益,减去维持监护的花费。通常的做法是,监护人带着被监护人住在自己的房子里,把被监护人的所有财产交予承租人。这使监护人不仅能够父亲般地看护被监护人,而且也可以核算被监护人的财产受益,即承租人支付的租金总额。

为了抑制监护人肆无忌惮的滥用财产,孤儿的房产出租需遵循专门程序。监护人向执政官提出申请,执政官会在法庭上让一名陪审员见证的情况下进行拍卖,租约授予竞价最高者,竞价者也会以他的财产作担保。[1] 倘若监护人没出让被监护人的财产,那任何有意愿的人都可以以控告(phasis)程序起诉他,但他能够为自己

---

[1] Lysias 32,Dem. 27,Isias 32, Dem. 27, Isaios 6. 36 – 7, *AP* 56. 7; See, Finley *Land* 38 – 44, Harrison *Law* i. 104 – 8.

辩护,以表明他自己占有和管理财产是令人满意的。[1]

虐待(kakosis)孤儿是可以提起公诉的另一种违法行为,尽管并不清楚何种作为或不作为是虐待。诉讼程序称之为检举程序(eisangelia),但一定不要与其他种类的 eisangelia 混淆。虐待孤儿的检举程序(eisangelia)起初可能仅把罪行向执政官报案,然后由执政官而非检举者负责采取进一步行动。到了公元前 4 世纪就不这样了。此时通常会举行审判,即检举者是原告,像一般公诉(graphe)那样,有时甚至可宽泛地称此类案件为公诉。但仍留有一个重大的区别:虐待孤儿的检举诉讼(eisangelia)中,原告不需要付费或惩罚,即便没有获得五分之一的票数。[2]

此类违法行为所采取的不仅由任何自愿起诉者提起诉讼,而且也采取检举(eisangelia)(原告没有任何风险)或控告(phasis)(他能获得报酬)程序的事实,标志着雅典人对保护孤儿免于不良监护人侵害的热情。孤儿是优先需要社会保护的那类人。

孤儿达到法定年龄后,那么,在接下来的五年内的任何时间里,如果他认为监护人没有把财产的真实数额交给他,都可以对监护人的"监护权"提起私人诉讼——如德摩斯梯尼对阿夫布斯所做的。[3]

## 女继承人

一个人去世了,倘若没有留下合法儿子(或孙子及曾孙),而留

---

[1] Dem. 38. 23, Harp. Under $\phi\acute{\alpha}\sigma\iota\varsigma$; See, Harrison Law i. 115 – 17.

[2] Isaios 11. 6(See, 3. 46 – 7), Harp. under $\varepsilon\iota'\sigma\alpha\gamma\gamma\varepsilon\lambda\acute{\iota}\alpha$; See, Harrison *Law* i. 117 – 19, Ruschenbusch *Strafrecht* 54 – 5.

[3] Dem. 27 – 9, Lysias 32, etc. ; See, Harrison *Law* i. 119 – 21, D. Becker in *ZSSR* 85 (1968)30 – 93.

下一个女儿(或孙女或曾孙女)。在这种情况下,可能会有这样的想法,她最终会生一个儿子来继承财产,延续家庭;因而,需有个男人来做她的丈夫并掌管其财产直到她儿子达到法定年龄。到公元前5世纪末,父亲通常在临死之前凭借在世时收养或遗嘱方式,安排此事。本章后面会探讨这个程序。现在我仅探讨父亲去世时没有任何安排的情况。

在此情况下,留下的女人或女孩称之为女继承人(epikleros)。英语中唯一与之相对应的词是"heiress",但采用这种翻译时,要明白的很重要的一点是,在能够按意愿处置财产的意义上,她并非真正地拥有财产。财产仅仅附随着她,直到她儿子能够继承为止。[1]

更何谈女继承人的丈夫会拥有这些财产。不仅如此,他能掌管并应用财产直到她儿子达到法定年龄。如果情况属实,那这可能是一个颇具吸引力的提议,其结果会有很多人争做女继承人的丈夫。然而,规则所要求的是,去世父亲的最近男性亲属有权要求与她结婚。倘若他不希望如此,次最近亲属会提出要求,以此类推。倘若几个男人是同样近的亲属关系(如几个父系的叔叔等),那年长者优先。[2] 倘若有两个或更多女儿,她们全部是女继承人(即每个女继承人平摊财产的份额),那两个或更多的男性亲属会要求其中的一个。倘若女继承人已经结婚了,这没有难度。她父亲的近亲属仍然可以要求与她结婚,只要她同原先丈夫离婚即可。[3] (但这仅是在她没有儿子的情况下如此,如果她有儿子,

---

① 关于女继承人见,Harrison *Law* i. 132 - 8, Lacey *Family* 139 - 45, J. E. Karnezis 'Η ε πικληρος(1972), E. Karabelias in *Symposion* 1971 (ed. H. J. Wolff, 1975) 215 - 54, D. Schaps in *CQ* 25(1975)53 - 7.

② Men. *Aspis* 141 - 3,185 - 7,254 - 5.

③ Isaios 3. 64, 10. 19.

那她儿子作为去世之人的孙子来继承,她本人也不是女继承人。)倘若最近的亲属已婚,他需要与其妻离婚或放弃要求。除非他同女继承人结婚,否则不能获得她和财产的管理权。这么做的主要目的是为在父亲的直系后裔中获得一位男性继承人。

但如果去世之人遗留很少或没有留下财产,就可能没有对女继承人的权利请求人。她可能在没有丈夫的情况下离开,那么这个家庭就消失了。为避免这种情况,法律规定,倘若女继承人属于最低财产阶层(thetes),执政官会迫使她父亲的最近男性亲属要么自己娶她,要么把她嫁给别人。倘若他选择把她嫁给别人,那他要从自己的财产中为她置办嫁妆,除非他本人也是最低阶层。① 娶一名贫穷的女继承人为妻是值得称赞的,正如安东柯蒂斯(Andokides)在下文中所揭示的:②

> 忒尚德绕斯(Teisandros)的儿子艾佩吕考斯(Epilykos),是我的舅舅,我母亲的哥哥。他在西西里死了,没有留下男性子嗣,只有两个女儿,他们转给了拉格绕斯(Leagros)和我。他家庭情况不好,留下的账面上的财产不到 2 个塔伦特(Talents);但债务就超过 5 个塔伦特。然而,我请拉格绕斯与我在家人在场的情况下碰头,并对他说,在这种情况下,亲属的行为是善良之人的行为。"喜欢另一份家产或成功男性而看低艾佩吕考斯的女儿,对我们而言,这并不合适。毕竟,如果艾佩吕考斯在世时或在死时有大量财产的话,我们会希望娶他的女儿,因为我们是他的近亲属。鉴于在那种情况下我们会

① Isaios 1. 39, Dem. 43. 54, Terence *Phormio* 295 – 7, 407 – 10.

② See, MacDowell in *Mnemosyne* 16 (1963) 131 – 3, A. W. H. Adkins in *CQ* 25 (1975) 217 – 18.

因艾佩吕考斯或因他的钱而这么做,那么现在我们要因我们的良好品德而这么做。因此你要一个,我要另一个。"(安东柯蒂斯,I. 117－19)

事实上,法律的主要目的是让女继承人生一个男性继承人,这来源于梭伦。梭伦法规定女继承人的丈夫与她每月过三次性生活。如果他不能这么做,他必须同意她与另一个近亲属结合的要求(可能是婚姻形式而非如普鲁塔赫所说的是婚外性行为)。① 依现代观点来看,令人惊愕的是法律在这件事情上没有给予女人选择权。但古代法的目的在于整个家庭的福祉及把财产传递到下一代,而非满足女人的个人偏好。上面引用的安东柯蒂斯的文章(写于公元前 4 世纪初)道出了娶或不娶女继承人(epikleroi)的各种理由,但没有任何迹象显示,他要问问那些女孩们是否想嫁给他和拉格绕斯。文本的上下文中都没有提及爱,也没有提到未来的丈夫和妻子是否在年龄和性情上适合。

但在公元前 4 世纪末,有证据表明,人们对此事有不同的观念。最近发现的希腊文献之一是米南德(Menander)的喜剧《Aspis》(意思是"盾牌")的一部分,首版于 1969 年。故事开始,克劳斯特拉陶斯(Kleostratos)就被认为已战死,留下他的姐姐作为他们父亲家产的女继承人。起初,要把她嫁给她叔叔卡伊斯特拉陶斯(Khairestratos)的继子卡伊艾斯(Khaireas);但,现在她那个贪婪的老叔叔史密克里奈斯(Smikrines)提出要行使与她结婚的权利,因为她是女继承人,而他是最近的亲属。

卡伊斯特拉陶斯:你想娶一个女孩,你这个年龄?

---

① Plu. *Solon* 20. 2－5;See, Lipsius *Recht* 349 n. 35.

史密克里奈斯:年龄怎么了？

卡伊斯特拉陶斯:你看起来那么老。

史密克里奈斯:我是唯一已婚的老人吗？

卡伊斯特拉陶斯:史密克里奈斯,请人道一点。卡伊艾斯在这儿,他想娶她,已经向她求婚。我要说什么呢？你不一定会输。所有财产都在这里,我们给你。但要让这个女孩有一个与她年龄相符的丈夫。我会从我自己的财产中拿出两个塔伦特作为她的嫁妆。

史密克里奈斯:上天啊,你能想象你正在对米利提德斯(Melitides)说话！什么事！我拿走财产,让他娶这个女孩,那如果生一个男孩,我就会因拥有他的财产而被起诉。

（米兰德,《盾牌》,258 - 73）

几行之后,卡伊艾斯谈了他对这个女孩的爱。后来,史密克里奈斯误以为卡伊斯特拉陶斯也死了,留下一个更富有的作女继承人的女儿,倘若他放弃对克劳斯特拉陶斯姐姐的权利要求,他就可以对她提出要求;最终他都没有得到女继承人(尽管剧本的结果遗失了,但我们断定如此),因为结果是,克劳斯特拉陶斯和卡伊斯特拉陶斯都还活着。通观全剧,史密克里奈斯仅仅是行使他的法律权利,然而他是作为反面人物出场的,因为他阻止两个年轻爱人的婚姻。米南德在故事中以这种方式暗示关于对女继承人的权利主张的法律并不令人不满,因而有权对抗它。在婚姻中如此重视爱可能是米南德时代的新颖之处,因为法不容情。

法律规定由执政官"照顾"女继承者,就像规定他照顾男性孤儿一样。这主要意指他必须把她们许配给丈夫。针对虐待女继承人的公诉,犹如虐待男性孤儿那样,以检举形式(eisangelia)提起公诉。①

倘若父亲去世时，女继承人还是一个孩子，我们并不清楚会怎样？可能会为她及"她的"财产任命一位监护人，与像对待男性孤儿的方式一样，然后在她 14 岁时（青春期的年龄）许配她一个丈夫。这在《雅典宪政》(56.7)中提到，女继承人的地产租期至她们14 岁。

倘若一个男人去世了，留有怀孕的妻子，那执政官就需要照看她，可能会通过任命暂时监护人的方式。②尽管没有例子可以佐证，但我们可以推断，遗腹子会成为继承人（如果是男性），或女继承人（如果是女性并没有兄弟）。

## 其余亲属的无遗嘱继承

倘若一个人没有合法后裔，那么最近亲属便能主张拥有财产。为了决定最近亲属有哪些，便产生了这样的优先循序：③兄弟（或同父异母的兄弟）和他的后代；姐妹（或同父异母的姐妹）和她的后代；父亲一方的其他亲属"远至堂兄弟姐妹的孩子"；继兄弟（同母异父）和他的后代；继姐妹（同母异父）和她的后代；母亲一方的其他亲属"远至表兄妹的孩子"。对"远至表兄妹"的确切界定并不十分清楚，后面会对此讨论。这些是"近亲"(ankhisteis)。倘若这些亲属不存在，那父亲一方的更远亲属就有权提出要求。在同程度的亲属关系中男性优于女性，除此之外，如在同程度的亲属关系中有两名或多人是权利请求者，那他们要均分财产。

已故男人的妻子无继承权，她不能成为财产的女继承人。他

---

① Isaios 3.46 - 7, Dem. 37.46.

② Dem. 43.75.

③ 对继承循序的更为详细的讨论，见，Harrison Law i. 143 - 9.

的长辈(父亲、母亲、祖父、祖母)可能也被排除在外,尽管对此仍存有争议。[1] 倘若最近的亲属是姐妹(没有兄弟也没有兄弟的后代)。他兄弟的死会对她成为父亲财产的女继承人有影响,以致最近的男性亲属对她有婚姻请求权。[2] 否则,女性亲属不能成为女继承人,但能够凭借自身权利成为继承财产的所有人。

私生子是否可以继承父亲(没有合法孩子和遗嘱)的财产,并不清楚。公元前 403/2 年的法律把私生子从"近亲属"中排除出去,[3]这可能意味着如没有近亲属存在,那么他们有优先请求权,但这种情况可能极少。因为我们没有任何对公元前 403/2 年之前状况的证明,除了阿里斯多芬的《群鸟》喜剧场景,在其中佩斯特泰尧斯(Peisthetairos)告诉赫拉克勒斯(Herakles),他是一个私生子,不能继承宙斯的财产,因为他母亲是外国人。佩斯特泰尧斯所引用的梭伦法律可能意指,如果没有合法儿子和女儿,私生子就会与其他近亲属共享财产。但我们并不确信,这是真实法律措辞的准确再现。[4]

## 收养和遗嘱

在史前时代,前文所说的继承循序可能恒久不变,因而人们不能选择继承人。但显然继承的一般循序在男人没有直系血亲的情况下,并不令人满意。倘若他的继承人仅仅是叔叔或侄子或堂兄,那他的财产就会归入家族旁支的财产,这意味着他的家庭会灭种。给予他荣耀的宗教仪式也会遭受忽视,因为继承人可能更为关心

---

[1] See, Harrison *Law* i. 138 – 42.

[2] Men. *Aspis* 141.

[3] Isaios 6. 47, Dem. 43. 51.

[4] Ar. *Birds* 1649 – 68；See, Harrison *Law* i. 66 – 7.

他自己的家庭及长辈的宗教仪式。

为避免这种不幸,可能的做法(此时期由于太早而难以确认)是让没有儿子的男人在世期间收养一个儿子。被收养人通常是一名年轻人,他至少有一个兄弟,以便在他离开自己家庭时不会导致那个家庭灭绝。通过收养,被收养人完全丧失了他在自己家庭中的成员资格和继承权,他在法律上成为收养人的儿子。在他养父去世后,他会像一个正常出生的儿子那样无需任何法律手续就能继承财产。

梭伦在公元前 6 世纪上半叶所做的,是下一个阶段发展的原因。他制定法律,允许没有儿子的男人依其意愿收养一个儿子,收养行为只有在他死后才有效。此项改革至为重要的意义是,它赋予了已故之人在书面文件中表述的意愿优于家族其他成员的权利。[1]

因此,收养是个人能够选择他自己的继承人的手段。但这仅适用于没有儿子的人,因为儿子不能被剥夺继承权。一个女儿也不能被剥夺她作女继承人的地位:有一个女儿的男人可以收养一个儿子,但在这种情况下,养子要么娶女儿为妻,要么把她嫁给另一个男人,并以她父亲的一半财产作为嫁妆,且当她有孩子时,他们有权主张她已故父亲的全部财产。[2] 也有其他限制收养可能性的规则,但某些细节尚有争论,在此不必讨论。[3] 实践中,养子通常是亲属;有时,他实际上是至亲,无论如何都会继承财产。一位公元前 4 世纪的辩护人曾言:"确实有与家族相处不好的人更愿意选择不相干的朋友而非近亲属。"(伊西艾奥斯,4 . 18)但他也清晰地

---

[1] See, Gernet *Droit* 121 - 49.

[2] Isaios 3. 45 - 51, Men. *Dyskolos* 729 - 39;See, Paoli *Altri Studi* 559 - 70.

[3] See, Harrison *Law* i. 82 - 96, Lacey *Family* 145 - 6.

道明了，这不是普遍现象，而是例外。

我们通常认为收养主要为了养子的利益，给孩子提供父母般的爱，否则孩子就得不到父母的照顾。这并非雅典人的看法。对他们而言，收养是取得继承权的手段，是为了赡养老年人并在他死后延续他的家庭。因此被收养人大可不必是一个孩子，成年人也经常被收养。相反，收养一个女孩或妇女（也是有可能的）就非比寻常了，在养父去世后，她们会成为女继承人。[①] 因此，为了获得一个男性继承人，相比收养一个女人并希望她最终生一个儿子而言，收养一名男性显然更为现实有效。

人们在有望能生儿子时，通常不会有收养行为。因此，收养人一般年龄比较大，也可能在身体上或精神上有缺陷。于是，为了保护家族其他成员的利益，法律规定如果收养人"因疯癫、老态、药物或疾病而不能自制，或受到女人的干涉、迫于暴力、自由限制"而采取的收养行为，则收养无效。这既适用于收养人在世时的收养，也适用于按遗嘱收养。[②]

进一步的做法是死后收养。倘若一个人去世了，没有留下儿子，他的继承人或继承人中的一个，可能成为他的养子，即便他没有遗嘱。这种设计在两个（或更多）兄弟是共同继承人时极为有用。例如，假定两兄弟是他们父亲的继承人，也是他们外祖父的继承人，他们父亲的财产是阿提卡一侧的一个农庄，而他们外祖父的一个农庄在阿提卡的另一侧。那两兄弟拥有每块农庄的一半就极为不便。因此，更好的办法是让兄弟中的一个成为他们外祖父的养子，以便他能拥有他们外祖父的整个农庄，留下的兄弟作为他们

---

① Isaios 7. 9, 11. 8, 11. 41.
② Isaios 2. 19, Dem. 46. 14, 48. 56.

父亲农庄的唯一继承人。从宗教的视角来看,这意味着他们外祖父的家庭得以延续,而且没有合并到他们父亲的家庭中。为了获得这种便利的安排,家族成员有时会实行死后继承,但相关程序的细节很模糊。[①]

除收养外,没有太多立遗嘱的余地。人们不能立遗嘱把其全部财产遗赠给除养子外的任何人。法律允许对私生子的馈赠,条件是不能超过一个相当少的数额[并不确定是否是 5 迈那(mnai)或 10 迈那]。[②] 公元前 4 世纪时,我们了解一些案例,有儿子的人立遗嘱指导儿子们之间共享他的财产,或把少量财产遗赠给其遗孀,或其他近亲属或献给神灵,[③]但是仅此而已。直到古典时代结束,雅典人才可自由地把其所有财产遗赠给任何他愿意的人。

## 遗产请求权

已故之人的合法的儿子或孙子(包括其在世之日收养的儿子)可以无需法律手续而直接拥有他的财产,但要求继承的其余人必须在执政官之前遵循法律程序。(如果已故之人是外邦人,那就由作战执政官取代执政官。)他必须主张,要么已故之人留有收养他为儿子的遗嘱,要么他是已故之人的至亲;或者他也可以主张,已故之人的至亲是女儿,因而是女性继承人(epikleros),而他是最近的男性亲属,因而有权娶她并享有控制财产的权利。

如果他声称为至亲,他可能发现其他权利请求人会质疑其合法性,或质疑他认为的与已故之人的亲属关系。由于雅典人没有

---

① Isaios 7.31, 11.49, Dem. 43.11-15, 44.43; See, Harrison *Law* i. 90-3.

② Harp. Under νοθεία, schol. On Ar. *Birds* 1656;See,Harrison *Law* i. 67.

③ Lysias 19.39-41,Dem. 27.44-5, 36.7-8, 45.28; See, Harrison *Law* i. 151-2, Lacey *Family* 131-7, G. E. M. de Ste Croix in *CR* 20(1970) 389-90.

出生证明和婚姻证明,所以很难证明他是已故姨妈的女儿和第二任丈夫所生的儿子(打比方),而所有这些中间人现在都已不在人世了。再者,如果他提交一份文件来证明已故之人已经立遗嘱收养他为儿子,其他权利请求人会说这是伪造的(在确保文件的真实性上,古代印章比现代签名更不可信),或它在法律上无效,因为已故之人"因疯癫、老年、药物、疾病导致的精神失常,或受到女人的干扰,或迫于暴力及自由限制"而制作的。

为获取请求权,权利请求人必须向执政官递交一份书面申请。其权利主张要在公民大会上大声朗读,以警示任何想质疑它的人。① 之后,会有三种可能性:

(a) 倘若无人质疑,执政官(arkhon)会正式把遗产授予权利请求人。

(b) 有人可能提出并宣称遗产是"不可授予的",因为已故之人有一个或几个合法儿子(死者在世之日收养的儿子)在世。如果提交了有效的证据,那其他任何权利要求都不会被确认,直至有人提起伪证诉讼来质疑证据的真实性(比方说,认为儿子是非法的)。

(c) 一个或多个人可能对遗产提出权利请求,那执政官就会安排陪审团来审判,每个权利请求人都要在法庭上提出他们的权利请求,最终由陪审团来裁决。

权利请求及授予的程序称之为 epidikasia。如果权利请求被质疑,那通常会用 diadikasia(确权程序)一词代之。然而,普通审判会有两位辩者(原告和被告),diadikasia 的独特之处是有许多处于平等地位的权利请求者。除此之外,它还是一件普通的私人案件。当权利请求是针对女继承人时,其所适用的程序与对遗产的权利

---

① *AP* 43. 4.

请求所适用的程序完全一样。把女继承人判给一个男人等同于有效婚姻所需要的许配行为,且所生的孩子也是合法的。

即使在执政官把遗产授予一个权利请求人后,新的权利请求人仍有可能在第一继承人在世的任何时间或第一继承人死后五年时间内站出来。新的权利请求人传唤第一继承人到执政官面前,于是,另一轮 diadikasia(确权程序)就开始了。①

许多幸存的演讲词是为遗产案而写的。修辞学家伊西艾奥斯(Isaios)好像在公元前 4 世纪前半叶专门研究错综复杂的雅典继承法,他所有的完整幸存下来的演讲词皆是在遗产案中为各种各样的辩护者所写,有一些极为复杂。其中最著名和最让人称道的是哈格尼阿斯(Hagnias)的遗产案。这不仅是伊西艾奥斯(11)(《论哈格尼阿斯的财产》)的主题,也是德摩斯梯尼(43)(《诉马卡塔图斯》)的主题。这两篇辩护词极好地阐释了雅典继承程序的复杂性。②

帕莱蒙(Polemon)的儿子哈格尼阿斯于公元前 396 年被斯巴达人杀死,留下大量财产。在 117 页的家族谱系中,他的名字用大写字母表示。"十"表示据推测死于他之前的亲属。M 或 F 意指不知名字的男性或女性亲属。虚线表示有争议的亲属关系。为了简化,案件没有涉及的亲属就从表格中省略了。

哈格尼阿斯膝下无儿无女,但他留有收养他的外甥女的遗嘱(也许但并不确定,她是他同母异父的兄弟格劳克斯(Glaukos)的女儿)。因此在他死后,她成为女性继承人。如果她嫁出去了,她

---

① Isaios 3. 58, Dem. 43. 16.

② See, Wyse *Isaeus* 671 – 713, M. Broadbent *Studies in Greek Genealogy* (1968) 61 – 112, J. K. Davies *Athenian Propertied Families* (1971)77 – 89, W. E. Thompson *De Hagniae Hereditate*(1976).

的丈夫就会占有哈格尼阿斯的财产,最终她的儿子会继承。她出嫁与否并不清楚,但几年后她去世时无子女留下。谁来继承哈格尼阿斯的财产呢?

哈格尼阿斯同母异父的兄弟格劳克斯和格劳孔(Glaukon)[他母亲与第二任丈夫格劳克忒斯(Glauketes)所生的儿子]提交一份文件,他们说这是哈格尼阿斯的遗嘱。文件指明,如果哈格尼阿斯的养女无子女而终,他的财产会归格劳孔所有(因此他成为哈格尼阿斯的死后养子)。于是,格劳孔向执政官提出权利请求。但却遭到了欧布里德(Euboulides)的女儿菲劳马可(Phylomakhe)的质疑,(欧布里德本人是菲拉高斯(Philagros)的儿子,已死。)菲劳马可的案子由其丈夫邵忒奥斯(Sositheos)(邵忒奥斯是她的远房堂兄,在她成为其父财产的女继承人时娶了她)代理。他们认为这份所谓的遗嘱是伪造的,哈格尼阿斯没有留下遗嘱,因而他的财产应传给在世的他的最近亲属菲劳马可,因为她自称是哈格尼阿斯的父亲这边的隔代堂妹,而格劳孔则是哈格尼阿斯母亲那边的兄弟,而父亲这边的亲属优于母亲那边的亲属。案件提交法庭进行确权审判,陪审团投票赞成菲劳马可。在保留下来的德摩斯梯尼的辩护词(43.31)中记载了这一判决,日期到了公元前 361/0 年。倘若日期属实,距哈格尼阿斯的死已经 35 年了。

但菲劳马可和邵忒奥斯并没有保留财产很久。一旦遗嘱因伪证而被驳回,其他亲属就会对此有兴趣。哈格尼阿斯的远房堂兄斯特拉提奥斯(Stratios)[范奥斯特阿淘斯(Phanostratos)的儿子]、忒奥普保斯(Theopompos)、斯特拉陶克勒斯(Stratokles)都考虑提出权利要求。斯特拉提奥斯和斯特拉陶克勒斯在起诉前都死了,但忒奥普保斯向执政官递交了权利请求。由于他的权利要求在之前的确权诉讼(diadikasia)中没有考量,于是就要举行新的确权审判。这次,有以下权利请求人:

(a) 忒奥普保斯,哈格尼阿斯的远房堂兄。

(b) 菲劳马可,自称是哈格尼阿斯的隔代堂妹。

(c) 格劳克斯和格劳孔。并不清楚他们此时的权利请求是基于遗嘱的真实性,还是仅仅与哈格尼阿斯的亲属关系,这种亲属关系近于他母亲那一边而远于他父亲这一边。

(d) 哈格尼阿斯的母亲。据说,她的权利请求并不是立基于她是他儿子的远房亲戚,因为忒奥普保斯也是远房堂兄。依据规则,在同等程度的亲属关系中男性优于女性。她仅仅指出,她是哈格尼阿斯的母亲。对现代读者而言,母亲身份是近亲属关系,但雅典法确实给予父亲这边的亲属以优先权,"远至堂兄弟姐妹的孩子"。好像在继承循序中完全没有母亲的位置。一个叫欧普勒慕斯(Eupolemos)的男子,在与此次确权诉论相关的案件中提到过,他可能不是一个单独的权利请求人，而是一个代理哈格尼阿斯母亲案件的亲属，也许是她的第三任丈夫。

菲劳马可自称是哈格尼阿斯的姑妈老菲劳马可的孙女。忒奥普保斯则以为老菲劳马可事实上并不是帕莱蒙的合法姐姐来驳斥她的说法，那小菲劳马可与哈格尼阿斯的关系是隔代的远房堂妹〔从她曾祖夫欧布里德（Eubouliders）那边来说〕。陪审团接受这个见解，把哈格尼阿斯的财产判给忒奥普保斯。

但纠纷仍持续很长时间后。另一件事发生了，忒奥普保斯因没有把一半财产给斯特拉陶克勒斯的儿子即他的侄子而被起诉。在斯特拉陶克勒斯死后，这个男孩处于忒奥普保斯和其他亲属的共同监护下（也许是斯特拉陶克勒斯妻子的兄弟）。其他监护人宣布，由于忒奥普保斯和斯特拉陶克勒斯是兄弟，与哈格尼阿斯的亲属远近对等，因此斯特拉陶克勒斯的继承人有权与忒奥普保斯共享财产。在忒奥普保斯拒绝支付一半财产后，其他监护人代表小男孩以虐待孤儿的检举形式（eisangelia）对忒奥普保斯提起诉讼。在这个案件中，忒奥普保斯为自己辩护，就是我们拥有的《论哈格尼阿斯的财产》的演讲词（伊西艾奥斯，11）。其中最为重要的一点是他关于"近亲属"（ankhisteis）的定义。依据法律，近亲属是指"远至堂兄弟姐妹的孩子"的亲属。因此，继承的优先顺序是：第一位，父系这一边的"远至堂兄弟姐妹孩子的"的亲属；第二位，母亲这一边的"远至表兄孩子的"亲属；第三位，父亲这一边的更远的亲属。希腊语中"cousin"可能是指"第一代堂兄弟姐妹"（尽管这有争议），"远至"意指"直到或包括，但并不超出"。忒奥普保斯解释说，帕莱蒙（哈格尼阿斯的父亲）和卡利得慕斯（忒奥普保斯和斯特拉陶克勒斯的父亲）是堂兄弟，因此哈格尼阿斯和忒奥普保斯在"远至堂兄弟姐妹的孩子"的范围内，而斯特拉陶克勒斯的儿子属于下一代,超出了范围。也许陪审团接受了这一论断,因为忒奥普保斯至死都握有财产。

在忒奥普保斯死后,财产传给他的儿子马卡塔图斯。邵忒奥斯和菲劳马可企图巧妙应用雅典实践中的死后收养的方式再次追回它。菲劳马可(Phylomakhe)是她父亲欧布里德的唯一孩子,因此他死后,她就是女继承人,她儿子将是他的最终继承人。现在,她有四个儿子,她和她丈夫着手让其中一个儿子(也叫欧布里德)成为老欧布里德(Euboulides)的养子和继承人。手续完备后,小男孩欧布里德就是菲劳马可的父亲欧布里德的合法儿子,而不是孙子。假定后者是帕莱蒙的姐妹的儿子(像邵忒奥斯和菲劳马可一直坚持的那样)。那小男孩欧布里德现在在法律上就是哈格尼阿斯隔代堂姐妹的孩子。于是,以他的名义提出的对哈格尼阿斯财产的权利请求递交给执政官。马卡塔图斯反对,于是,确权审判(diadikasia)再次举行。小欧布里德的权利要求的提交人邵忒奥斯的辩护词就是我们所拥有的《诉马卡塔图斯》(《Against Markarta-tos》)(德摩斯梯尼,43)。他详细描述了布赛劳斯(Bouselos)后代们的宗谱,并且他请求证人来证实他所说的亲属关系。除了他坚持认为老菲劳马可是帕莱蒙的姐妹外,最为有意义的一点是对法律术语"远至堂兄弟姐妹的孩子"的阐释。欧布里德(老菲劳马可的儿子)是哈格尼阿斯的堂兄弟,因此死后收养的小欧布里德是哈格尼阿斯的堂兄的孩子,因此属于"近亲属"的范畴。但卡利得慕斯(Kharidemos)(忒奥普保斯的父亲)不是哈格尼阿斯的,而是帕莱蒙的堂兄弟,因此忒奥普保斯并不是哈格尼阿斯堂兄的孩子,在亲属范畴之外。事实上,邵忒奥斯认为的"远至堂兄弟姐妹的孩子"意味着"近亲属"的界限是隔代的第一代堂兄,而忒奥普保斯之前的辩护词(伊西艾奥斯,11)认为它是远房堂兄弟。

我们不清楚此次确权审判（disdikasia）的判决是什么，我们也不清楚陪审团是否接受了邵忒奥斯的法律解释。表面上看，这好像比原先陪审员所接受的忒奥普保斯的希腊词语的解释更为合理。对此，现代学者有对立的意见：一方认为，邵忒奥斯的解释是正确的，忒奥普保斯蒙蔽陪审团且使他们作出误判；[1]相反一方则认为，忒奥普保斯在这方面不可能蒙蔽陪审团，因此他的解释应该接受。[2] 这两种看法都有问题，事实是"远至堂兄弟姐妹的子女"是一个模糊的术语。忒奥普保斯和邵忒奥斯提出了不同的解释，每人都希望陪审团认为他的解释是正确的，这意味着对希腊人而言它本身的含义是模糊的，对我们一样，两种解释都有一些合理性。法律的原初起草者一定知道其含义是什么，但他们没有清晰地表达出来。

我们不知道最终确权判决（diadikasia）的日期，但好像几年后把财产判给了菲劳马可。如果第一次判决的日期是公元前361/0年，那这次判决就是哈格尼阿斯死后约半个世纪了。可能参与其中的当事人无人认得哈格尼阿斯。然而，这并不意味着产权归属争议的确认有特别的困难。哈格尼阿斯财产的明确界定怎么会如此之久？其原因在于，古希腊遗产主要是不动产，而非金钱。现代的遗产通常以金钱来估量，会轻易地花掉或分散掉。但哈格尼阿斯的地产权中更为重要的部分是附有房屋的一块土地。他死后很长时间内，他家族中的其他成员仍会知道哪块地是哈格尼阿斯的。

这场旷日持久的纠纷确实值得详细叙述，因为它阐释了雅典遗产的六个重要特征：地产权的不动产（非金钱）属性；对没有儿子的男人确保能够继承的女继承人的角色；无子女的男人应用收养

---

[1] Wyse *Isaeus* 673, Davies *Athenian Propertied Families* 79.
[2] Harrison *Law* i. 143 n. 1 and in *CR* 61(1947) 41–3；See, J. C. Miles in *Hermathena* 75(1950)71–2, W. E. Thompson in *Glotta* 48(1970)76–9.

创造继承人;书面遗嘱的相对无效性,因为可以轻易地伪造文件;缺乏官方出生证明时,亲属关系证明的复杂性;由于不适当的法律起草而致法的歧义性。

# 七 死 亡

## 葬礼

死亡主要涉及死者家族其他成员的事情。惯常做法是让家族的女人在哀悼的房子里为死者净身、穿衣和布置,然后进行家族送葬。然而,也有法律规定:葬礼要在安置好后的第二天举行(不晚于第三天的日出);男人走在送葬队伍的前面,女人在后,不是家族成员的女人不可以参加,超过六十岁的女人除外;如果葬礼在晚上举行,那女人要在带灯的车里前行;禁止用公牛做牺牲;随死者所埋葬的衣服、食物、酒肆都有限制;哀悼要有序进行。这些规则的主要目的是确保葬礼是一件审慎的家族事件,而非女性无节制的表露悲伤以致扰民的场合。[1]

另一部法律是为在家乡之外而死亡的人制定的,此时没有家族成员去取回尸体。针对这种情况,发现死者的德馍的长官(demarch)要通知死者的家族(或死亡奴隶的主人),告诉他们取回尸体安葬。倘若他们不这么做,那长官就会以最低的价格雇人埋葬了他,然后命令家族支付两倍的价格或自己支付;显然,此规则的目的是要求家族履行自身的责任。法律规定无论在什么情况下尸体必须在死亡之日被移走,无论是家族还是长官,德馍必须被"净化",此词的含意并非

---

① Dem. 43. 62, Plu. *Solon* 21; See, D. C. Kurtz and J. Boardman *Greek Burial Customs* (1971) 142 - 6, M. Alexious *The Ritual in Greek Tradition*(1974)14 - 23.

是为了卫生而是宗教。[1]

## 杀人和家族

如果有理由相信死者非自然死亡或自杀,而是死于他杀或外部环境导致的死亡,无论是故意还是意外,家族都会承担更多的责任。采取此措施有三个不同目的:一个目的自然是遏制杀人行为;但也有其余两个不同目的:复仇和净化。[2]

复仇是死者自身所要求的。由于他遭受不公正的伤害而早早离开人世,因此能够补偿他的唯一方式是惩罚杀人犯。倘若他在临死之际原谅了杀人犯,这给予杀人犯免于被起诉和惩罚的法律豁免权,但任何其他人都没有权力代表死者原谅杀人犯。[3] 在此,我们看到古典雅典与其他社区的不同之处。比如,阿基里斯之盾中所描述的荷马时代,杀人犯通过支付给受害人家族赔偿金而为其行为赎罪,但在雅典不存在"赎罪金"的支付,因为是受害人自身而非他的家族要求补偿。

净化之需要,是因为人们认为杀人会导致污染(miasma)。污染是一种超自然传染行为,易于从杀人犯扩展到其他与其交往的人身上,最终传遍整个社区,除非采取措施将他绳之以法。被污染的人可能会遭受疾病、海难及神灵所降下的其他灾难。雅典喜剧中有一广为人知的反映雅典人对污染信仰的场面:在索福克勒斯(Sophokles)的《僭主俄狄浦斯》剧本伊始,一场瘟疫让人们遭受苦难,因为在他们中间有个没有遭受惩罚的杀人犯。因此,基于现实的宗教因素,对任何被认为犯有杀人罪的人采取法律行动是极为重要的。然而,即使

---

[1] Dem. 43.57 - 8.
[2] See, MacDowell *Homicide* 1 - 5, 141 - 50.
[3] Dem. 37.59.

这是最严重的违法行为,但却没有公共官员提起诉讼,起诉的责任落在受害人家族身上。

规定杀人案的法律诉讼程序,也许是公元前 4 世纪时仍有效力的雅典的最古老法律。据称,这是唯一一部由德拉古制定而没被梭伦法取代的法律,公元前 409/8 年再次铭刻的部分幸存下来,但大部分遗失了或损坏了,以致我们不得不利用尚存的辩护词,尤其安提丰(Antiphon)的辩护词和德摩斯梯尼的文集来重构这部法律。铭文中的两句话,辅以修辞学家的证言,详细列举了哪个亲属来提起诉讼。

> 亲属关系远至堂兄弟姐妹(这也意味着"堂兄弟姐妹的孩子");堂兄弟姐妹要在市场(Agora)上对杀人犯发布公告。由堂兄弟姐妹、堂兄弟姐妹的儿子、女婿、岳父及部落成员共同承担起诉责任。(IG,i² 115. 20 - 3)

因此,受害人范围广泛的亲属圈有责任对杀人犯采取措施,尽管现实中可能由最近的男性亲属带头行动,其余人则仅在必要时给予帮助。倘若受害人是一名奴隶,就由其主人采取行动。如果受害人是自由人但在雅典没有亲属,不太清楚会怎样,可能与前述被解放的奴隶情形一样。这样的一件案件在《诉尤尔高斯和美思布劳斯》中描述过,另一件在柏拉图的《游叙弗论篇》中谈及过。我在其余文章中以这些文本为根据提出过:尽管法律没有规定,但也没有禁止由非亲属对杀人案提起诉讼。对我的解释既有质疑也有支持,这仍是雅典法律研究中最有争议的问题之一。[①]

---

[①] Plato *Euthyphron* 4a - e,Dem. 47. 68 - 73;See,MacDowell *Homicide* 12 - 19,94 - 6,H. D. Evjen in *RIDA* 18(1971) 255 - 65,S. Panagiotou in *Hermes* 102(1974) 419 - 37,E. Grace in *Eirene* 13(1975) 5 - 18.

　　法律要求亲属们首先做的是在市场上发布公告,(另一种在葬礼上的公告是宗教行为而非法律行为)敦促杀人犯"远离法律所规定的事物"。然后他们会向巴昔琉斯(与宗教事务有关的执政官)递交他们对杀人犯的指控。在《雅典宪政》(57.2)中,巴昔琉斯也发布公告,勒令被告"远离法律所规定的事物"。我们并不清楚这是家庭公告的补充,还是在公元前4世纪的某个日期改为由巴昔琉斯发布公告。尽管没有"法律规定的事物"的完整清单保存下来,但确信的是,他们包括所有的神殿、公共宗教仪式、市场及法院(对他审判的那段时间除外),想必还有各种各样的公共会议。事实上,被告人遭受临时剥夺公民权的惩罚[在公元前4世纪时称之为逐出法外(atimia),尽管在德拉古时代没有此称呼]。其目的是,保护其他人免于因接触杀人犯而被污染,抑或是,认为从公共生活中驱逐出去的惩罚的预期可能会震慑其余潜在的杀人犯。①

　　这些诉讼在安提丰的《唱诗班》中有例证。案件事关一个名叫迪奥多托斯(Diodotos)的男孩,他是一名合唱团成员,正在为11月(Thargelia)的节日而排练。他在喝了一杯别人给他的饮料后死了,给他饮料也许是为了提高其嗓音。尚存的辩护词是为考尔高斯(Khoregos)(合唱团的负责人)的发言所写,他被指控对小孩的死负有责任。主要起诉人是迪奥多托斯的哥哥菲劳克拉忒斯(Philokrates),在辩护词中,考尔高斯对菲劳克拉忒斯的诚实表示怀疑。他说,在迪奥多托斯死的这段时间里,他也在准备起诉某几个人犯了侵占罪,其中包括名叫亚里斯提昂(Aristion)和腓利努斯(Philinos)两人。而这些人贿赂菲劳克拉忒斯去对他提起杀人诉

① Ant. 6.35, Dem. 20.157-8, 47.69, AP 57.2; See, MacDowell *Homicide* 22-6, 144-5. M. Piérart in *L'Antiquité Classique* 42(1973)427-35.

讼,因为对杀人犯的公告会阻止他在侵占案中进入法院起诉。后来,杀人指控被撤销。但几个月后,菲劳克拉忒斯再次以同样的目的提起诉讼,考尔高斯宣称,他是应我要起诉的另一群人的要求下提起诉讼的。菲劳克拉忒斯和迪奥多托斯家族的其他成员都被指控,要么继续进行杀人指控,要么放弃这一指控,无论他们有没有接受想让考尔高斯远离法院的人的贿赂。

> 小孩死的第一天,小孩被装殓的第二天,他们都没有要起诉我,或对我做任何不公的行为,而是与我会面并交谈。但第三天,在为小孩举行葬礼时,他们被我的对手贿赂了,因而要起诉我,并宣告我远离法律所规定的事物……当他们(亚里斯提昂和其他人)说服这个男人指控我并宣告我远离法律所规定的事物时,他们以为这是对他们的救助并使他们逃避所有的麻烦。因为法律如此运行:无论何人只要被指控杀人,他就要远离法律所规定的事物。由于远离法律所规定的事物,我不能对他们提起诉讼。(安提丰,6.34-6)

对死者家族而言,任何以友好方式接触他们起诉的杀人犯的行为,都是不合适的。菲劳克拉忒斯和迪奥多托斯的家族其他成员通过对考尔高斯的行为显露了他们的伪善。

> 他们在神殿里,在市场上(Agora),在我家里,在他们家里,及任何其他地方与我会面,与我交谈。为什么,宙斯和众神灵!这个人菲劳克拉忒斯与我一起站在会议室里,五百人会议的成员看着;他接触我,与我说话,他给我他的名字,我给他我的名字。因此在五百人会议成员听到公告要让我远离神所规定的事物时,他们极为惊讶。前一天他们还看到这个人与我会面并与我交流。(安提丰,6.39-40)

倘若在公告作出后，被指控的人被发现在市场或任何命令禁止的地方，任何人都可以逮捕他，并把他带到十一人委员会那里，他会被关进监狱，直到接受审判（此程序称之为押送官府）。违反公告的审判迥异于杀人的审判，在普通法庭举行，惩罚也由陪审团裁定。[①] 但只要被起诉人远离禁止场所，他就不会被监禁，也许可以处理一些私人事务直到开庭。不必担心他会逃避审判和惩罚，因为只要他待在阿提卡，就很容易找到他；倘若他离开阿提卡，这意味着他自愿放逐（雅典人把这视为一种严厉的惩罚），且能让阿提卡人免于遭受杀人犯的污染。但如果一个雅典人被外国人杀害了，情况就不同了，因为待在自己的城邦且拒绝到雅典接受审判的外国人，不是遭受放逐的惩罚。在这种情况下，雅典法律允许受害人亲属去杀人犯所属城邦抓捕（androlepsia）任意三个公民并监禁他们，直到城邦要么引渡杀人犯要么证明不会庇护杀人犯。[②]

## 杀人的类型

有些杀人行为是合法的，不会招致惩罚。在体育竞赛中，如拳击或摔跤，意外杀死对手的人不会招致惩罚；战场上因误认敌人而杀死一个人同样不会招致惩罚。倘若一个病人在医生照看之时死了，医生不会招致惩罚。遭受攻击的一方在自卫过程中杀死攻击者不会招致惩罚，但为了证明自己无辜，他必须说明对方先动手。法律允许杀死在公路上拦路抢劫的强盗，用暴力抢夺财产的歹徒，及在晚上当场逮住偷东西的人。一个人碰到有人与其妻子、母亲、姐姐、女儿或"能够赋予孩子自由身份"的妾发生性关系时，可以杀

---

① Dem. 24.105.

② Dem. 23.82 - 5, Pol. 8.50 - 1, Lex. *Rhet.* 213.30 - 214.2; See, MacDowell *Homicide* 27 - 31.

死他。倘若一个因杀人而被放逐的人在雅典境内被人发现,杀死他也被免于惩罚;任何意欲建立僭主或推翻民主的人也是如此。①

依现代人眼光看,这种合法杀人行为太宽泛了。比如,现代法律不会赦免杀死夜贼或通奸者。但雅典在公元前 5 世纪和公元前 4 世纪时,有一种更现代的自救传统。他可以直接运用暴力来抵抗偷窃别人财产和妻子的人,而非提交某些上级机关来审判,历史上可能不曾有在此情况下不允许杀人的时期。社会的一般发展方向是从自救惯习趋向于法律审判的应用。因而,雅典人在公元前 4 世纪时允许杀死夜贼或通奸者而非绳之以法的事实表明,雅典社会在这方面仍然是原始的,而抑制这种"私刑"的法律及审核他们的正当性的法院则是进步的象征。

在非法的杀人行为中,最为重要的是故意杀人和无意杀人的区别。亚里士多德曾谈到这种区别,也举了无意杀人的事例:

> 无论何时,没有明显审慎的一方击打另一方或杀死另一方及做任何此类事情,我们会认为他是无意识做的,原因在于故意是深思熟虑的。例如,一个女人给一个男人春药让他喝下,结果那个男人死了。她在战神山贵族议事会接受审判,他们把她放了,原因在于她并不是故意这么做的。因为她是处于爱才把春药给他,但她没有实现自己的目的;因此他们决定这不是有意的,因为她不是带有杀他的想法给他春药的。因此在这里故意等同于深思熟虑。(亚里士多德,《大伦理学》ii 88b29 - 38)

在法(或宗教)的其余领域,令现代读者震惊的是,雅典人似乎

---

① Dem. 23.53, *AP* 57.3, etc.; See, MacDowell *Homicide* 73 - 9.

仅关注行为,而漠视产生行为的意图。这让雅典法典最古老的部分即杀人法中扮演重要角色的意图,变得更加有趣。但依我们的标准来看,这种有意杀人和无意杀人的区别仍显粗糙。我们会区分事前有预谋的杀人行为和无预谋的一时兴起的杀人行为,亚里士多德确实做到了这点。① 但在雅典法律中,尽管他们的词语我们可翻译为"蓄意地"或"预谋地"(ek pronoias),但我们并没有对之区分,而仅仅作为"有意地"(hekon 或 hekousio)的同义词。②

如果违法者故意伤害受害人,并致使他死亡,即便他并非要故意杀死他。也有一些把此行为视为故意杀人的行为的证据。在《诉科农》的演讲词中,阿里斯顿(Ariston)认为科农(Konon)威胁并伤害他。尽管他康复了,但他说,如果他死于伤害,科农就会因杀人而被起诉到战神山贵族议事会(Areopagos)。这意味着此次指控的犯罪是一种有意杀人的行为。然而,尽管阿里斯顿(或德摩斯梯尼)并没有在谈及科农时拐弯抹角,但在演讲词中他确实没有断言科农有意要杀他。因此,雅典人把在犯罪时刻实施有意伤害受害人并最终致使受害人死亡的行为归为有意杀人行为。③

也对"有谋划地"(bouleusis)杀人和自杀作了区分。如果一个人有谋划地或对他人实施的杀人行为负有责任,那他就犯有谋杀(bouleusis)罪。安提丰的两篇演讲词对此提供了恰当的事例,两者都与投毒罪有关。

在《诉继母》中,发言者是死者的非法儿子。他起诉死者的妻子,即他的继母。继母的儿子,即原告同父异母的哥哥,为她辩护。他父亲有一个叫菲劳努斯(Philoneos)的朋友。菲劳努斯有一个

---

① Arist. *Ethika Nikomakheia* 1111b 18 – 19.

② Dem. 21.43, 23.50, Arist. *Ethika Megala* 1188b 29 – 38.

③ Dem. 54.25, 54.28; See, W. T. Loomis in *JHS* 92(1972)86 – 95.

妾,他很厌烦她。他父亲的妻子(原告声称)告诉这个女孩,她拥有一种爱情魔药,其能增加两个男人对女孩和自己的爱。于是她们制定计划,发言者的母亲提供春药,女孩负责在两个男人一起喝酒时把春药放到他们的酒中。在菲劳努斯邀请发言者父亲到其位于比雷埃夫斯的家中做客时,机会来了。女孩把药水放入酒中,在菲劳努斯的酒杯中放入的多些。菲劳努斯当场就死了。发言者的父亲病倒了,二十天后死了。女孩被执行死刑。几年后,发言者起诉父亲的妻子杀死了他的父亲。他主张她是有意要杀死他。这是故意杀人罪的指控。

安提丰(6)(《唱诗班》,前文提过)是一篇辩护词。发言者是考尔高斯(Khoregos),负责十一月(Thargelia)节日上的儿童合唱。在排练节目期间,一个孩子喝了一种饮料,不久以后就死了。发言人被指控毒死了他。他的辩护是,他本人由于其他事情而没有参与排练,但委托四人,其中有他的女婿,代表他管理合唱团。因此,他没有给小孩饮料或命令他去喝,他甚至不在现场。原告们也认可他不在现场且小孩的死不是有意为之。因此,受指控的犯罪行为,是对尽管非故意伤害但却导致死亡的行为承担责任的行为。这类指控的犯罪属于无意杀人的谋杀罪(bouleusis)的一种。

另一种区分取决于受害人的身份:杀死一名雅典公民要比杀死一名外国人(alien)和一名奴隶严重得多。

这些区别决定了审判案件的法院不同。公元前5世纪和公元前4世纪,杀人案仍由战神山贵族议事会或特别刑事法庭(ephetai)审判。此时,战神山贵族议事会完全由前任执政官组成。每年,拥有执政官身份的九个人在他们的余生中自动成为战神山贵族议事会的成员。任何时候,这都可能是一个一百人和二百人之间的团体。它几乎丧失了所有的政治职能,其现在的主要职能是司法职能。每月最后一天之前的三天来审判案件。每名成员都有法律经验，因为他们作执政官时曾主持过审判，且审判能力由于战神山贵族议事会的成员资格的连续性而得以提高。因而，战神山贵族议事会是一个优良的陪审团，受到普遍的尊敬。[1]

仅有这个既非专制亦非寡头亦非民主的法院敢于夺走杀人案件的审判，但所有人都相信这些人的审判确实高于他们自己的裁断。这已经极为卓著了，不仅如此，这还是唯一一个没有被定罪的被告或败诉的原告证明对他们的判决是不公正的法院。（德摩斯梯尼，23.66）

特别刑事法庭（Ephetai）由抽签方式选出的超过五十岁的 51 个男人组成（也许有战神山贵族议事会的成员，尽管对此没有明确的证据）。[2] 他们的审判地会根据案件属性在不同地点举行。

为法院分配杀人案的规则如下：如果被控杀人之人作合法杀人的辩护，案件由特别刑事法庭在德尔菲（Delphinion）举行（德尔菲的阿波罗神殿和德尔菲的阿尔忒弥斯神殿，位于雅典东南，靠近奥林匹斯山上的宙斯神殿。此外，任何被控故意杀死一名雅典公民的人皆由战神山贵族议事会审判。被控意外杀人，或谋杀，或杀死一名外国人或一名奴隶的人由特别刑事法庭在帕拉迪翁神殿（Palladion）举行（位于雅典城外的雅典娜神殿）。如果已因意外杀人而遭驱逐之人，又被指控故意杀人，他不能到阿提卡接受审判，但他被允许在费雷奥通（Phreatto）[也许在比雷埃夫斯东边的柴阿（Zea）]的离岸的船上为自己辩护，而特别刑事法庭则坐在岸上。[3]

---

① Xen. *Apom.* 3.5.20, Ais. 1.92, Lyk. *Leo.* 12, etc.

② See, MacDowell *Homicide* 48 - 57, Stroud *Drakon* 48 - 9.

③ Dem. 23.65 - 79, *AP* 57.3 - 4；See, MacDowell *Homicide* 58 - 84.

最后,有专门法院审判那些由陌生人、动物及无生命物体所犯下的杀人行为。此类案件在雅典卫城北边的普吕坦尼昂受审。在此,巴昔琉斯主持所有杀人案件,身旁围坐着四个部落的巴昔琉斯(phylobasileis)(雅典四个古老部落的首领,公元前 5 世纪时仅有宗教职能),也许没有刑事特别法庭。如果他们裁定杀人案是由一个陌生人犯下的,他们宣告他(杀死某某人的那个人)被驱逐出阿提卡。动物犯了杀人罪可能被判死刑或被赶出阿提卡。无生命体,如石头和树木等,砸到人并致使他死亡,会由部落首领将它掷于阿提卡界外。对现代读者而言,此仪式乍一看好像没有什么意义,然并非如此,倘若一个人被一件物体、一个动物或一个陌生人杀死,那城邦关注其死的方式是可取的,并对此采取实际可行的措施以免将来其他人以同样方式死掉。此法庭之目的与现代死因裁判法庭的一些目的相适。[1]

## 杀人案的程序

杀人的审判程序要比其他违法行为的审判程序更为精致,这要么因为其行为更为严重,要么由于宗教传统。巴昔琉斯接到受害人家族的杀人指控后,对被指控的杀人犯作出宣告。其接下来的职责就是主持三次预审(prodikasiai)。这要在三个单独的月份中进行,审判于第四个月举行。因为所有这些都由同一位巴昔琉斯管理,由此产生的影响是在一年的最后三个月中不会再审理杀人案件。因为巴昔琉斯退职之前,他没有时间来完成所有的诉讼。从上面提到的唱诗班案中可以得知此事,考尔高斯认为上年度的

---

[1] Dem. 23. 76(with Patmos school. ), *AP* 57. 4, Pol. 8. 120;See,MacDowell *Homicide* 85–9.

巴昔琉斯拒绝受理杀人案是极为明智的。

> 受理指控后,巴昔琉斯需要在三个月中进行三次预审,最
> 终在第四个月中审判案件(犹如现在所做的那样)。但现在他
> 只有两个月的任期,十一月(Thargelion)和十二月(Skiropho-
> rion)。因此你明白他不能在其任期内审判案件,也不准把案
> 件传给继任者,因为在这个国家里没有一位巴昔琉斯曾如此
> 做过。因此,既然不能审判也不能传递,那他就会决定不接受
> 任何触犯雅典法律的案件。(安提丰,6.42)

在这些预审中发生了什么我们一无所知,除了案件双方当事
人的言辞外。个中意图,必定是让巴昔琉斯依据上文提到的规则
决定审理案件的法院。但这也许一次预审就完成了,为什么还要
三次预审?也许是为了让当事人有足够的时间冷静,且反思他们
是否确实需要进行一场完整的杀人审判。

所有杀人案的审判都在公共场所举行,倘若其他人与杀人犯
同住,这虽是友谊的象征,然而,可能会污染他们。比如在帕拉斯
神殿,审判必须在神殿之外,决不能在里面。①

杀人案审判时,誓言规定的极为精心。审判伊始,原告宣誓,
被告犯了杀人罪;被告[当然,在德尔菲(Delphinion)除外]宣誓他
没有。最后,胜方再次宣誓说,他已经说出全部真相,陪审团的判
决是正确的。证人也要宣誓:不仅证据真实可靠,而且被告犯有杀
人罪或没有犯罪。之所以如此,原因在于在杀人案中,证人只是口
头作证,即使在其他案件中已停止了这种做法,而且女人、孩子、奴
隶都被允许做证人,尽管我们现有信息对此并不确定,但在这些案

---

① Ant. 5. 11, AP 57.4.

件中,人们似乎认为多花些功夫审核这些指控是必要的。①

双方都有两次发言机会(顺序依次是,原告、被告,原告、被告)。被告首次辩护之后可以离开法庭,且如果他愿意可以被放逐。② 那些预计因为故意杀人会被判死刑的人为了活命会以这种方式接受流放以避免被处死。这颇像人道主义的规则,尤其对现代死刑的反对者而言。但现实中,这种选择通常会有很多内心挣扎,因为必须要在陪审团作判决之前作出。为了避免死刑,一个人必须在没有等到陪审团是否会判他无罪时就去流放。如果他等到了案件的最后判决,那要流放就为时已晚。但如果他在案件结束之前流放,陪审团可能会把他的逃走视为心中有鬼并被定罪,且相较他留在原地的做法,他们更倾向于判他有罪。因此,这就涉及博弈的问题。这表明,规则并非来自人道主义的信念:犯了罪的人可以选择放逐代替死亡,而是来自于这样的事实:在古代难以操作跨境追捕人。也许与此规则相关的信念是,城邦不能被已经离开的人污染。

发言结束后,陪审员(战神山贵族议事会或特别刑事法庭投票,巴昔琉斯在形式上宣布判决。犯有故意杀人罪的惩罚是死刑,财产被没收。对意外杀人的惩罚是放逐,罪犯必须离开阿提卡,且也要避开希腊各地方的人参加的大型宗教节日和竞技赛会,但会保留他的财产,在国外过自由自在的生活。倘若他在阿提卡被发现,那么任何发现他的人,可以当场杀死他,或者逮捕他并把他带到司法执政官那里,要么仅向司法执政官指明此事,无需再次审判而直接处以死刑。任何庇护他的人都要遭受同样的惩罚。他终生放逐,除非他得到了受害人家族的宽恕(aidesis)。非故意杀人的案

---

① See, MacDowell *Homicide* 90 - 109.

② Ant. 5. 13, Dem. 23. 69; See, Ant. 2b. 9. 4d. 1.

件的宽恕授予方是受害人的父亲、兄弟和儿子，如果他们都无异议的话。如果这些人都不在人世了，可能会有其他亲属授予；如果这些人也不在人世了，特别刑事法庭就会在受害人部族里选 10 个人来决定是否应宽恕非故意杀人者。一旦授予宽恕，就不能撤回。[①]

对故意或意外杀人的谋杀罪（bouleusis）的惩罚与自杀一样。杀害外国人和奴隶的惩罚法律上好像没有规定，而是依据陪审团的评估，通常不会比杀死一名公民更严厉。[②]

## 杀人案中"押送官府"（apagoge）的程序

迄今为止本章所描述的由德拉古、战神山贵族议事会和特别刑事法庭所创制的杀人法，到公元前 4 世纪时已有两百多年无多大更改，代表了雅典法律制度中最为古老及保守的部分之一。但此时，也存有另一种方式让杀人犯绳之以法，完全无关乎法院。即押送官府（apagoge），其含义为，原告自己逮捕被告并把他押往掌管囚犯的十一人委员会（Eleven）那里，由普通陪审团进行审判。上文提到，此程序应用于因杀人将被审判而作出公告的人却在圣殿或公共场所被发现，因杀人而被流放的人，如果又在阿提卡被发现也使用押送官府的程序。但这些人已经对他们有了判决。我们现在要思考的是，走向一个人且把之前没有任何法律诉讼的人当作所谓的杀人犯逮捕的可能性。德摩斯梯尼在描述了战神山贵族议事会和特别刑事法庭后，提到了这种可能性。

倘若无视这些方法，或过往已经多次使用，或有理由不希

---

① IG i² 115（ML 86）11 - 32, Dem. 23.28 - 52, 23.72, 37.59, 43.57, 50.59; See, MacDowell *Homicide* 117 - 25, Stroud *Drakon* 50 - 4.

② And. 1.94, Dem. 59.10, Lyk. Leo. 65; See, MacDowell *Homicide* 125 - 7.

> 望运用这些方式,或者看到杀人犯在圣地或市场转悠,可以逮
> 捕他,把他投入监狱……逮捕后,直到审判才会被惩罚,但倘
> 若他被定罪,他会被判为死刑。(德摩斯梯尼,23.80)

提到圣地和市场是有意义的。因为,经此程序得到公正审判
的违法行为,不仅仅是杀人行为,还包括之后与公众的接触行为,
因为这可能会血污其他人。我们能够猜到此程序是如何引入的。
可能有一些场合,其时一个普遍被认为杀人的人,没有被立即起
诉,这要么是因为杀人行为在一年的最后三个月不能提起诉讼,要
么是因为被害人没有亲属或者有亲属而没有行动。其他人对此有
异议,因有遭受血污的风险而陷入危险境地,倘若杀人犯在市场上
与他们接触。因为押送官府的新程序已被制定出来,任何公民在
任何时间可应用此程序去圣地或公共场所除掉杀人犯。

阿古拉图斯(Agoratos)案就是应用此程序的案件。我们所存
有的辩护词《诉阿古拉图斯》(吕西亚斯,13)就为此案的起诉而写。
公元前404/403年,阿古拉图斯被控导致了迪奥尼奥斯(Dionysod-
oros)的死亡,阿古拉图斯向三十僭主政权告发他,他们处死了他。
几年后,民主制恢复了,迪奥尼奥斯的兄弟迪奥兹奥斯(Dionysios)
想为哥哥报仇,要把阿古拉图斯绳之以法。但在公元前403年,已
经宣布了特赦,免除了恢复民主之前那一年的所有犯罪的惩罚(有
例外,但与阿古拉图斯无关)。这意味着迪奥兹奥斯不能向帕拉迪
翁神殿的刑事特别法庭起诉阿古拉图斯故意杀人的谋杀罪(boule-
usis)。相反,他逮捕了他,尽管逮捕的根据在我们所有的演讲词中
没有明确陈述,但可能是阿古拉图斯从公元前403年起(没有特赦
的时期)常去圣地和公用场所,尽管被判了杀人罪。因此,为回避
特赦,此案中的受害人家族应用押送官府程序,作为对传统杀人诉

讼的替代品。①

# 八　威胁与毁谤

## 殴打或故意伤害

　　这是因击打他人而导致的犯罪，且是一件以殴打他人而提起的普通私人案件（dike aikeias）。倘若两人打架，双方互相击打，那么只有先出拳一方有罪。通常，双方都会说是对方先出拳。我们知道一个案例，两人都起诉对方先引发战斗。惩罚通常是支付受害人一笔钱，具体数额由陪审团评估。②

　　倘若被打的人是犯罪者的父亲或祖父，那就会以虐待父母罪起诉。对此的惩罚是剥夺公民权。

　　较为严重的指控是故意伤害行为（trauma ek pronoias）。其与殴打的区别在法律上好像没有界定。一个因故意伤害而被指控的人说，对此定罪应只限于企图杀人的行为，即局限于杀人未遂的人；但他之所以这么说，是为了避免被定罪，因而，他的话并不是公正的法律解释。③ 最佳的指导文本是《诉科农》中的一段话，列出了逐步升级的几个违法行为。

　　　　例如，有个口头诽谤他人的案件，他们说，有制度规定不应该引诱被辱骂的人去击打对方。然后是殴击案，他们告诉我，有规定在失败时无人应该用石头或任何此类东西来自卫，

---

① See, MacDowell *Homicide* 130 – 40；不同观点可见，Hansen *Apagoge* 99 – 108，H. D. Evjen in *Tijdschrift voor Rechtsgeschiedenis* 38(1970)403 – 15.

② Dem. 47. 45 – 7, 47. 64, Isok. 20. 19.

③ Lysias 3. 41 – 2.

而是应等待法律审判。然后是因伤害的公诉(graphai)，是为防止在人们受伤时杀人。我想，最微不足道的罪行即辱骂，是用来防范最后也最严重的罪行，以致不再有杀人行为，而且人们不应该遭致逐渐从辱骂到殴打，从殴打到受伤，从受伤到死亡。但每一种犯罪行为都有相应的法律诉讼，它们不应由个人的恼怒或幻想来决定。(德摩斯梯尼,54.17-19)

这一段,除表明法律诉讼使违法行为的受害人打消报复念头以免犯下更严重的行为的可能性外,还揭示着随着打架的情况变得更为糟糕,以致人们企图相互杀死对方之前,他们可能因伤害而被公诉(graphe)。因此故意伤害并不必然导致谋杀罪。相反,本章和其他部分(吕西亚斯,4.6)表明,在现实中,用石头或其他武器击打,通常被视为故意伤害,而没有武器的击打行为是殴打。

本程序的几个特征显示,与仅仅是殴打行为相比,他们是多么认真地对待故意伤害的案件。首先,它由战神山贵族议事会审判,犹如故意杀人案。[1] 其次,是公诉(graphe),[2]这意味着它不必由受害人自己提起;倘若受害人受伤过于严重而无法提起法律诉讼,仍有其他人使罪犯绳之以法。第三,惩罚是放逐和没收财产。[3]

## 性犯罪

雅典人认为,女人同意的婚外性行为要比女人不同意的婚外性行为是一种更为严重的犯罪,对我们而言,这比较奇怪。诱惑罪比强奸罪更坏,因为这暗示,堕落的不仅是女人的身体,还有其心

---

[1] Lysias 6.15, Dem. 23.22, 40.32, AP 57-3.

[2] Ais 2.93, 3.51, 3.212, Dem. 54.18; See, Hansen *Apagoge* 108-10.

[3] Lysias 3,38-48, 4.18, 6.15, Dem. 40.32.

灵;而被强奸的妻子仍可以继续忠诚于自己的丈夫。①

强奸自由妇女的惩罚仅仅是经济上。梭伦法规定为 100 德拉马克。公元前 4 世纪初,罚金额度由每个案件的陪审团评估。违法者必须给女人的丈夫和其他主人支付这个数额,并把同样数额上交城邦。此诉讼称之为"暴力私人诉讼"(dike biaion),犹如暴力窃取他人财产;因为它是一件私人诉讼(dike),不是公诉(graphe),只能由女人和他的主人(kyrios)提起诉讼。②

诱奸者会招致更为严厉的处置。逮住与他妻子、母亲、姐姐、女儿或"以生育自由孩子为目的"的妾正在进行性行为的诱奸者的人,可以当场杀死他,倘若被控谋杀,可以依杀人行为是合法的为自己辩护。③ 他可以虐待诱奸者,较为流行的虐待方式是把几个小萝卜插入诱奸者的肛门里,或拔掉诱奸者的阴毛。④ 他也可以要求金钱补偿,并监禁诱奸者直到他支付了金钱或提供了担保人保证支付价款为止。倘若被指控的诱奸者抗议,认为自己是无辜的,他或一个朋友就会以非法监禁诱奸者提起公诉(graphe)来回击。倘若他赢了,他和他的担保人就免除支付金钱的责任,但如果陪审团判定他确实是一名诱惑者,他的对手除收取金钱外,还可以在法庭上对他施加任何他愿意的非流血的惩罚。⑤ 然而,也有另一种可能性,倘若诱奸者不是被捉现形,那唯一程序是任何人都可以对诱奸者提起公诉(graphe moikheias),但并不清楚相关的惩罚是法律规

---

① Lysias 1. 33.

② Plu. *Solon* 23.1, Lysias 1. 32, *Lex. Cant.* Under βιαίων δίκη.

③ Dem. 23. 53.

④ Lysias 1. 49, Ar. *Clouds* 1083, *Wealth* 168; See, K. J. Dover *Aristophanes*: *Clouds* (1968)227.

⑤ Lysias 1. 25, Dem. 59. 65 – 6.

定的还是陪审团裁定。①

被诱奸的女人也要被惩罚，尽管较为宽松。倘若她结婚了，她的丈夫会同她离婚。她被禁止参加公共宗教仪式，或佩戴任何种类的修饰物，这可能是为了减少诱惑其他男人的机会。任何看到她违反此规则的人，都可以拔掉她的衣服和装饰品并掌掴她。② 在梭伦时代，未结婚的女儿有私通行为，会被卖身为奴，但也许在后面时代就不再这么做了。

介绍自由妇女引诱别人（因让男人和女人在一起而收取钱财），也是违法行为，对这个男人或女人可提起公诉（graphe proagogeias）。梭伦法中相关的惩罚是 20 德拉马克罚金，但在公元前 4世纪是死刑。③ 并不清楚雅典人何时或为什么认为有必要如此大幅度地改变惩罚。但妇女卖淫并不是非法的：倘若一个女人是妓院里的妓女，或是一个公开的街头拉客的妓女，那与她发生性行为则不被视为诱奸。④ 因此，妓院的经营者不会因介绍卖淫而犯罪。

这些关于强奸和诱奸的法律，适用于自由妇女，无论她是否是基于出生的公民。没有法律规制男人与奴隶之间的性行为。然而，奴隶会在严重人身侮辱法（hybris）中谈及到。

同性恋行为本身是合法的。但强奸和勾引自由身份的男人与强奸和勾引自由身份的女人受同样法律规制。可能是暴力私人诉讼（dike biaion）或作淫媒公诉（graphe proagogeias）。⑤ 通过立法来限制男童学校和男童合唱团的机构在节日期间的同性恋行为。

---

① *AP* 59.3；See，Lipsius *Recht* 432.

② Dem. 59.87, Ais. 1.183.

③ Ais. 1.14, 1.184, Plu. Solon 23.1.

④ Dem. 59.67, Lysias 10.19, Plu. *Solon* 23.1.

⑤ Lysias 1.32, Ais. 1.14, *Lex Cant.* Under $\beta\iota\alpha\acute{\iota}\omega\nu$ $\delta\acute{\iota}\kappa\eta$.

学校仅在白天开放，男孩合唱团的领队必须是超过四十岁的老人，等等。①

男性卖淫并没有被禁止，但在法律上，这与雅典公民的身份不相容。因此现在是或曾经是妓男的雅典男人，要遵守剥夺公民权的限制。倘若他违反了，但仅在当时，他会因卖淫招致公诉（graphe hetaireseos），惩罚是死刑。让一个享有公民身份的男人或男孩去卖淫而被剥夺公民权的人——聘用他的男人，或一个让他出去接受雇佣的人（男孩的父亲和其他主人）也会招致同样的公诉（graphe）和惩罚。② 这种惩罚极为严重，但也许此类案件极少。历史上没有相关事例保留下来。存在的法律是，倘若一个男人让其儿子被雇为男妓，那儿子就不必在其老年时赡养他。一个可能因资格审查（dokimasia）被起诉的妓女在公民大会上就谈及这样的法律，惩罚仅是剥夺公民权，这暗示因卖淫而公诉即使有也并非总是被提起。

## 限制自由

特定情形下，一个人可以逮捕另一个人。现场抓住的诱奸者可被限制，一些其他的违法者要被捕，并带到十一人委员会（Eleven）处监禁起来（apagoge）。公民大会或公民议事会可以批准监禁某人，或由法院施加惩罚。但，公元前 4 世纪的铭文显示，要依靠法律来限制公民。两个较晚的词典编纂者提及监禁（dike heirgmou）的私人诉讼，可能以此违法行为被提起，但关于此类诉讼没有

---

① Ais. 1. 9－12.

② Ais. 1. 13，1. 19－20，1. 87，1. 195，And 1. 100；See, Harrison *Law* i. 37－8, K. J. Dover *Greek Popular Morality*（1974）213－16.

任何其他相关的信息。①

倘若一个人，无论是公民还是外国人，因诱奸而被现场抓到并关押的人，但他否认，那就作为诱奸者非法监禁而提起公诉（graphe）。② 对违法关押的惩罚可能由不同案件的陪审团评估，但对此我们没有相关实例。

## 口头诽谤

人身攻击既有口头上的，也有身体上的，雅典人有几部法律禁止诽谤和侮辱性语言。梭伦认为诋毁死者，或在神殿里、法庭上、公共机关，或节日竞技上诋毁生者都是非法的，诽谤生者的惩罚是向被诽谤之人支付三个德拉马克，且向国库支付二个德拉马克。第一个法律，即侮辱死者的言辞，在公元前 4 世纪时仍然有效，另一些法律是后面补充的，也许在公元前 6 世纪末，特别禁止任何人诋毁刺杀僭主者哈尔莫迪奥斯（Harmodios）和阿里斯托哥顿（Aristogeition）或吟唱一些毁谤他们的歌曲。③ 梭伦关于诋毁生者的法律是否仍有效，还不确定。也许在制定另一部禁止某种特定口头诽谤的法律时，被废除了。

这部更为具体的法律在公元前 384/3 年时有效，即《诉忒奥奈斯淘斯》（吕西亚斯，10）写作时。发言者提起对忒奥奈斯淘斯（一个战场上弃牌逃跑的弱者）的诽谤案（dike kakegorias）。据说，他在二十年前的三十僭主时期杀死了自己的父亲。从其中部分演讲词中可以看出，法律列举了一系列禁止的言辞。发言者认

---

① *IG* ii² 32.9 - 14, Pol. 6.153, *Lex. Cant.* under βιαίων δίκη.

② Dem. 59.64 - 6.

③ Plu. *Solon* 21.1 - 2, Dem. 20.104, 40.49, Hyp. *Philippides* 3, *Lex. Cant.* under κακηγορίας δίκη.

为其企图是,不仅禁止那些特殊词语还禁止那些相同含义的表述。

> 也许他会说……这并不是一种受禁的言辞,如果有人说某人杀死了他的父亲,因为法律没有禁止这个,但禁止叫他谋杀犯。但事实上,陪审团们,你们不应该依据言辞而应依据他们的含义来行事。你们皆知,杀人的那些人是谋杀犯和那些是谋杀犯的人杀了人。这会是一件旷日持久的事情,让立法者列明所有具有同样含义的词语。通过提到其一就能知道全部。我认为,忒奥奈斯淘斯,你不会从称你为打父亲者或打母亲者那些人那里要求法律上的满意,然而,倘若有人说你打了你女性的母亲,或男性的父亲的话,你会认为他不会遭受处罚,因为他没有说任何法律禁止的词语。我很乐意你告诉我这个,因为你是这方面的专家,对此有理论上和实践上的研究;如果有人说你丢掉盾牌(法律说:"如果有人说他扔掉了它,就会遭受惩罚。")你会抑制对他的诉讼而满足于丢掉你的盾牌吗?我会说,这与你无关,因为丢与扔是不一样的。(吕西亚斯,10.6-9)

我们由此推断,说一个人是谋杀犯、打父亲者、打母亲者、丢弃盾牌者是非法的。法律没有明确说明,其他同样含义的表述也被禁止,尽管发言者无疑有权认为这是它的意图。也许禁止诽谤的列表包含在此没有提到的其他内容。其他相关规定在德摩斯梯尼(57.30)中提到过:禁止在市场上污蔑任何男性和女性公民。(其目的也许制止像公元前5世纪时对作为水果零售商的欧里庇德斯的母亲所开的玩笑。)但一个人仅当其所说的是错误时才犯了诽谤罪,倘若他能够证明他仅仅是说出了事实,那就足以为自己辩护了。① 对诽谤罪的惩罚,法律规定是支付 500 德拉马克的罚金。② 通货膨胀使得有必要增加罚款数额,因为梭伦规定支付三个德拉马克给被诽谤者,两德拉马克交给城邦。并不清楚支付的比例是否还是如此,或是现在全部给被诽谤者。

也有一个单独的法律,或一些关于辱骂治安法官的法律。法律授权治安法官可以对任何在公共机关和会议上辱骂他的人处以罚金。同样,或其他法律规定,对正在履行公共职能的九位执政官之一威胁或毁谤的人处以褫夺公民权的惩罚。③

好像没有关于书面毁谤(Libel)(在出版物上诽谤)的单独法律,但也许大声朗读诽谤性的言论处在口头诽谤法的管制之下。

在公共节日上上演的喜剧,至少在某些时期享有豁免权。但在喜剧中限制或禁止以某种方式讽刺个人的法令在公元前440/39年时通过,并于公元前 437/36 年取消。也很少有明确证据表明,一位名叫舒拉考奥斯(Syrakosios)的政治家在公元前 414 年之前通过法令再次限制它。④ 尚存的写于公元前 414 年之前的阿里斯多芬的剧本,充斥着粗鲁的个人攻击,其中某些如果应用诽谤法的话,那肯定触犯了诽谤法。例如,政治家克莱奥努摩斯(Kleony-mos)在这些剧本中经常被谈到丢弃了自己的盾牌,这个断言也许是错误的,或至少是夸大了。⑤ 但在《群鸟》(公元前 414 年上演)中有两场拐弯抹角谈及克莱奥努摩斯和他的盾牌的情节,总之,据我

---

① Lysias 10.30, Dem. 23.50.

② Isok. 20.3, Lysias 10.12, Dem. 21.88(1000 德拉克马,可能是诽谤两人,See, Lipsius *Recht* 651 n.56.).

③ Lysias 9.6 – 10, Dem. 21.32 – 3.

④ Schol. On Ar. *Akharnians* 67 and *Birds* 1297.

⑤ Ar. *Clouds* 353, *Wasps* 592, *Peace* 678, etc.; See, MacDowell *Wasps* 130. 对照 Ar. *Birds* 290. 1473 – 81.

们从《诉忒奥奈斯淘斯》中所了解的，晚期的喜剧尽管包含了许多针对个人的笑话，但好像并没有包含违反口头诽谤法的表述。这揭示了舒拉考奥斯的法令所做的就是让喜剧受制于口头诽谤法，尽管对此没有证据。

## 严重的人身侮辱

如果违法行为是严重的人身侮辱（Hybris）行为，那就有另一种处理威胁或毁谤的方式。严重的人身侮辱，尽管是一个相当普通的词，但很难定义或翻译。现代学者通常用它意指"arrogance"（恼火），但并没有恰当表达这个希腊词的范围。希腊学者对其用法的研究表明，其基本含义是拥有能量或权力，且无限制地滥用。其典型的驱动力是年轻人的活力，他们吃得多，喝得多，行为像一匹欢快的马，它通常会出现在享有财富和权力的人中，但也不一定局限于年轻人或有钱人。其特征表现为，饮食无节制，性活动，鬼混，打杀，攫取其他人的财产和特权，取笑人，不服从人和神的权威。一个人通过沉溺于坏的或无用的行为而显示出严重的人身侮辱，因为他做他想做的，完全不顾其他人的意愿和权利。[1]

关于严重的人身侮辱的法律文本保存如下：

> 倘若任何人以严重的人身侮辱对待任何人，无论小孩或女人或男人，无论是自由人还是奴隶，或针对他们做任何非法的事情，任何有权利的雅典人只要愿意都可以到司法执政官那里提起公诉。在递交公诉的三十天内，司法执政官把案件

---

[1] See, MacDowell in *Greece and Rome views* 23（1976）14 - 31；不同的观点，J. T. Hooker in *Archiv für Begriffsgeschichte* 19（1975）125 - 37，N. R. Fisher in *Greece and Rome* 23（1976）177 - 93.

提交民众法院,如果没有公务耽搁的话,他们会尽可能快地提交。无论民众法院发现谁有罪,都会立即评估他要遭受什么惩罚或支付何种罚金。依据法律呈交个人伤害公诉(private graphai)的人,倘若有人不处理,或诉讼时没有获得五分之一的票,那要支付 1000 德拉马克给国库。倘若对严重人身侮辱的惩罚是罚金,且如果严重人身侮辱针对的是一个自由民,那就先把此人监禁,直到他支付完毕。(德摩斯梯尼 21.47 中所引用的法律)

此法律的大部分描写了公诉(graphe)中审判和惩罚的一般程序。[怪异的短语"private graphai",其仅意指"因对自身所犯的违法行为所导致的公诉(graphai)",并非指涉不同的程序。]只有第一句涉及界定罪行,但却完全没有界定严重人身侮辱(hybris)自身。这表明,此词没有任何特殊的法律意义,而只是在所有法律读者都熟悉的普通意义上使用。但此法律并没有涉及所有的严重人身侮辱行为,它仅仅涉及针对孩子或女人或男人的严重人身侮辱的行为。它仅限于针对受害人的行为;倘若一个人充满能量,却耗费在无用的活动上,这可能是严重的人身侮辱,但只要他没有伤害任何人,就不会触犯法律。另一个限制是针对神灵的严重人身侮辱行为,例如,不遵守神灵的命令或否认他的存在,就像在悲剧中有时所提到的,对此,法律并没有禁止。但奴隶得到了专门保护。只要严重人身侮辱的行为针对的是另一个人,且行为极为肆无忌惮,那其行为就会在此法律下受到惩罚。法律允许一个人控告另一个人打人、杀害、强奸、不服从权威、嘲笑别人、剥夺他的特权、及对他人的任何不法行为,如果他认为他能够说服陪审团此行为是严重人身侮辱的行为。

可以清楚地看到,在因严重人身侮辱而提起的公诉(graphe)与因殴打、暴力、口头诽谤等提起的私人诉讼(dike)之间有很多重叠之处。但由于雅典人关心个人荣耀及他们对消弱其荣誉之人的怨恨,因此,他们可能觉得它们之间的差别更重要。差异在于违法者的动机和心理状态。例如,倘若一个人因为发狂或意外事件而击打别人,这只是殴击罪(aikeia)。但如果他认为自身和其自身的意愿比受害人的权利和敬重更为重要而击打他,那就是严重人身侮辱罪,是更为严重的犯罪。

> 倘若一个人击打别人,并不是在所有情况下都犯严重人身侮辱罪,而仅为了此目的才如此,如羞辱别人或自我欣赏时。(亚里士多德,《修辞学》,1374a 13 - 15)

> 严重人身侮辱罪所做的,所说的使受害人蒙羞的事情,并非为了获得自己以前没有的东西,而是为了娱乐。(亚里士多德,《修辞学》,1378b23 - 5)

因此,对严重人身侮辱的公诉不是复制威胁和毁谤所用的法律程序,因而它取代它们的说法是不正确的。[①] 它在公元前4世纪时存在,由于是公诉,因而是更为严重的诉讼种类,因此如有必要,雅典人可以对一个其行为侵犯整个社区的人提起诉讼。

> 因此,针对严重人身侮辱,立法者允许任何有意愿的人都可以提起公诉(graphai),并把罚金全部上缴城邦。他认为,一个企图有严重人身侮辱行为的人危害城邦,并不仅仅危害受害人。因此报复的方式是对受害人充分的补偿,他本人则不

---

[①] See, E. Ruschenbusch in *ZSSR* 82(1965) 302 - 9, MacDowell in *Greece and Rome* 23 (1976)26 - 7.

应该因这样违法行为而获取钱财。他居然还允许为奴隶提起公诉（graphe），如果有人以严重人身侮辱来对待他。因为他认为，重要的不是受害人的身份，而是行为的性质。因为他发现其行为是不明智的，所以他不允许可以对奴隶或无论什么人做这种事。对！没有任何东西，雅典人，没有任何东西比严重人身侮辱更不能容忍，更让你愤怒。（德摩斯梯尼，21.45‑6）

然而，尽管尚存的文本中通常会包含对对手严重人身侮辱的怨怼，但事实上针对严重人身侮辱的诉讼好像很少。原因之一是，取证极为困难。在法庭上，很难确定一个人的心理状态。相对容易的是证明有人打了你，但他打你不是因为一些其他动机或偶然事件，而是处于任性自负则极难证实。德摩斯梯尼指出，一个人如何可以确信这是严重人身侮辱的动机，但却不能解释它。

有许多打人者做的事情，其中一些受害人甚至不能报告给其他人，他的姿态，他的表情，他的声音……（德摩斯梯尼，21.72）

表情或声音很难形容，因此有人会认为阿里斯顿（Ariston）如此幸运地获得了如此确凿的科农（konon）的严重人身侮辱的证据。在德摩斯梯尼的演讲词（德摩斯梯尼，54）中，他描述了某个晚上他和他的朋友范奥斯特阿淘斯（Phanostratos）在市场（Agora）散步时，如何遭到了科农和其他几个人的袭击。

当我们走近他们时，他们中的一个，我不知道是谁，击倒了范奥斯特阿淘斯，并压住他，而这个人科农和他的儿子和安德澳门奈斯的儿子击倒了我。他们首先扯下我的外套，然后绊倒我，并把我摁在泥地里。他们奚落我并以严重人身侮辱来对待我，以致我无法言语，双眼紧闭。更为恶劣的是，我不能站立,不能说话。并且,我躺在那儿,还听到他们说了一些相当可怕的事情,很多是粗鄙下流的,其中一些我甚至不愿在你们面前重复。但这些事情能证明科农的严重人身侮辱,并揭示他就是元凶,我告诉你们:他能模仿获胜的公鸡报晓,其他人建议他应该用他像翅膀一样的肘子击打他这边。(德摩斯梯尼,54.8-9)

为了表明科农所犯的不仅是殴击罪而是严重人身侮辱罪,阿里斯顿(Arsiton)需要证明科农当时的动机和心理状态。由于是严重人身侮辱的特征是自鸣得意,且对其他人得意扬扬,因此,很难有比阿里斯顿更为清晰地展现了严重人身侮辱罪。那为什么他没有对科农提起严重人身侮辱的公诉(graphe hybreo),而仅提起殴击罪的私人诉讼(dike aikeias)呢? 原因之一是,他遭到打击一事更容易证明,因为许多人看到他受伤了,但他没有证人能够或愿意证明对方的得意扬扬。另一个是,他认为仅仅报复还不够(如德摩斯梯尼在 21.45 中所提到的),他还想要经济赔偿,这是他不能在公诉中获得的。雅典人把荣誉和名声看的很重,但这并不意味着他们会忽视获取物质财富的机会。严重人身侮辱罪在修辞上是极佳谴责主题,但为了现实目的,处置威胁和毁谤的其他程序则更为确切和更有效率。

# 九　财　产

## 财产及所有权人

就整体而言,相比罗马及后世制度精致的财产法,雅典事关财产的法律是简易且朴素的。例如,希腊没有区别于产权的指代所有权的名词,其他现代法律中明确解释的概念和原则在雅典人那里仍未阐明,他们仅以一种朴实方式想当然地对待其自身的习惯。一些现代学者,尤其德国学者,凭借自身的法律专业知识和敏锐的判断力,从罗马法与现代民法的角度来分析雅典的财产法。在此不想如此,本文之目的,在于如雅典人自身对财产的认识那样来呈现这一主题的概况。想要更详细知识的读者可以阅读 A. Kränzlein 所著的《雅典法中的财产与占有》及 A. R. W. Harrison 所著的《雅典法》。

最为明显的及重要的财产种类是土地,尤其在金钱发明之前。土地上附有许多筑于其上的建筑物及种植于其上的农作物。另一个有价值的财产种类是奴隶。也可能拥有动物、轮船及其他交通工具、家具、衣服、珠宝等等。有金子、银子及其他金属。约从公元前 6 世纪开始,有了铸币,这使财产交易更为便利。

一个外国人不可能在阿提卡拥有土地或建筑物,除非明确赋予了地产权(enktesis),一名私人所有的奴隶不能合法拥有任何东西,否则,所有人都能拥有任何此类财产。两人或更多人也可能共同拥有财产:兄弟们可能共同拥有从父亲那里继承的土地,或商业伙伴共同拥有一艘轮船或一所厂房。财产也可能由一个合作团体如德馈或部落或宗教团体所拥有;或者也可能为雅典城邦所拥有。①

获取所有权的一种常见的方式是继承,这已在第 6 章论述过。其他所有权的移转方式是买卖和赠送,城邦能够通过治安法官和法院以惩罚方式没收财产。通过租赁和借贷转移的是财产的应用

---

① See, Kranzlein *Eigentum* 130 - 7, Harrison *Law* i. 236 - 43.

而非财产权。

尽管业主通常有权依其所愿处置财产，但也有例外：死后遗赠财产的权利受到严格限制；未成年人不能处置其财产，由监管者来管理；女人不能处置其财产，一些小东西除外（不超过一麦斗大麦的价值）。[①] 公职人员直至经过任职审查（euthyma）之后才能处置他的财产，以免他有滥用国家财产的情况。[②] 共同拥有的财产不能被处置，除非两位业主或所有业主都同意；但如果不同意，那一个业主可要求财产分割以便他能按其意愿处置自己的那份财产，也能够就清算人的任命对共同业主提起诉讼。[③]

## 土地和建筑物

早期的习惯是一个家族几代人占有一个农场，因此当时的情况可能是，土地属于家族而不是个人，个人无权处置它，实际上它是不可剥夺的，除非有这样的变化：两个家庭联姻或一个家庭灭绝了。然而，没有明显证据显示，这是雅典曾有的法律规则，确定的是，到公元前 5 世纪时，土地买卖是允许的。[④]

尽管我们没有明确的法律证据，但也许雅典人把这看作是自然的，一块土地的所有权暗示着拥有土地上的树木、庄稼、水或其他天然产品，及其上所附的建筑物。（一个外国人被赋予的是"房子"的地产权而非"土地和房子"，这意味着他能拥有房子，却不能

---

① Isaios 10. 10, Ar. *Ekklesiazousai* 1024 – 5.

② Ais. 3. 21.

③ *AP* 56. 6，Plautus *Mercator* 451 – 7，Harp. Under δατεῖσθαι, Lex. Cant. Under εις δατητῶν αἱρεσιν.

④ See，E. Ruschenbusch in *Historia* 21(1972)753 – 5，M. I. Finley *The Use and Abuse of History* (1975)153 – 60.

拥有房子立于其上的土地,他应为这块地支付雅典人租金或担负永久租地的责任吗? 我认为"房子"的地产权更可能暗示着拥有足够地使房子坐落其上的土地,但不是耕地。我怀疑雅典人能否想到某人房子下面的土地所有权有何用处及意义。)这也可能是自然而然的,所有权意指有权依自己的喜欢做事,因此在自己土地上,人们能够建造房子或拆除房子,砍伐树木等等,无需任何人的同意。然而,有几条法律条文在某些方面限制了土地所有者的权利。

一个限制对象是橄榄树。橄榄树是阿提卡的一种极为寻常的果树,它们与神灵雅典娜有联系,橄榄油也是极为重要的家庭食品、照明物及出口产品。某些橄榄树被视为圣物(Moriai),属于雅典娜和雅典,这些橄榄树既有生长在神圣区域里的,也有一些生长在私人土地上的。这些树的果子属于城邦(城邦出售它)。如果有人砍伐它们,法律规定由战神山贵族议事会审判,惩罚是死刑。此法律在公元前 4 世纪初时仍有效,我们存有在战神山贵族议事会上的辩护词(吕西亚斯,7),被告被控毁坏了在自己土地上的一棵神圣橄榄树的老树桩(甚至不是一棵活树)。但到了亚里士多德时代,此法律尽管没有正式取消,也不再有效了。神圣橄榄树生长于其地的业主允许保留果子,但每棵树每年支付给城邦 1.5 小杯(kotylai)(少于四分之三品脱)的橄榄油。[这是发给泛雅典娜节(Panathenaia)上体操与赛马比赛胜方的奖赏。]其他橄榄树则不是神圣的,它们属于土地所有者。即使这样,他们也不能按其喜好处置。法律禁止任何人为自己所用砍伐超过两棵橄榄树,违者以每棵 100 德拉马克的罚金处罚,尽管为公共宗教仪式或火葬砍伐树木时,没有限制。①

---

① *AP* 60, Dem. 43.71; See, Kranzlein *Eigentum* 56 – 7.

业主处置土地的另一种限制是，禁止他在种植树木或挖沟渠时过于靠近地界以致干扰邻居耕作。这方面的法律，及必须允许邻居经过自己土地去汲水的情况，在下文中，普鲁塔赫把这些归之于梭伦的智慧，尽管缺乏相关证据，但他们在整个古典时代都没有改变。

"因为城邦没有源源不断的河流、湖泊及富饶的泉水来提供足够的水，大部分人都应用人工井。于是他制定法律，在马距[四斯塔德(800码)]之内必须有一口公共用井，人们可以应用它。在远一点地方，他们要设法自己供应水。但如果在自己的土地上挖了10丈量杆(orguiai)(60米，这个数字好像太深，可能有误)后仍然没有找到水，那他们可以从邻居那里取水，一天两次，每次盛满6考有司(khous)的罐子。因为他认为帮助那些需要之人而非懒汉是正确的。他也以一种极为专业的方式为种植制定限制。他下令在土地上种植树木要与邻居的土地保持5米的距离，但种植无花果树和橄榄树则要保持9米的距离，因为这些树树根很长，会伤害紧靠他们的树木，因为它们会吸取营养而喷出一些有害的东西。对于矿井和沟渠，他命令任何想挖井之人都要与其他人的土地保持井深的距离；两个蜂窝之间的距离要三百米远。"(普鲁塔赫，《梭伦》，23)

在阿提卡，水不是富裕的商品，尤其在夏天，因而有法律调控。尚存的优良事例是大约公元前420年的法律，其规定："不能在途经赫拉克勒斯(Herakles)地区的伊利索斯河(Ilissos)中浸泡皮肤，也不能穿衣下河，更不能扔垃圾到河里。"①

---

① SEG iii 18；See，R. Koerner in *Archiv für Papyrusforschung* 22(1973)182.

也有一些对建筑物墙壁的限制。很难详细地解释《诉卡里克勒斯》(德摩斯梯尼,55)的演讲词,但清楚地是,发言者的农场和卡里克勒斯的农场都坐落在一个山坡上。在雨季,水流沿着他们之间的山坡流下。一年中的其余时间,河道是干涸的,河道成为小径或路。由于暴雨过后洪流会冲垮他的土地,发言者砌了一堵墙。他说,他的父亲已经建成了,就是阻挡水进入。现在,一场暴风雨过后,洪水冲垮了卡里克勒斯的农场,造成一些损失。但发言者由墙围住的农场却毫发无损。因此,卡里克勒斯对发言者提起赔偿诉讼(dike blabes),要求发言者因砌墙造成的损失给予赔偿。从我们搜集到的言辞得知,发言者如果有罪,那就不得不支付 1000 德拉马克,但卡里克勒斯也希望得到发言者的土地。Wolff 对此有精彩的解读,必定有法律规定对人为阻碍自然水流造成了他人财产损失进行惩罚。他必须支付受害方 1000 德拉马克,或剥夺其土地给予受害方(确信并非他的全部土地,像 Wollff 所说的那样,而仅是障碍物所占有的土地)。①

有其他相似的法律限制业主按其意愿处置自己土地的权利。但上述所提到的,是我们所拥有的有关雅典业主所有权的法律的唯一的证据,业主地下有矿产的情况除外。

## 矿产

在希腊,一些最富有的银矿都位于阿提卡(Attika),主要在劳勒里昂(Laureion)区域。矿产的确切法律地位,学者中有许多质疑和争论。但现在一致的结论是,至少矿产的地下区域是城邦的财产。任何想开发或开矿的人首先要向出售者(poletai)(国家财产的

---

① H. J. Wolff in *American Journal of Philology* 64(1943)316 - 24.

出售者)登记,开采没有登记的矿产是犯法的。然后他从出售者那里购买几年的矿产租约。除了文学作品对购买矿产租约简要介绍外,还在石板铭文上发现了一些出售者记载此种租约的账簿的残片:有矿产的名字,位置,购买者的名字,及价格。当时矿产租约的有效期是三年,但一些新矿或矿产转让给新承租人时也被给予更长的租期。①

并不清楚矿产地表土地的法律地位。尽管一些矿产位于不属于任何人的山脉或岩石下面,但肯定的是,有一些矿产是位于个人拥有的土地之下的,因为出售者账簿有时会有确认一座矿产"在 X的不动产之内"。开挖矿井难免会干扰地面上的农业生产,因此有人可能会认为,农夫会得到一些补偿,但没有证据表明是否曾这么做过。城邦可能从个体业主那里购买了矿井周围附近的土地,以使它像矿产地下部分一样属于城邦;或是,农场主保有地面的所有权,从出售者那里收取矿产承租者的部分租金。

关于位于靠近矿井地表的磨压矿砂及其他操作的车间的相关资料显示,它们为个人所有,像其他建筑物一样,不是城邦的财产。

有一条"采矿法"(nomos metallikos)规定,"阻止某人开采的行为"是违法行为。无疑,这尤其适用于土地周围的农夫,他们阻挠矿产承租人进入矿井。也禁止"任何其他事关矿产的违法行为",显然没有对此类违法行为进行界定。依此法所提起的诉讼由司法执政官审理,在公元前 4 世纪时,这些案件属于每个月都要受理的一类案件。任何公民至少在某些矿产案中采用控告(phasis)

---

① AP 47.2, Hyp. *Euxenippos* 34 - 6, Dem. 37.22, 40.52, etc.; See, M. Crosby in *Hesperia* 19(1950) 189 - 312, R. J. Hopper in *BSA* 48(1953) 200 - 54, Harrison *Law* i. 202 - 3, 315.

程序,特别是对未登记的矿产进行起诉时。①

## 买卖

　　买卖从物物交换发展而来。在铸币发明之前,我们在荷马史诗中发现,交易是获得财产的基本方式。确实,公牛差不多可以作为货币单位:现代读者发现《伊里亚特》引人注目的一段中,阿基里斯(Achilles)为摔跤竞赛提供奖品,一口价值12头公牛的大锅颁给获胜者,一名价值4头公牛的女人颁给输者;还有其他许多事例。②交易的实质是,被交易的两件物品的所有权在交易发生时变更。在铸币发明之后,这一原则保持不变。那么,金钱通常是被交易的一个物件,因而此交易可被称之为买卖,但现金买卖仍要继续:出售的财产所有权当且仅当在金钱支付后才变更。明显的例外是,城邦分配给个人的采矿权或征税权。动词"买"和"卖"可适用于此,尽管分配完毕后,金钱还没有支付。但这些是特例,并不影响一般规则。盛行于整个希腊和希腊化时代的埃及的现金买卖的原则,是 Fritz Pringsheim 在《希腊买卖法》一书中的研究主题,其观点已被普遍接受。

　　赊销在雅典法律中并没有被认可,买方支付前,在法律上买卖就没有成立,土地和商品仍为卖方的财产。倘若买方当时没有足够的现金可用,那他需要借钱以完成交易。但据说,在雅典有这样一个案例,买方好像从将出售给他奴隶(他也想买这个奴隶)的那个人借了所需的金额完成了交易。如果这种操作方式很普遍,那实际上与赊销制度一样,尽管买卖和金融借贷形式上是分开的。③

---

① Dem. 37. 2, 37. 35 - 6, Hyp. *Euxenippos* 34 - 5, AP 59. 5,Pol. 8. 47, *Souda* a 345.
② *Iliad* 23. 702 - 5; See, 7. 472 - 5, *Odyssey* 1. 431, etc.
③ Lyk. *Leo.* 23; See, F. Pringheim *The Greek Law of Sale* (1950) 245 - 6.

然而，一个手头没有足够现金的准买方，要采购且想弄到买卖选择权（即阻止商品买给其他人），他就要预先提供部分购买现金，作为保证金（arrabon）。尽管这种设计在尚存的希腊文本中仅提到过一次，但在普劳图斯（Plautus）的喜剧中出现多次，这部喜剧基于雅典戏剧，它们可能遵循雅典法律。在《凶宅》中，特拉尼奥（Tranio）说，菲劳拉克斯（Philolaches）已经花了 2 塔伦特买了一套房子，且支付了 40 迈那（三分之一的价格）作保证金。在《普修多鲁斯》中，巴里奥（Ballio）同意把一名女奴以 20 迈那的价格卖给哈尔帕克斯（Harpax），他已经支付了 15 个迈那，并确定其余 5 迈那在演戏那一天支付。在《缆绳》中，普莱斯得普斯（Plesidippus）想从拉布拉克斯（Labrax）那里以 30 迈那的价格买一个女孩，并支付了保证金。但拉布拉克斯没有在约定日期提交她，普莱斯得普斯起诉他并赢得了官司。这些事例表明，接受保证金的卖方需要在法律上保有准买方的财产直至某个特定日期。但在此并没有显示，法律是否规定了保证金的额度，付清余款的时间长度，还是把这些问题交由买卖双方相互协商。①

为保障买方免受卖方可能虚报其商品价值的伤害，法律禁止在市场上（Agora）做虚假声明。② 也有一些奴隶或土地买卖的专门规定。倘若出售土地，就需要有某些预防措施来核查卖方是否有权出售。雅典没有土地登记制度（尽管其他一些希腊城邦有），有时竖起带有或不带有主人名字的界石（horoi）来作为农场界线的标志，但他们不是有法律效力的文件。因此，法律规定六十天的土地出售告示期要书面提交到相关部门那里（也许是执政官）。这个公

---

① Isaios 8. 23, Plautus *Mostellaria* 637 - 48, *Pseudolus* 342 - 6, 373 - 4, *Rudens* 45 - 6, 860 - 2,1281 - 3.

② Hyp. *Athenogenes* 15.

告给予了对此表示异议的人时间，这些人有权声称拥有相关土地的所有权或所售土地上的贷款担保。[①] 出售奴隶时，卖方依据法律规定说明他是否有身体缺陷，如果买方发现他未曾说明的缺陷，他能退回奴隶并要回自己的金钱。[②]

希波拉底斯（Hypereides）在《诉安西纳吉尼斯》的辩护词中，讲述了一件引人入胜的买卖奴隶的故事。安西纳吉尼斯（Athenogenes）是居住在雅典的外邦人，经营几家香水商店，其中一家由一个有二名儿子的名叫米达斯（Midas）的奴隶管理。幸存的文本（并不完整）的发言者，适当修复后其名字是艾皮克拉斯（Epikrates），他喜欢上其中一个小男孩，想买下他，但安西纳吉尼斯不愿意独自卖掉一个男孩，他说服艾皮克拉斯买下三名奴隶并加一家香水商店，价格是 40 迈那。他起草了一份书面协议（synthekai），协议规定，艾皮克拉斯有责任支付香水店欠下的债务，并说香水店里的存货远远超过未偿债务的总额。艾皮克拉斯急于占有那个男孩，便同意了这个协议并支付了购买价款。结果发现，香水买卖欠下的债务高达 5 塔伦特。安西纳吉尼斯无疑知道事情原委，他哄骗艾皮克拉斯购买整个香水业务，真实目的是逃避债权人逼债。我们现在所有的发言词是艾皮克拉斯在法庭上发表的，目的是想说服陪审团安西纳吉尼斯有责任偿还债务。

艾皮克拉斯的理由合理吗？这取决于书面协议的有效性。倘若没有协议，安西纳吉尼斯的确要对债务负责，因为债务是奴隶和商店在他手里时欠下的。但法律规定，由两个人自愿签订的协议

---

① Theophrastos *Laws* fr. Xcvii x(Wimmer)；See，Harrison *Law* i. 305 - 8.
② Hyp. *Athenogenes* 15.

需要证人们在场时才有效,如果协议之事并非不公正的话。① 艾皮克拉斯并没有提出令人信服的主张,以说明他是被迫地或没有证人的情况下同意的,因此他唯一的希望是让陪审团相信协议是不公平的。我们不知他成功与否。但这个案件证明,在雅典,买卖尽管并不需要一份书面契约,但买卖时也可能附随一份协议。

## 租赁

通过租赁,人们无需获得财产的所有权就可以使用财产。租赁或租金一词是 misthosis。此词与 misthos("酬金""报酬")相连,这揭示了租赁的后续发展过程。业主可能雇佣一个人耕种他的一片土地,每年给受雇者固定的产品数量,自己留有余下的受益。那么,为鼓励劳工努力干活,地主会允诺每年仅收取产品的固定数额,余下的归劳工所有。从实际效果而言,这意指劳工租赁一份土地,并为之支付固定租金。既然劳工和地主之间在收割之前不可能进行产品分割,那这一历史发展解释了承租人通常不会预先支付租金,而是拖欠着,不像买方那样在拥有物品之前支付款项。但这确为一种推测。②

到公元前 5 世纪,租金通常不以产品而以现金方式支付,并且房屋和农业用地都可以租赁。租赁的基本特征是,相关财产所有权人(出租人)允许佃户(承租人)占有和应用财产多年以换取租金。可能附带更详细的条件:例如,确定支付租金的固定日期,每年一次或两次;承租人需要在租赁土地上种植某些类型的农作物,或每年要休耕一部分土地;他需要维护供役地的特定面貌,如树

---

① Hyp. *Athenogenes* 13. Dem. 42. 12,47.77,56.2,Dein. 3.4,Plato *Symposium* 196c.

② See,D. Behrend *Attische Pachturkunden*(1970)40 – 9.

木,等等。① 如果条件极为复杂,那为了便利便会形诸文字。但书面协议并非租赁有效的法律要件。

当出租者是城邦或公共团体如德馍时,租赁条款有时就会刻录在石板上。尚存的相关铭文的遗迹是 D. Behrend 的近期著作《雅典的租赁契据》的研究主题,这给予我们更多公共团体同意租赁的信息,而不是个体业主租赁的信息。下面是公元前 4 世纪晚期的一个近于完整的实例。它记载了宗教团体(orgeones)同意的租赁:允许一个名叫迪奥尼斯(Diognetos)的人应用他们的英雄艾格利特斯(Egretes)的圣地。[单词"圣地"(hieron)既可以指宗教区域也可以指宗教区域里的某个建筑物内的神圣之物。]这表明了租赁所含条款极为复杂。

"宗教团体成员把艾格利特斯圣地租给墨立忒的阿克斯拉斯的儿子迪奥尼斯 10 年,租金为每年 200 德拉马克,可以使用圣地和建筑于此的神社。迪奥尼斯也应在神社墙壁需要时粉刷它,他也应建造和开展其他工作,无论何时,只要迪奥尼斯愿意就行。十年期满后,他应随身带走木制品、瓦片及木门,但不应破坏任何其他物品。他应照管好圣地里的树木,如果有的死掉了,他应重新种植,保持交付时数量不减。迪奥尼斯应每年给宗教团体成员中的司库支付租金,一次一半,100 德拉马克,时间是 9 月(Elaphebolion Ist)。在宗教团成员于 3 月(Boedromion)祭祀英雄时,迪奥尼斯应使存放神龛的房屋得以空闲,屋顶、厨房、座椅、两个三人长椅的房间的桌子开放。如果迪奥尼斯在规定的日期没有支付租金,或没有履行租约中规定之事,那租约失效,他会失去木制品、瓦片、木门。

① Examples in *IG* ii² 2490 – 2504.

宗教团体成员可以租给任何想租的人。如需要支付战时财产税(eisphora),那可以从支付给宗教团体的租金中扣除。迪奥尼斯应把这份租赁刻在圣石上。租赁的开始日期是克洛伊波斯(Koroibos)之后的下一任执政官上任之时。"(IG,ii 2499)

倘若城邦财产的承租人没有支付租金,法律规定了他支付的程序。在某种情况下,他会被剥夺公民权直至他支付完毕。[①] 这种制裁并不适用于承租人拖欠个体出租人租金的情况。但个体出租人可对承租人提起私人诉讼:房租个人诉讼(dike enoikiou)或收益个人诉讼((dike karpou),这个名字表明土地租金可同时以实物支付),倘若他仍未得到租金,就可提起返还财产之诉,本章后面会对此进行论述。

## 借贷和担保

一个人可以放贷,如果他认为适当,可以要求支付贷款利息。通常的利率是每月百分之一,但利率和借贷期限,法律上没有固定,而是由贷方和借方相互协商。

早期,如果一个人借钱(或在金钱发明之前,是谷物或其他商品)不还,债权人会占有其财产或他本人(作为奴隶)以抵销债务。在雅典,债务奴役于公元前 6 世纪早期由梭伦取缔,但如果债务人没有偿还债务,其财产仍被没收。为避免所有财产被攫取,或被任意选取其部分财产的风险,便利的方式是让借款人标明因没有偿还债务而可能成为债权人的财产。想以此获取特定担保物的方式,也会刺激债权人放债,因为这确保他即便没有收回其放贷的钱款,也会有足够价值的财产补偿他。于是财产作为大笔借

---

① Dem. 24.40,43.58.

贷的担保就成为一种习惯。

担保的简易形式是质物：一个至少与所借款项等价的物体，由借方在借钱时置于贷方的控制下，偿还钱款后，再把它取回来。因此，德摩斯（Demos）想从一位名叫阿里斯托芬（不是那个戏剧家）的人那里借 16 迈那的款项，就提供了一个金杯作担保，等支付 20 迈那后就可以赎回。这意味着阿里斯托芬会获得 4 迈那的利息。德摩斯梯尼的父亲借给矛里奥斯（Moiriades）40 迈那，收取 20 个奴隶作担保，他们是制作床铺的木匠。这些奴隶的工作就作为他的贷款利息。在另一案件中有些棘手之事，布吕克勒斯（Polykles）借了 12 迈那，以马为担保，但在他偿还钱款之前，马死了。①

土地和房屋更易于做担保，因为它们不受死亡和失踪所限。倘若一个借款人用一块地或一栋房子做借贷担保，通常（尽管有少数例外）会认为让贷方保管它们是没有必要的，因而债务人被允许仍然占有它们，除非他拖延支付利息，或在还款到期日拖延还款。但他不经债权人同意不能自由出售或赠送担保物。为了告诫任何准购买者，债权人通常会在土地上立一石柱，上面刻有贷款担保的简要。（标志负债的石柱与标志地界的石柱都用同一个希腊词 horos 来表示。）我们找到了许多这样的石柱，对此，以下两部书里有详细探讨，J. V. A. Fine 的《界石》及 M. I. Finley 的《古代雅典的土地与信贷研究》。其中一个重要特点是，许多石柱把土地表述为"附有赎回权的销售"（pepramenon epi lysei）。这一表达非常明显地解释了，在法律上"借贷"被视为对价，"贷方"被视为土地的买方。但"借方"仍然占有它，他定期支付利息或租

---

① Lysias 8. 10，19. 25 - 6，Dem. 27. 24；See, Harrison *Law* i. 260 - 2.

金,且保留偿还所借款项后收回所有权的权利。这种设计与现代抵押极其相似。没有刻有"附带赎回权的销售"的石柱可能在法律上有不同的安排,借方仍为土地的业主,除非他拖延还款。然而,这种"附带赎回权的销售"的表述过于简单,以致仍有几个问题得不到解决。例如,有证据表明,人们利用一栋建筑物而从两种不同渠道募集钱财。如果这是一种销售方式,那法律上如何能把一栋房子出售两次呢?每个债权人拥有部分房产?抑或是,把这种交易视为销售是完全错误的?解答此问题及其他问题的最佳证据是《诉潘忒内图斯》(《Against Pantainetos》)(德摩斯梯尼,37)的演讲词里所述的案例,但它过于复杂以致不适宜在此讨论。希望进一步研究此问题的读者最好看看这个论述及 Finley、Fine,及 Harrison所提供的证据。[1]

Apotimema 一词的含义是"估价",或更确切地说是"财产价值与财产分离",此词尤其适用于两种特定的担保类型:土地和建筑物的货币价值。其中之一事关孤儿拥有的地产租赁。当执政官准予孤儿的土地租赁时,承租人需要提供自己的财产做担保以换取地产,在孤儿成年后,附带租金一并归还。担保物可能是土地或房屋,且仅需对孤儿所属的非土地或房屋的部分财产提供,尽管没有足够证据确认此事。执政官享有地产和估价后的担保物,以核查担保物是否与产权等值。我们发现一些表明担保的地产的石柱(horoi),此类担保附着其上,称为"孩子的……的估价(apotimema)"。租赁期间,承租方保有其提供的作为担保的土地,但如果在孤儿成年和租赁期满后,承租人没有归还孤儿的地产,那他就会被

---

[1] See, Finley *Land* 28 - 37, 107 - 17, Fine *Horoi* 142 - 66, Harrison *Law* i. 262 - 93, A. Biscardi in *ZSSR* 86(1969)146 - 68.

剥夺地产,还给孤儿。[1]

退回嫁妆的担保亦称之为 apotimema。如果父亲为女儿准备了一大笔钱做嫁妆,他可能会怵惕,倘若婚姻因离婚或死亡而终结时,发现丈夫已花光了这笔钱以致不能偿还。因此,在婚姻存续期间,丈夫要提供其一片土地做担保,其间这块地不能交易,如果他妻子离婚或死亡或成为无子女的寡妇且嫁妆不能归还的情况下,这块地就转交给妻子的家族。德摩斯梯尼的《诉奥内特》(《Against Onetor》)中有一纠纷事例。奥内特认为,他姐姐嫁给了阿夫保斯,并附带嫁妆,阿夫保斯提供了一块土地做担保以便在必要时收回嫁妆。后来,阿夫保斯与奥内特的姐姐离婚了,但没有归还嫁妆,因此这块土地现在属于奥内特。德摩斯梯尼对此说法的大部分内容予以驳斥,认为这块土地是他自己继承的部分,从不属于阿夫保斯(Aphobos)。也有一些标有此类担保的石柱,例如,他朗读了其中一个:

> 土地和房屋的担保标志石柱(horos),为安纳戈柔斯(Anagyrous)的菲利普斯(Philippos)的女儿的嫁妆担保,4500(德拉马克)。(IG,ii 2662)

但是,为归还嫁妆而提供的担保并非法律要件,因此,对此种担保及其他亦称为担保的担保类型的详细运作过程,都因缺乏证据而存有质疑。[2]

另一个重要的借贷和抵押的种类是押船借贷合同,船主和商

---

[1] Isaios 6. 36, AP 56. 7, Harp. under αποτιμηται; See, Fine Horoi 96 – 115, Finley Land 38 – 44, Harrison Law i. 293 – 6.

[2] Dem. 30. 31, 41. 5 – 10, Harp. under ἀποτιμηταί; See, Finley *Land* 44 – 52, Wolff in *RE* under. προίξ(1957) 159 – 62, Harrison *Law* i. 296 – 303, L. R. F. Germain in *Symposion* 1971 (ed. H. J. Wolff, 1975)333 – 46.

人以一艘船和其货物为抵押借贷。这是雅典商法中的内容,第15
章会对此论述。

## 财产请求权的程序

如果纠纷事关所有权,例如,因对方欠他一笔钱,一方要求另
一方应移交一栋房屋,那何种程序适用于裁定谁为业主或是否确
实欠债呢?

解决财产纠纷的程序之一是确权之诉(diadikasia),与继承相
关的第六章中已提及。权利请求人对地产继承权有争议时,要把
诉讼请求递交给执政官,他会安排陪审团审判。确权之诉区别于
其余审判之处是无人为原告或被告,可能会有许多请求权人。每
人都会陈述自己索求财产的理由。除继承案外,晚期词典编纂者
记载确权诉讼程序还可以应用于以下情况:某人的财产被城邦没
收,其他人认为拖欠他们的债务应从城邦控制下的财产中支付。
很明显,在这种情况下起诉是不适当的。① 但没有证据表明确权之
诉也适用于其他所有权争议。约一个世纪前,Leist 提出一个理论,
所有权的所有纠纷均由确权诉讼程序裁定,但由于缺乏相关支持
的证据,此观点应被拒斥。②

有充分证据表明,提起普通私人诉讼(dike)的人是,他们索求
的土地、金钱和其他财产本属于自己但现在为外人占有。在不同
的文本中,都有提到财产私人诉讼(dike ousias),房租私人诉讼
(dike enoikiou),债务私人诉讼(dike khreos),奴隶及动物私人诉

---

① *Lex. Rhet.* 236.16 – 21.
② Leist 的观点大部分被 Harrison 接受,see,Harrison, *Law* i. 214 – 17, 被 Kranzlein 拒
绝,see, *Eigentum* 141.

讼。① 迄今为止（从罗马时代开始），那些相信这些不同"诉讼"称呼的学者们，发现把它们区分开来很难。例如，现金诉讼和债务诉讼的区别是什么？在意识到没有足够理由相信这些诉讼在法律上没有单独界定后，问题化解了。法律的立场是私人诉讼（dike）仅在向其余人索求任何类型的财产时提起。如果称之为"对 X 的诉讼"，那就具体规定了一种特定类型的财产，这仅是非正式的称呼，不是法律定义。而且，非正式名称是模糊的、重叠的，一定程度上可以互相转换。

然而，公元前 4 世纪时这些在法律上是有区别的。在每月诉讼制度化后，某些索求金钱或其他财产的诉讼就包含在按月受理的诉讼种类中。在《雅典宪政》中提及这个分类，有以每月百分之一的标准利息来偿还所借款项的权利请求；或偿还因创业资金而借贷的权利请求；索求奴隶和耕畜的权利请求。例如，在耕种季节，对农场主来说，不能及时归还其一对公牛会对他造成严重的影响。

如果涉诉财产是可移动的标的物，原告可要求被告，把其财产中有争议的项目带到法庭，让陪审员看看（emphanon katastasis 即"物件公开化"），如果他没有带来，好像（如果德摩斯梯尼中 53.14 的模糊片段有适当解释）不仅会丧失相关财产的所有权而且要支付与其价值相符的罚金。我们知道这样一件诉讼，一个人凭借此程序要求一个银行家在法庭上出示他之前放置在他那里的遗嘱，但在判决前他撤回了诉讼。② 另一件诉讼里，一个人的哥哥不久前去世了，他要求某人出示他哥哥的某些财产，现在通过继承，这些

---

① Dem. 39. 25，48. 45，52. 14，Lysias fr. 1 and 27（Thalheim），*AP* 52. 2，*Lex. Rhet.* 285. 33 – 286. 10.

② Isaios 6. 31.

财产属于他了。被告以自己是继承人为由阻止诉讼（paragraphe，在 14 章中论述），因为已故者立遗嘱把财产留给了他。这意味着正当的诉讼程序并不是私人诉讼（dike），而是由执政官主持的确权诉讼。①

为被控占有别人财产的被告辩护，可能会说财产是他从其他人那里购得的，因此，如果原告事实上是真正的业主，那也是其他人而不是他本人侵占了它。也许以此方式为自己辩护的人会迫使买方到法庭上说明他有出售权，且如果输掉官司，他应该归还所购钱款。两位词典编纂者提到过"确认之诉"（dike bebaioseos），但雅典没有相关证据。②

当涉诉财产是一个人，即指控一个奴隶，那就有更多可能性。被指控的奴隶可能不为任何其余人占有，他是有生命的，能够独立地四处走动，像一名自由民那样。倘若如此，那其所有权的请求权人没有必要对其余人提起私人诉讼（dike），他所做的就是抓住奴隶，带走他。但倘若他抓住的人事实上不是奴隶而是一名自由民的话，那他可能会因奴役别人被捕，被指控的奴隶"回归自由"。

这些就是仅对别人占有的财产提起所有权主张的诉讼时所适用的程序，其时权利请求人只能要求收回它。现在，我们转向有更多诉求的程序，在此被告要支付损失、罚金或处以其他惩罚。

## 盗窃罪

故意拿走别人财产的人是盗窃犯，不仅要剥夺其相关财产，还要让他遭受惩罚。因此，不像前面所述的诉讼，盗窃诉讼涉及

① DH *Isaios* 15.

② Harp. under $\beta\epsilon\beta\alpha\iota\acute{\omega}\sigma\epsilon\omega\varsigma$, Pol. 8. 34；See, Harrison *Law* i. 210 - 14.

惩罚。

一个怀疑别人偷了自己东西的人,会要求进入他家搜查。法律规定在此情况下可以这么做,但我们没有详细的规定,只是搜查者要"未穿衣服"(这意指他仅穿一件长袍,没有斗篷)以便确认他不会借助斗篷把宣称的被盗物偷运进来,放到房子里,然后指控房主盗窃。① 一旦他察觉到窃贼,他就可以提起盗窃私人诉讼(dike klopes)。如果被告有罪,除归还所盗物或支付赔偿金外,他还要支付给原告一笔钱,数额是所盗物价值的两倍。陪审团如果认为适当,他们还会额外施加惩罚,带上足枷监禁于公共场所五天五夜。共犯或从犯的惩罚一样。②

如果业主声称其财产是被武力夺走的,他就会提起暴力私人诉讼(dike biaion)。在此情况下,如被告有罪,那除了支付原告赔偿金,具体额度由陪审团审议外,还必须支付同样数额的罚金给城邦。③

但有些类型的盗窃遭受的惩罚则更为严重,或许因为它们危害更大,或许因为它们太过容易。有更为严格的程序针对"作恶者"(kakougoi)。尽管我们没有具体的法律文本,但好像明确提到了小偷,奴役者(偷人的人),盗窃衣服者(专指在体育场和浴场盗窃衣服的行为),不打算用于对付其他类型的违法者(尽管有时企图用它对抗他人)。属于此类的盗窃有,晚上盗窃,从体育场或其他竞技训练场所盗窃[已提到的吕克昂(Lykeion),阿卡德美亚(Akademeia),吉诺萨格斯(Kynosarges)],或在港口盗窃超过 10 德拉马克,或在其他任何地方盗窃超过 50 德拉马克。任何碰到这

---

① Ar. *Clouds* 499(with school. ),Isaios 6.42;See,Wyse *Isaeus* 528 - 30.

② Dem. 24.105,24.114,Lysias 29.11.

③ Dem. 21.44.

种小偷的人都可以逮捕他并押他到十一人委员会(Eleven)那里(其程序称之为押送官府),或直接到十一人委员会那里,告诉他们去逮捕(此程序称之为引领官吏缉拿罪犯)。如果小偷当场被捉(被当场抓获的(ep'autophoroi),这种表述没有清晰地界定,不仅包括看到正在偷盗的人,也包括那些发现拥有偷盗物品的人),并承认有罪,那十一人委员会无需审判便可处死他。如果否认有罪,他们会把他囚禁在监狱里直至审判,如果被判有罪,他就会被处死。①

德摩斯梯尼(22.26)的一段暗示,公诉程序可能用于审判盗窃犯。但我们在其他地方了解到,针对盗窃的公诉仅适用于公职人员盗窃或侵占公款的案件,或偷窃圣币或神圣财产的案件。倘若公诉能应用于起诉其他类型的盗窃,那我不知是何种类。

有两段涉及盗窃或侵占神圣资金的公诉。② 与此不同的是,抢劫神殿是更为严重的犯法行为(hierosylia),尽管我们不知道此类区别的确切条款。因为惩罚是死刑,附加不准葬于雅典及财产充公。③

曾有人起诉雕刻家菲迪亚斯(Pheidias)。有关审判的证据较晚,且前后矛盾。可能他于公元前 438/7 年被指控盗窃某些贵重物品(金子和象牙),这些是委托他为帕特农神殿制作巨大的雅典娜雕像的材料,也许是指控他对雅典娜盾牌上的人物包括伯利克里和他本人不敬。他逃往伊利斯(Elis),后来,他用金子和象牙制作了另一座巨大人物肖像,奥林匹亚(Olympia)的宙斯雕像。但并不清楚,他逃走是因为避免被处死或因为驱逐就是给予他的惩罚,

---

① Ant. 5.9, Lysias 10.10, Isaios 4.28, Isok. 15.90, Ais 1.91, Dem. 22.26, 24.113 - 14, 35.47, *AP* 52.1; See, Hansen Apagoge 36 - 53.

② Ant. 2a. 6, Dem. 19.293.

③ Xen. *Hellenika* 1.7.22, *Apom.* 1.2.62, Isok. 20.6, Lyk. *Leo.* 65.

也不清楚他是否因不虔诚或窃取圣物或两者都有而被起诉,也不清楚应用了何种法律程序。①

## 损害

财产损害的诉讼(dike blabes)是最为普通的诉讼案件,因为雅典人是在极为宽泛的意义上应用"损害"一词,涵盖我们应认为的几种不同的违法行为。

我们没有关于"损害"法律观念的编年史信息,但也许最早的信息是一份财产的有形损害,例如毁坏、废弃、贬损其价值,但没有带走它(这是盗窃)。卡里克勒斯(Kallikles)曾提起损害诉讼,他提出邻居农场的墙造成洪水注入自己的农场而致损害,对此本章前文有述。当梅迪亚斯(Meidias),像德摩斯梯尼所指控的那样,晚上进入金店,损害了部分金冠和衣服,这是德摩斯梯尼为他的合唱团定制的,且在即将到来的节日要穿,德摩斯梯尼可能对他提起损害诉讼,尽管事实上他没有这么做。②(但财产的损害有不同的处理方式:纵火案由战神山贵族议事会审判。这些是公诉行为,但我们没有相关的信息。仅当火灾造成死亡时才由战神山贵族议事会审判的猜测没有任何证据支持,其死刑惩罚的推测也仅立基于欧里庇德斯的反问。③)

由此来看,"损害"扩展到任何致某人丧失财产,尤其是金钱的行为。当阿依考恩(Aixone)德馍同意把一块土地租赁给奥陶克勒

---

① Philokhoros (*FGrH* 328) F 121, Diodoros 12. 39. 1 - 2, Plu. *Perikles* 31; See, G. Donnay in *L'Antiquité Classique* 37(1968)19 - 36.

② Dem. 21. 25.

③ Dem. 23. 22, *AP* 57. 3, Pol. 8. 40, Euripides *Andromakhe* 388 - 90; See, Lipsius *Recht* 984.

斯(Autokles)和奥特阿斯(Auteas)四十年时,专门规定任何人打算在四十年内背离契约条款都会由承租人提起损害诉讼,即,这会造成了他们财产的损失。[1]当奥布卢杜劳斯(Apollodoros)因为债务起诉忒莫泰奥斯(Timotheos)时,他需要安提法奈斯(Antiphanes)作为证人,因为贷款时他在场。安提法奈斯没有出庭作证,结果奥布卢杜劳斯输了官司。因此奥布卢杜劳斯对安提法奈斯提起财产损害诉讼,诉因是安提法奈斯导致他失去其应从忒莫泰奥斯索要回来的财产。[2] 潘忒内图斯(Pantainetos)对内科布鲁斯(Nikoboulos)提起损害诉讼,他说内科布鲁斯导致潘忒内图斯推迟支付城邦租赁矿产的费用,这让他遭受支付双倍钱款的惩罚。我们存有这份指控文本,第一部分如下:

> 内科布鲁斯对我及我的财产的算计导致了我的损失,他命令他的奴隶安忒恩斯从我的奴隶那里取走了我购买金矿的90迈那。因此他对我支付两倍钱款给国库负有责任……(摘自德摩斯梯尼,37.22)

最终,我们发现所说的"损害"仅是被告没有支付原告一笔钱。纳斯马库斯(Nausimakhos)和瑟努佩忒斯(Xenopeithes)对他们前监护人的儿子提起损害诉讼。[3] 在《因损害诉奥林普岛鲁斯》的演讲稿(德摩斯梯尼,48)中,卡里斯特拉图斯(Kallistratos)指控奥林普岛鲁斯(Olympiodoros)没有根据他们之间的私下协商,把考蒙(Komon)留下的一半金钱和其他财产给他。卡里普斯(Kallipos)对银行家帕斯昂(Pasion)提起损害诉讼,诉因是帕斯昂付给恺菲亚

----

[1] *IG* ii² 2492.29 - 31.
[2] Dem. 49.20.
[3] Dem. 38.2.

德斯(Kephisiades)的钱款不是他自己的而是吕孔(Lykon)在帕斯昂银行里的存款。① 帕姆菲鲁斯(Pamphilos)和达雷斯(Dareios)对狄戎苏岛鲁斯提起的损害诉讼,诉因是他们没有偿还贷款。奥布卢杜劳斯对几个人提起的诉讼,诉因是已故父亲帕斯昂给他们的贷款。②

这些诉讼与一般索求钱财的私人诉讼(dike)有何不同?关键的区别是被告输了官司所遭受的惩罚。倘若他因债务提起的私人诉讼输了,他仅仅支付原告所主张的款项。但法律规定,损害诉讼如果是有意造成的,要支付双倍数额,如果是无意造成的,则支付基本数额。③ 债权人如果认为能够说服陪审团相信债务人是故意拒绝支付,或非故意怠慢或确实相信不应支付,他们都会宁愿提起损害诉讼而非债务诉讼,因为他们相信如果赢了,会获得双倍钱款。这也许是我们甚少看到金钱诉讼(dike argyriou),而更多看到损害赔偿诉讼(dike blabes)的原因。

损害诉讼是希望获得所失数额的两倍,这在年老的修辞学家德纳库斯起诉普瑟努斯的案件中体现出来,德纳库斯从卡尔基斯(Khalkis)回到雅典,住在普瑟努斯的房子里。这个老人丢失了一些钱和银盘,他指控普瑟努斯(Proxenos)应承担责任。

> 柯林斯的苏斯特图斯的儿子德纳库斯对与其同住的普瑟努斯提起损害诉讼,估价 2 塔伦特。我流放多年后从卡尔基斯返回雅典,住在普瑟努斯的房子里。我从卡尔基斯带回来的 285 斯塔特金币(古希腊的金币单位),且带进他的房子的

---

① Dem. 42. 14.
② Dem. 56 if the title is trustworthy, 36. 20.
③ Dem. 21. 43.

还有银盘,价值至少 20 迈那。普瑟努斯知道这些,他搞阴谋损害了这些。(引证于哈利卡纳苏斯的狄奥尼修斯,《德纳库斯》,3)

尽管我们不知道斯塔特(staters)金币与雅典货币的确切兑换比例,可能德纳库斯(Deinarkhos)对损失所索求的总价值少于 1 塔伦特。2 塔伦特,并非损失的款项,而是他认为普瑟努斯故意造成的损失所应支付的双倍款项,单词"图谋"(epibouleusas),可能经常应用于指控故意损害,我们也在潘忒内图斯的指控中看到过。然而,德纳库斯好像并没有说,普瑟努斯偷了他的财产,而仅仅是他故意采取某种行动造成了一些损失。

一些损害诉讼立基于这样的指控,被告违反了具体的法律。Wolff 认为,有一个事关妨碍水流的具体法律,即上文提及的卡里克勒斯起诉他的邻居所违背的法律。另一条有时在损害诉讼中引用的法律,是说任何有证人见证的自愿协定都是有效的,这也在安西纳吉尼斯和香水商店中被提到。卡里斯特拉图斯起诉奥林普岛鲁斯没有把考蒙留下的一半财产给他,两人的书面协议好像就是立足于此法律。① 没有这份协议,卡里斯特拉图斯很难主张奥林普岛鲁斯损害卡里斯特拉图斯的利益是有罪的,且在确权诉讼(diadikasia)程序中把财产判给他。法律没有规定必须有书面协议,但倘若有一份书面协议,后面如果对细节存有争议,那自然是他们当时所同意的事情的有力证据。然而,口头协议的效力并不低于书面协议;只有在公元前 4 世纪中期的商法中,书面协议才享有专门的权威。当卡里普斯对银行家帕斯昂提起损害诉讼时,其指控帕斯昂没有经过卡里普斯同意就不能支付特定数额的钱款,

---

① Dem. 48. 32.

而事实上,他把钱给了恺菲亚德斯;但无论协议的内容是什么(除非奥布卢杜劳斯严重误导了我们),都不是书面的,而是口头达成的。[1]

因此,"损害"涵盖了一些现代法律中可能被视为违反合同的行为。法律规定,任何证人见证的自愿协定都有效(商法除外),这是雅典人所有的唯一合同法,违反它所使用的法律程序与其他财产损害的程序并无二致。[2]

其他损害诉讼没有基于对任何具体规则的违背。当潘忒内图斯起诉内科布鲁斯(Nikoboulos)使他延迟支付矿产租赁,或德纳库斯指控普瑟努斯造成他的斯塔特金币和银盘的损失时,都没有暗示,也没有可能有一些针对这些方面的法律,而内科布鲁斯或普特努斯违背了它们。因此,我们断定(尽管有争议),除某些具体法外,也有一般法,如规定:"倘若有人故意违法而使他人受到损害,他要支付这个数额的双倍,倘若不是故意的,支付基本数额。"[3]这是潘忒内图斯和德纳库斯起诉所依靠的法律,那此案的陪审团所担负的任务是,裁定内科布鲁斯或普特努斯的行为是否称之为法律上的"损害"。

## 财产权的执行

如果法院已经裁定了某种财产的所有权归属,无论土地、金钱或其他东西,但占有这些财产的人仍拒绝上交,怎么办呢? 倘若发

---

[1] Dem. 52. 8 - 14.

[2] See, Gernet *Droit* 216 - 22, Wolff in *ZSSR* 74(1957)26 - 72.

[3] Dem. 21. 35, 21. 43, 23. 50; See, E. Ruschenbusch in *ZSSR* 82(1965) 306,反对,H. Mummenthey *Zur Geschichte des Begriffs* βλάβη*im attischen Recht* (Dissertation, Freiburg im Breisgau, 1971)34 - 41.

生这种情况，业主可以对他提起收回所有权诉讼（dike exoules）。为赢得官司，他需证明两件事情：首先，他已经有法律授权；其次，在他去履行判决时，被告赶走了他（exagein）。最明确的法律权威是先前的陪审团或仲裁员的关于他是所有权人的判决。在另一起案件中赢了的人被判决接受损害赔偿，但没有在有效时间内收到对手的损害赔偿，也可能对他提起收回所有权诉讼（dike exoules）。① 也有其他视为法定占有财产的情况，甚至没有陪审团或仲裁员的判决。合法和收养的儿子或已故者的孙子，会拥有他父亲或祖父的财产，无需等待陪审团或执政官的判决。倘若一个人以土地或其他财产为担保借款，如果到期日没有偿还钱款，他会立即占有担保物，并对任何驱逐他的人提起收回所有权诉讼（dike exoules）。② 倘若城邦把财产卖给一个人，这在法律上几乎等同于法院的判决，尽管没有确切证据表明有以此提起的收回所有权诉讼。③

被告如果输掉收回所有权诉讼（dike exoules），则需要支付城邦罚金，数额与涉诉数额等同。④ 他的名字会被刻在某些公示名单里（也许此人不值得朋友和邻居保护其免于被驱），⑤胜出的原告有权驱逐（exeillein）他，也就是说，占有属于他的财产，或其他等值的财产。雅典没有公职人员执行此类判决。收回所有权之诉是法律授权的自救程序，它允许一个人在和平手段都失败时就用暴力收回财产。⑥

---

① Dem. 21.81, 52.16, Harp. under. ἐξούλης.
② Isaios 5.22–4.
③ Dem. 24.54, 37.19.
④ *Oxyrhynchus Papyri* 221 col. Xiv 10–15, And. 1.73, Isaios 5.22–4, Dem. 21.44.
⑤ Dem. 39.15.
⑥ Harrison *Law* i.217–20 提供了许多关于收回所有权诉讼的讨论。

# 十　社区生活

## 工作

　　雅典男人的首要职责是维持自己和家人的生活,无论是在自己农场里生产食物还是利用其他一些手段。事实上,有反对懒惰的法律。依据希罗多德的说法,此法律在他那个时代仍然有效,这是梭伦从埃及那里获得的理念。在埃及,每个人每年都要说明他家庭生活的来源,任何没有可靠来源的人都被判处死刑。依据吕西亚斯(Lysias)的记载,德拉古也制定了相关法律,惩罚是死刑。梭伦减轻了惩罚的力度,降到第一、二次违反罚款 100 德拉马克,而第三次违法就被逐出法外(atimia)。① 在公元前 4 世纪关于懒惰的法律仍然有效,但并不知是否与梭伦时代的一样。② 有一些证据显示,违反梭伦法的人要被战神山贵族议事会惩罚;如果如此的话,至少在公元前 4 世纪时这些法律有些改变。③

　　当然,通常情况下,雅典人会自由选择他自己的谋生方式,只要可靠就行。但我们确实听说一个例外。有一条法律针对那些在萨拉米斯(Salmis)和大陆之间从事经营的摆渡者:凡在海峡意外翻船的人都不允许再次成为摆渡者。④ 无疑,这条法律是在有乘客溺水之后制定的。有趣的是,法律的立场是保护普通民众免受不称职之人从事的职业的伤害。对待医生要比摆渡者好点,倘若病人

---

① Hdt. 2.177.2, Lysias fr. 10(Thalheim);See,Stroud *Drakon* 79 - 80.

② Dem. 57.32.

③ Isok. 7.46, Plu. *Solon* 22.3, Athenaios 168a.

④ Ais. 3.158.

死了,医生不会因其疏忽致死而被起诉。①

## 商业

社会中最为寻常的谋生方式是生产或制造某些产品并出售。大量的商品销售在第九章中已述,本章考虑的是零售和大宗交易。

很多买卖是零售,一个鞋匠(或拥有两名制鞋奴隶的人)会直接把鞋卖给需要的顾客。此类交易在雅典的中心市场(Agora)上进行。在比雷埃夫斯有另一个市场,可能其他城镇和农村也有小市场,但我们并不知情,较为清楚的是,雅典市场是整个阿提卡最为重要的市场。通常也是社区生活的焦点,在此,人们相遇,交谈,闲逛,即便他们不买卖东西。一个被驱逐的人(例如,被指控杀人的人)不仅与市场隔绝,而且也禁绝了社会交往和公共生活的主要部分。

在市场上从事商业的特权有时拒绝授予外国人,但约束的范围并不十分清楚。德摩斯梯尼(57.31-2)中声明,"梭伦法"禁止外国人在市场上做生意,此后,这部法律在阿里斯托丰(Aristophon)的动议下重新颁布。(也许是公元前403/2年,此时阿里斯托丰有责任重新颁布伯利克里的公民权法律。)但几句话后(57.34),提到了在市场上出售商品的外国人要支付的外国人税。对此最好的解释是,法律禁止外国人在市场上做买卖,除非他支付税款来获得特权。但在公元前5世纪的一段时期,此法律消失了,外国人可以在市场上做买卖而不必缴税。然而,在伯罗奔尼撒战争时期(可能在其他战争时也同样),来自临近敌国的人自然被禁止进入阿提卡买卖商品,无论是谁来出售;也有禁止进口敌邦商品

---

① Ant. 4c. 5.

的禁令。① 值得注意的是,此类法律对雅典生产者有利,由此他们面对的竞争会少很多,而非雅典消费者,他们可能在有许多值得购买的商品时才有利。

也有法令禁止麦加拉人在雅典市场(或雅典帝国的港口)做生意,此法约公元前 433 年通过,被认为是伯罗奔尼撒战争的一个主要原因。② G. E. M. de Ste Croix 最近认为,此法令的目的并非阻止麦加拉人在雅典做生意,因为只是从"公民市场"上把他们驱逐出去。③ 但我认为,他把市场与公民中心区相区分的想法是错误的。雅典人对此两者用同一个词。De Ste Croix 写的是"agora"和"Agora",但雅典人会意识到没必要使用两个不同的表述。不可否认,关于 Agora 的界限有些模糊。有一些界石,其中两块是在原地(in situ)发现的,日期可追溯到约公元前 600 年,但这些界石好像在公元前 4 世纪时就被盖住了,无疑此时市场的范围已完全超出了它们。④ 也许此时,新的或更为宽泛的界限被划清。更可能的是,雅典人就把整个公民中心和市场区域称之为"Agora",而不用担心其界限是否明确界定。

市场上的活动处在市场管理者的监控之下。这些官员有五个掌管雅典的市场,有五个掌管比雷埃夫斯的市场。他们每年以抽签方式任命。如果任何小贩谎报自己的商品或出售劣质商品都可以到他们那里起诉。⑤ 鱼贩不准在他们的存货上洒水以使它们看

---

① Ar. *Akharnians* 819 - 20,910 - 17.

② Th. 1.67.4,1.139.1.

③ G. E. M. de Ste Croix *The Origins of the Peloponnesian War* (1972)267 - 84.

④ See,Thompson and Wycherley *Agora* 117 - 19.

⑤ *AP* 51.1, Dem. 20.9, Hyp. *Athenogenes* 14, Harp. under. κατὰ τὴν ἀγοραν ἀψευδειν.

起来新鲜。① 也有一些价格规定。一位训诂学者说,鱼的价格,包括鳗鱼,都由法律固定价格。② 市场管理者也监督市场上的公共秩序。在阿里斯多芬的《云》中,菲卢克里昂(Philokleon)把一个卖面包的妇女的烤面包敲掉了地上,她便传唤他去市场管理者面前,因为损害了她的货物。③

粮食和面粉在市场(Agora)的特定区域出售,这些在公元前 4 世纪时不由市场管理者监管,而由监粮官监管。在一段时间里,他们也有五人在雅典,五人在比雷埃夫斯,但到了亚里士多德时代,人数分别增至 20 人和 15 人。他们执行法律,禁止未碾的粮食、膳食及面包有过高的价格。另一条法律,禁止小贩一次积攒超过 50 篮子(phormoi)的粮食,违背它是《诉粮商》(《Against the Grain-dealer》)(吕西亚斯,22)的主题,此法律之宗旨,是禁止小贩囤积粮食以便后面抬高价格出售。我们知道一个此法实施的案例,但非由监粮官而是由公民议事会执行的,与公民议事会对付不良行政的官员的方式极为相似。④

至于零售业。粮食批发贸易单独进行,商人从海外进口粮食到比雷埃夫斯港,然后卖给粮商。此类贸易不在市场上(Agora)进行,而是在 10 个监管者(epimeletai tou emporiou)监督下的货物集散地(emporion)进行。货物集散地是一块有某种标示表明界限的区域。并不清楚其有多宽,但肯定包含比雷埃夫斯港口。⑤ 在公元前 4 世纪后半叶,雅典在某段粮食匮乏的时间制定了几条

---

① Xenarkhos 7.

② Schol. On *Iliad* 21. 203.

③ Ar. *Wasps* 1406 - 7, *Akharnians* 723 - 4.

④ *AP* 51. 3, Lysias 22. 1 - 5, 22. 16; See, R. Seager in *Historia* 15(1966)172 - 84.

⑤ Dem. 35. 28.

法律。其中一条法律是：允许商人运入到货物集散地的一船粮食的三分之二运到雅典的城市；其他法律禁止雅典公民和外邦人出口粮食到雅典之外的任何市场，或借钱协助运输粮食到除雅典之外的任何市场。对违反此类法律的诉讼是向货物集散地监管者提起。至少在某些案件中，惩罚是"极端的"，这意指处死并没收财产。①

然而，另一个官方委员会是度量衡管理者(metronomoi)，其中五人在雅典，五人在比雷埃夫斯港，他们监管商人所用的量器和秤砣。② 他们有可能与市场管理者、监粮官及货物集散地监管者一样具有司法职能，因此他们会受理虚假计量或不足砝码的诉讼，并把案件提交法院审判，尽管没有相关案件被记载。

假币是雅典人买卖中的另一个障碍。法律对制造假币的人的惩罚是死刑。③ 有官方的币值检测人员，城邦奴隶坐在市场(Agora)上，检测带到他面前的任何币值的真实性。最近在市场挖掘中发现，由尼克丰(Nikophon)于公元前 375/4 年动议的法律，提出为比雷埃夫斯任命另一位币值检测者，并规定任何商贩如果拒绝接受由检测者检测过的货币，皆可以向官方的"民众召集者"(syllogeis tou demon)，或监粮官或货物集散地的监管者提起诉讼，条件是违法行为属于他们的管辖领域。惩罚是没收违法者在当天所销售的所有商品，如果是奴隶，则鞭笞 50 下。④

事关贸易的一些违法行为所用的法律程序称为控告(phasis)。其证据有：销售敌国进口货物的案件，运输粮食到雅典以外的市场

---

① *AP*. 51. 4, Dem. 34. 37, 35. 50 – 1, Lyk. Leo. 27.

② *AP* 51. 2.

③ Dem. 20. 167, 24. 212.

④ See, R. S. Stroud in *Hesperia* 43(1974)157 – 88.

的案件,或拒绝接受由币值检测者检证过的真币的案件。① 此程序亦被应用于其他贸易案件。控告(Phasis)犹如公诉(graphe),可能由任何愿意起诉的人提起,无论他个人是否受违法行所影响。这两种程序之间的形式区别并不清楚,但在实践上的巨大差异是控告(phasis)中的原告,如果他赢了,会接受违法者罚金的一半。②这是强烈的刺激。也许雅典人明白,没有这种刺激,此类违法行为更容易逃避诉讼。

公元前 4 世纪中期的商法,专门设计了有关在货物集散地签订合同的案件中采用快速审判程序,这会在第 15 章讨论。

## 城镇条例

除了各种市场官员外,《雅典宪政》还提到了十位城镇治安长官(astynomoi),其中五人管理雅典,五人管理比雷埃夫斯港,他们负责执行城市中各种各样的条例。

> 他们核查奏笛子女孩,大竖琴女孩,小竖琴女孩的雇佣报酬是否超过 2 德拉马克,如果几个人想要同一个人,他们要抽签,胜者获得她。他们也检查家畜粪便收集人是否把粪便置于城墙 10 斯塔德(stade)以内。他们阻止在街上搞建筑,让他们延长街边栏杆(阳台?),挖好排水沟以便泄水,窗户要对着街道开放(安装遮阳板?)。在公共奴隶的帮助下,他们把街上死者的尸体移走。(《雅典宪政》,50.2)

没有理由假定这是一份详尽的清单。也可能有其他我们并不

---

① Ar. *Akharnians* 819 - 27, 910 - 17, Dem. 35.51, 58.5 - 13, *Hesperia* 43(1974)158 lines 18 - 29.

② *IG* ii² 412.7 - 9, *Hesperia* 43(1974)158 line 29, Dem. 58.13.

知道的城镇条例。可能像其他治安法官一样,治安长官(astyno-moi)能够对任何被指控违反条例的人处以罚金或提交法院审判。

## 服兵役

任何年满 18 岁到 60 岁之间的人,只要他是雅典公民或居住在阿提卡的外邦人,都必须在需要时到陆军或海军服役。他可能是骑兵(假如他有马及其装备),也可能是重甲兵(全副武装的步兵,假如他有自己的盔甲),也可能是轻装士兵(psilo),也可能是海员。一些人喜欢在骑兵部队服役,无论是因为其比步兵更少危险还是因为更威武;一些人不喜欢当骑兵,因为花费很高。关于一个人是否应入伍骑兵部队的争议,由公民议事会决定,他们采用审查程序(dokimasia)来核查一个人是否有足够的财产及适格的身体。没有经历审查便加入骑兵部队的人要被剥夺公民权(与逃兵的惩罚一样)。① 我们没有看到任何法律规则或程序来决定一个人是否应以重甲兵来应征。现代的观点是,那些处于第三财产等级(zeugitai)的人当然成为重甲兵的观点没有证据佐证。每个人也许都允许选择是否作为重甲兵或作为轻装士兵还是作为一名海员来服役,他们需要在重甲兵的巨大声望与巨大花费之间权衡利弊。

在需要时征召人们服役是十个将军(stategoi)、十个小队长(taxiarchs)及其他辅佐人员的职责。征召骑兵,由两个骑兵指挥官(hipparchs)负责,十个骑兵队长(phylarchs)辅佐。公职人员在疾病或任期期间也许是法律上不必服兵役的借口。同样,节日的合唱团成员或负责征收税款的人也如此,不在阿提卡的人可能也如此。一位叫普雷艾努斯(Polyainos)的人曾控诉,他仅仅从国外回

---

① *AP* 49.2, Lysias 14.8, 16.13, Xen. *Oikonomikos* 9.15;See,Rhodes *Boule* 174 – 5.

到雅典两个月就被征召了，但并不清楚这种控诉是否具备法律正当性。①

逃避兵役的人犯有怯懦罪(deilia)。怯懦法好像提到三种违法行为：逃避兵役(astrateia)，擅离岗位(lipotaxion)，遗弃盾牌（即逃跑）。但参照修辞学家的资料看出，它们之间的区别并不清晰，也不必清晰明了，因为法律程序和惩罚一样。程序是公诉(graphe)，因此任何雅典公民都可以提起，不仅是军事官员。军事官员就是把案件呈交法院的治安法官，陪审团由此次战争中服役的士兵组成。惩罚是剥夺公民权。②

对于现役中的其他违法行为，将军(strategoi)（或骑兵部队中的指挥官(hipparchs)）有权立即惩处。在公元前5世纪时，他们似乎有权把通敌的人处死。③但在亚里士多德时代，他们失去了这项权力。此时，他们可以逮捕一个人，也可以以耻辱的方式开除他，也可以对他处以罚金。④倘若他们认为违法者应遭受比他们有权施加的更为严重的惩罚，他们会在回到雅典后以普通方式交由法庭审判。没有幸存的现役违法行为的构成要件，因而我们可以假定，雅典不存在独立的军事法典。也许将军(strategoi)能够独自决定何种行为应被惩罚。但是，凡是认为他们滥用职权的人都可以自由地在年末审查(euthyna)时告发他们。因为他们是一年一次的民主选举产生的，所以，他们在做出可能不受欢迎的惩罚时会三思而后行。

① Dem. 39.16，59.27，Lysias 9.4.
② Lysias 14.5 - 6，And. 1.74，Ais. 1.29，3.175 - 6，Dem. 15.32，21.103，39.16 - 17.59.27. etc.
③ Lysias 13.67，Xen. *Hellenika* 1.1. 15.
④ *AP* 61.2，Lysias 3.45，9.5，Dem. 50.51.

## 公共礼仪

公共礼仪(leitourgia)是要求雅典富商参与的一种公共服务，既有公民，也有外邦人(参与某些特定公共礼仪时)。它涉及提供金钱以资助某些公共活动，通常也涉及其他责任。某些公共礼仪与公众宗教节日有关，如酒神节(Dionysia)或泛雅典娜节(Panathenaia)。一个人可能被指定为资助人，为某个合唱团(悲剧或喜剧或酒神剧)支付各项费用及提供各种设备；或被指定为体育训练的司理(gymnasiarch)，资助火炬接力赛跑的运动员；或被指定为使团团长(arkhitheoros)，资助参与城邦间节日的竞赛队员，如奥林匹克运动会(Olympic)或皮提亚运动会(Pythian)。参加这些节日仪式的人数每年大约在 100 人左右。[1] 另一类公共礼仪是提供三层桨战船的义务，义务人需要为雅典海军支付战舰费用及战舰的维修。如果出海，他也是船长，除非他愿意支付别人钱财代他履行义务。从约公元前 411 年起，一艘三层桨战船通常由两人来负担，再后来，则由大部分人来负担：公元前 357 年至公元前 340 年间由 1200 人组成的小组负担，此后由 300 人组成的小组负担。[2] 公元前 4 世纪时引进了另一种公共仪式是预先缴纳税款(proeisphora)：指定一个人把应从众多纳税者收取的全部税款(eisphora)预先支付给国库，然后他从那些纳税者那里尽可能索回这些钱款。每次征税时(不是每年)，指定预先缴纳税款的是 300 人。[3]

每年，都会由适当的治安法官为所有这些公共仪式指定人员，执政官为酒神节的悲剧合唱团指定资助人，将军为三层桨战船指

---

[1] See, J. K. Davies in *JHS* 87(1967)33 - 40.

[2] See, B. Jordan *The Athenian Navy in the Classical Period* (1975)61 - 93.

[3] See, R. Thomsen *Eisphora* (1964)206 - 26.

定义务人,等等。有热心为雅典服务或炫耀其财富的人,有时会主动承担公共仪式。否则,就要指定有资格的富商,但法律也列举了免除义务的情况。未成年人被免除参加所有公共仪式的义务直至成年。九位执政官被免除了三层桨战船义务人的责任,且极有可能免除他们参与所有公共仪式的责任。尚存的法律条款有言:"除执政官外无人能免除三层桨战船义务人的责任。"但在现实中,残疾人及雅典海外殖民地的居民明显不会被指定。无人会被要求在同一年份或连续几年履行两项公共仪式的义务,虽然为三层桨战船的出资小组的 357 名成员资格确立后不算。法律规定一个人不必履行同一公共仪式两次,这仅适用于节日仪式,不适用于三层桨战船或预先缴纳税款(proeisphora)的礼拜仪式。也有一条规则,男孩合唱团的出资人应超过四十岁。被指定为公共仪式的人及以这些理由主张免除责任的人都可把其托词(skepsis)呈交给指定的治安法官,他如果不打算受理,就会把案件提交法院由陪审团审判。①

倘若被指定参与公共仪式的人没有根据这些理由免除义务,他仍然可能通过主张有比他更富有的人来避免服务。如果两人都不能被免除义务,那比他更富有的人也应优先于他被指定。适用的程序称为 antidosis(互换)。此程序每年仅由负责各种公共仪式的治安法官于固定的一天启动。在那天,任何被指定之人都能挑战另一人,以便在两可之间选择:要么(如果他承认更富有)从挑战者手里接管公共仪式,要么(如果他认为更穷)把所有财产与挑战者交换,然后履行公共仪式。倘若被挑战者选择第二种方式,即互

---

① Lysias 32.24,Dem. 14.16,20.8,20.27,21.155,50.9,*AP* 56.3,61.1,*IG* ii²1629(Tod200)204 - 17.

换财产,那他们两人都要立下誓言(不清楚誓言内容,但可能是立誓交出所有财产,绝不隐瞒),且三天之内每人必须提交财物清单,列明其欠款、负债及资产。如果双方愿意,也可以随证人一起到对方的屋里或庄园去查看,观察那里有什么,并在谷仓或储藏间的门上打上封印,检查对手有没有偷偷地转移财产。公元前320年生效的法律允许银矿里的财产免于交换,但此例外不知何时或为什么被引进。①

整个互换程序是令人惊奇的雅典逻辑的典范。这是理性至上的思维,即互相认为对方更富有的两人应交换财产。然而这意味着,在一个农场生活了几代人的家庭,在告示的几天内,留下所有他们的东西,搬到阿提卡的另一个地方,或搬到一个有工厂、银行或其他生活方式的城镇住房。一些现代学者认为这完全不可信。但他们对不同证据的解读极不成功。在我们所存有的关于互换的不同言辞中:"他们撬开房间的门,好像他们已经通过互换得到了它";"除其他财产外,我也愿意交出我矿产的所有,倘若他不带任何债务的交出山庄";"我是否拥有范尼普斯(Phainippos)的财产还是我自己的财产";"两头牛、奴隶及所有他从乡下获得的,皆为互换所得"。② 面对这些表述,我们应承认财产交换确曾发生过。

然而,此事不可能经常发生。也许最通常的态势是,受到挑战的人,既不愿意接手公共仪式,也不想交换财产。如果挑战者把被挑战者既不愿意接手公共仪式也不愿意互换财产的书面声明交给治安法官,那治安法官会安排陪审团来审判。此诉讼称之为确权之诉(diadikasia):两人皆不会被视为原告和被告,但陪审

① Dem. 42; See, W. A. Goligher in *Hermathena* 14(1907) 481 – 515, Harrison *Law* ii 236 – 8.

② Dem. 21.79, 42.19, 42.27, Lysias 4.1.

团会裁定他们中的哪一位来履行公共仪式。① 尚存一份公元前320年的辩护词《诉范尼普斯》(德摩斯梯尼,42)就是为此而作,发言者(不知其名)由将军(strategoi)指定为预先缴纳税款者。他主张他已经损失了很多钱财,而年轻的农场主范尼普斯从没履行过礼拜仪式,且他更富有。因此,他挑战范尼普斯来互换财产。起初,范尼普斯好像同意互换财产。发言者便去检查范尼普斯的农场,并在谷仓打上封印,他本人也列出了自己的财产清单。但之后,范尼普斯解封了谷仓,且怠慢提交财产清单,因此发言者到将军处报案,说范尼普斯没有合理地执行财产互换。范尼普斯也抗辩说,发言者没有正确填写财产清单。不仅是最初挑战者,也许每一位当事人,如果他认为交换没有适当执行,都可以要求采用确权之诉,但这并不意味着陪审团会规定交换细节。在启动确权诉讼程序时,互换财产的建议就失效了。陪审团仅命令其中一方来履行公共仪式。我们并不清楚范尼普斯案中的输者是谁。

在解决了谁履行公共仪式后,通常会认为,对失败一方会有法律惩罚。对于事关三层桨战船的公共仪式,显然的确有起诉及惩罚的程序,至少在公元前4世纪如此。此时,像治安法官一样,一层桨战船资助人要经受公民议事会主持的检举(eisangelia)程序,年底时,也要经受审查程序(euthyna)(本章后面会对此论述)。② 我们存有一些公元前357年三层桨战船改革的翔实资料,里面有负责装配和调遣战舰的官吏(apostoleis)和船坞监管者(epimeletai ton neorion)的资料。这些治安法官可以监禁没有履行职责的三层

---

① [Xen.] *Ath*. 3.4, Dem. 28.17, Isok. 15.5.
② Dem. 47.41 - 4, Ais. 3.19.

桨座战船资助人。倘若战舰被损或毁坏,其原因无论是暴风雨,还是敌人行动,还是三层桨战船资助人的疏忽,或一些设备丢失了,他们都会呈交法庭来决定,陪审团会裁定置换的费用是否由城邦国库,三层桨战船资助人,还是其他一些人承担。[1] 更早时期的相关证据很少,但"老寡头"的警句及几个零碎铭文表明,船坞监管者〔此时船坞(neoroi)好像有另一个名字〕在公元前 5 世纪末之前就存在,确权诉讼程序此时已应用于事关战舰装备案中。[2]《诉普鲁克勒斯》(德摩斯梯尼,50)辩护词也显示了一位三层桨战船资助人因疏忽而导致的针对他的私人诉讼:奥布卢杜劳斯(Apollodoros)是公元前 362/1 年的一位三层桨战船资助人。年末,他的继任者普鲁克勒斯没有准时接手战舰,于是奥布卢杜劳斯又做了几个月的三层桨战船资助人,之后,他便起诉普鲁克勒斯补偿其额外的花费。

指定预先缴纳税款人却没有支付的人,肯定会被起诉,但相关程序没有资料可鉴。[3] 也没有资料表明是否存有履行节日仪式的适当程序。

## 城邦债务人

公共财政的组织,由各种金库、财政官员及收入来源组成,这是一个庞大的主题,难以在此详细讨论,现仅以寥寥数语谈谈因没有偿还城邦债务的人所招致的法律诉讼。

---

[1] Dem. 18. 107, 47. 26, *IG* ii² 1629(Tod 200)251－8, 1613.202－6, 1631. 343－6, etc. ;See, Harrison *Law* ii 235－6, Rhodes *Boule* 153－8.

[2] 〔Xen. 〕*Ath.* 3. 4, *IG* i² 73. 19, 74, i i²1(ML 94)28－32, *Hesperia* 4 (1935) 5－19 no. 1; See,B. Jordan *The Athenian Navy in the Classical Period* (1975)30－46.

[3] Dem. 37. 37.

产生债务的方式有多种。一是租赁公共财产（包含矿产租赁），因拖欠每年一次或多次应交付的租金便会产生债务。另一个是税收。确保征税的正常制度是通过拍卖出售征收权，出价最高的人获得征税权一年，他从那些应有责任缴税的人身上征收，在这一年中，他支付给城邦竞价的数额，预留额外的作为自己的收益。通过这种制度，一个有征税权的人有对国家的债务；有责任缴税的人不是把钱交给城邦，而是征税者个人。另一种产生城邦债务的方式是因某些违法行为而被判处罚金。

公民议事会每十个部团期举行一次会议，在会议上，定期付款的款项如租金和税收，皆由收税者（apodektai）接受。他亦有责任把案件提交法庭审判，如果对付款是否到期有争议的话。每年一次在第九个部团期（初夏）处理拖欠的到期款项。任何到期没有付款的人都向税吏或雅典及其他神灵的司库汇报，如果是欠他们钱款的话，这些官员保留债务人的名单。一旦治安法官或陪审团强加给他们罚金，就要立即向税吏（praktores）汇报。①

显然，法律有必要为保证债务清单的准确性提供保障，对此，我们知道一个名字应该在名单上却不在，或名单上是错误的名字时，有司法执政官主持的公诉（graphe）形式的诉讼。这种诉讼称之为名字未登记公诉（graphe agraphiou）或假名字登记公诉（graphe pseudengraphes）或蓄意造假公诉（graphe bouleuseo）。这些术语在我们存有的文本中没有很好的解释，但也许提起的公诉（graphe）既针对伪造登记的官员，也针对诱使他这么做的人。②

任何被登记为城邦债务人的公民都会被判处剥夺公民权直到

---

① *AP* 47. 3 - 48. 1, 52. 3, And. 1. 77, Dem. 43. 71, 58. 48.

② *AP* 59. 3, Dem. 25. 71 - 3, 58. 51 - 2, *IG* ii² 1631. 394 - 5; See, Liusius *Recht* 410 - 12, 443 - 6.

他支付欠款为止,因此,如果他进入任何禁止褫夺公民权进入的地方或行使任何被禁止的职能时都要以检举没资格之人的形式提起诉讼。① 如果债务人在第九个部团期仍没有交付,那会遭受更严厉的惩罚,他的债务会翻倍。如果是欠神祇司库的钱财,则是 10 倍。② (并不清楚是否只有在第九部团期到期的付款,如果他们没有准时支付,那么要立即支付双倍或直到下一年的第九部团期才支付。)另外,他的财产被充公。

充公的程序称之为注销程序(apographe)。犹如其他公共诉讼,任何有意愿的人都可以起诉。任何没有托词不清偿城邦债务的人,都可以提议他的财产应充公以偿还债务,因为他拥有一些能够偿付债务的财产。其启动方式与公诉(graphe)起诉方式一样,除了由原告提交书面诉状包括土地、房屋、奴隶及其余他认为应该充公的财产清单外。掌管此类诉讼的治安法官是十一人委员会。他们收到任何此类清单都要在次月公民大会的主要会议(kyria)上大声读出来,以警告其余声称充公某些事实上属于他的财产的人。审判时,被告可能会主张他对城邦没有债务,其财产不应被充公。也可能有其他人提出反诉(enepiskeptesthai),认为其财产或部分财产是他的,或被告也欠他钱财。有多个权利请求人的审判称之为确权诉讼(diadikasia),尽管我们对他们如何操作缺乏了解,除了每个提出反诉的人都要支付他索求价值的五分之一做保证金(parakatabole)外,如果他的权利请求失败,其保证金就会被城邦没收。如果陪审团投票认为财产应被城邦充公,财产就会移交给出售城邦财产的官员(poletai),他们会把它拍卖出售。募集的款项

---

① And. 1.73, Dem. 58.48 - 9;See,Harrison *Law* ii. 172 - 5.
② And. 1.73,Dem. 24.82,59.7.

用来抵消所欠城邦的债务。如果款项足够偿还全部债务，债务人就会被停止剥夺公民权，买卖的多余部分也会归还他。但如果不够，他的债务仅仅减少拍卖所获的额度，且依然剥夺其公民权。原告会为他花费的精力获得城邦回收财产的四分之三。并不清楚此类公共诉讼为何设置如此高的奖金。①

城邦债务人也可能被监禁。安东柯蒂斯（Andokides）说，公元前430年前，公民议事会有权监禁任何拖欠支付城邦款项的收税人。后来，这项法律在某些方面作了修改。并不十分清楚其如何运行，但公元前4世纪时债务人好像通过支付原初债务的双倍来获得自由，然而公元前5世纪时，如果公民议事会认为适当就能够在他还清债务后继续对他监禁，以作为延迟支付的惩罚。② 而且，当有人因某些违法行为而被陪审团判处罚金时，有时也规定他要被关在监狱里直至支付完毕。

约定在未来某个日期付款给城邦的某些人，也许是全部人，如那些购买征税权的人，被要求在他们订立协议时提供担保人（engyetai），即，承诺债务人没有支付到期款项时候由他来支付。如果债务人或担保人最终都没偿还债务，那担保人就会和债务人一样遭受监禁和财产充公的惩罚。③

当然，也可能有这种情况，债务人财产太少，不值得充公，且无人向公民议事会建议他应被监禁。在这种情况下，假如他遵守剥夺公民权的限制，那么他可以长时间地不偿还债务。

---

① *AP* 43.4，52.1，Dem. 40.20－2，49.45－7，53.1－2，59.7，Lysias 17，Hyp. *Euxenippos* 34；See，Harrison *Law* ii 180－1，211－17.

② And. 1.134，Dem. 24.135，24.144，AP 48.1；See，Rhodes *Boule* 150－1.

③ And. 1.134. Dem. 24.40，24.144，*Hesperia* 5(1936) 401－2 lines 118－53.

## 公共官员:资格审查("dokimasia")

凡是享有雅典公民身份的人,如果没有被剥夺公民权或丧失行为能力,都可以被选来担任某些公共职位,这并没有完整描述公共官员职责,为此,读者需要阅读一些论述雅典宪政的书籍。在此,我仅讨论相关法律程序。

此类程序的第一步就是资格审查,即审查被任官职的人的资格。公共官员要么通过抽签要么通过选举而委任。梭伦时代,特定官职受限于特定财产等级的成员,但到了公元前 4 世纪,这些限制大部分废除了,在理论上保留的那些,现实中也没有实施。[1] 任何公民都可以以抽签或选举的方式选出,但在履职前,他需要经历由司法执政官主持下的陪审团法院的资格审查。那些以抽签方式选出的翌年九位执政官首先也要经历公民议事会的资格审查。早期,公民议事会的否决是最终裁定,但到了亚里士多德时代,陪审团才能做出最终裁定,因此,公民议事会的裁定仅仅是预先裁定,仅是对陪审团裁定的建议,但没有约束力。以抽签方式选出的翌年公民议事会的成员仅由即将离任的公民议事会来进行资格审查,而不是陪审团(尽管被公民议事会拒绝的人,如果他愿意,也有权利向陪审团上诉)。[2]

资格审查的形式有:首先要问每位候选人某些例行问题:他的父亲、母亲、两位祖父,及他们德馒的名字;家族坟墓,及城邦神灵阿波罗(Apollon Patroos)和家宅保护神宙斯(Zeus Herkeios)的方位;他是否赡养父母、缴纳税款及履行兵役义务。他需要提供证人

---

[1] *AP* 7.4, 47.1.

[2] *AP* 45.3, 55.2, Dem. 20.90; See, Hignett *Constitution* 205 - 8, Harrison *Law* ii 201 - 3, Rhodes *Boule* 176 - 8.

来证实其回答的内容。然后,任何有意愿的人都可以提出指控,候选人可以自己辩护。之后(或立即,如果没有指控)陪审团(或公民议事会)投票决定接受或拒绝。① 严格依法行事,也许唯一被允许的指控是,此人不具备担任被选举的职位的法律资格,其原因要么他不是雅典公民,要么他没有达到法定年龄(因为公民议事会的成员,也许所有职位,至少要年满30岁),要么因为他之前担任过此职位(仅有军事官员能够不受限制的连任;公民议事会的成员职位仅允许担任两次),要么因为他的任命触犯了某些具体规则,如在公元前390年左右生效的规则,即三十僭主时期(公元前404/3)在骑兵部队服役的人不能成为公民议事会的成员。② 但从几篇尚存的为资格审查诉讼所写的辩护词中看出,在现实中难以抗拒的是,争论候选人不仅要具备法律资格,而且他还是一位优秀的爱国公民。

资格审查的全部程序,无论在法庭还是在公民议事会举行,都极像一次普通审判。然而,有三个重大差别:第一,大部分抽签或选举选出的候选人也许没有针对他们的指控,然而他们仍然必须出现在陪审团或公民议事会面前,回答例行问题,并被投票裁定;第二,指控可能当场进行,没有预先告知;第三,如果某人被投了反对票,那他不会遭受惩罚,他仅仅是被排除担任被任命的官职之外。从这个意义上来看,一个人竞选一个他确实无权担任的职务并不是违法行为。

## 公共官员:免职(Apokheirotonia)及检举(Eisangelia)

人们一旦就任公职,在其滥用职权或玩忽职守时就有对抗他

---

① *AP* 55.3 - 4, Dein . 2.17 - 18.
② Xen. *Apom.* 1.2.35, *AP* 62.3, Lysias 26.10.

们的法律程序。其中之一是公民大会的投票。每次部团期——即
每 36 天左右——公民大会的重大会议上都有一次免职投票,针对
的问题是,担任公职的人是否很好地履行了职责。如果投票反对
某人,他就会被免职,这称之为免职程序。通常紧跟着审判。确实
在《雅典宪政》中有一段涉及将军(strategoi)内容,说免职会导致审
判,判决无罪会复职。[①] 但并不确信,每次后果是否都会自然符合
法律。官员没有很好履行职责的投票太含糊了,以致其本身就不
能构成一次审判中的指控。更好的推测是,无论怎样,起诉和审判
事实上总会分开进行,起诉人可采用他希望的任何适宜的指控程
序(公诉(graphe)或检举及其他)。罢免官员的裁定,及任命其他人
取代他的职务的裁定,也要依据公民大会的法令各自做出。[②] 最为
声名狼藉的免职事例是关于伯利克里,公元前 430 年,他被免除将
军职位,并处以罚金。不久之后,他再次成为将军,但不确定他是
否依据公民大会的法令于当年恢复原职,还是仅仅在翌年的正常
选举中被选出。[③] 另一件臭名昭著的事例是在阿吉纽斯(Arginou-
sai)海战中指挥雅典舰队的将军们的免职,这在后面章节中论述。

　　另一个核查官员不当行为的方法掌握在公民议事会手中。公
民议事会的职责包括许多行政事项的监管,每个部团期期间,其成
员 10 人作为查账员(审计员)核查官员的账目。[④] 他们有权惩罚不
良行政的官员。这通常由公民议事会的自身成员启动,但任何公
民都可以到公民议事会指控官员践踏法律。在《合唱团》的演讲词

---

① *AP* 43.4, 61.2; See, Hansen *Eisangelia* 41 - 4.

② Xen. *Hellenika* 1.7.1, Dem. 58.27.

③ Th. 2.65.3 - 4, Plu. *Perikles* 35.4 - 5; See, Gomme *Commentary on Thucydides* ii
183.

④ *AP* 48.3, Lysias 30.5.

中有两个事例:演讲词发言者有两次去公民议事会提起侵占诉讼。第二次,他本人就是公民议事会成员,但第一次是在前一年,此时他不是其中的成员。此类起诉称之为检举控告(eisangelia)(至少由非公民议事会成员提起;由公民议事会自身提起的诉讼是否是此称号并不确信)。要把它与叛国罪的检举程序(eisangelia)区别开来,在此,公民议事会不能审判和裁定案件,除非公民大会授权它这么做。在针对官员的不良行政而采用的检举审判(eisangelia)中,公民议事会确实做出裁定,并能够处以至多500德拉马克的罚金,但如果公民议事会认为应需要更重的惩罚,那就需要把案件提交法院。关于公民议事会对官员的审判仍有许多不确定性,由于证据过于杂陈,不必在此赘述。有兴趣的读者可查阅 P. J. Rhodes 的著作,他证明了公民议事会参与了各种各样的行政案件,及 M. H. Hansen 的著作,他对检举(eisangelia)的不同种类做了进一步的区分。①

## 官员:离职审查

对公职人员行政行为的调查称之为离职审查。这在他卸任职务后进行,大部分官员的离职审查是在年末。任职超过一年的人可能每年都要进行,尽管如此,如果他在海外履职(例如战争中的军事官员),那自然要等他返回雅典。它所适用的对象不仅有执政官和其他治安法官,也包括所有被任命履行公职的人,包括祭司、大使、三层桨战船资助人、公民议事会成员、战神山贵族议事会成员(但没有陪审员)。直至审查结束,被调查的人不允许离开阿提

---

① *AP* 45.2, Ant. 6.35, 6.49, Dem. 47.41 – 3; See, Rhodes *Boule* 147 – 62, Hansen *Eisangelia* 21 – 8, 49 – 50.

卡,不能从事各种处理钱财的行为,因为这些钱财可能被发现是他侵吞的。①

调查的第一部分是经济行为。由 10 个查账员(logistai)(审计员)在 10 名原告控诉人(synegoroi)的辅助下进行。这些人从所有公民中抽签选出,不同于公民议事会任命查账员。他们要求每位官员呈交他在任职期间接受及花费的公共资金的账目清单。如果他没有接受任何公共资金,他仍然要提交一份书面说明,即便如此,也不能免于此程序的其余部分;因为很明显即使一个人的职责没有涉及公款,也仍然有可能犯有收受贿罪,这种违法行为是查账员的权限之一。在核查完账目后,他们把每个人都带到陪审团法庭,好像是查账员主持法庭,原告控诉人提交账目不满意的案件。即使账目中没有发现问题,传令官也会让每个愿意的人提起指控。(可能此阶段仅承认经济指控。)陪审团可能发现一个人犯有盗窃罪(klope),这意指盗窃或占有,即故意占用公款自用;或隐瞒罪(dora),即收受贿赂;或虐待罪(adikion),其较为模糊和不严谨,可能是由于负有罪责的过失或疏忽而致公款损失,与恶意欺骗相对。对于前面两种犯罪行为,罪犯要偿还相关钱财数额的 10 倍,其后代与他一样被剥夺公民权直至付清欠款。对于虐待罪,仅偿还少量数额。②

如果经济部分的调查结束,紧接着就是任职期间其他不当行为的调查。这由 10 个审查员来运行,他们是公民议事会成员,从十个部落中的每个部落抽签选出一人组成;每一人由两个肋手(paredroi)(顾问、评审员)辅助,也以抽签方式选出。他们坐在市

---

① Ais. 3.14 – 21.
② *AP* 54.2, Ais. 3.22 – 3, And. 1.74. Dem. 24.112,24.127, etc.

场上,任何想指控那些查账员已调查完毕的人,都会把书面指控书呈交给被指控者所属部落的审查员。控告他要么玩忽职守,要么滥用权力。审查员大声读它,且如果他认为有充足的理由,他可以对其正式定罪。至少在公元前 4 世纪,他的定罪不是最终的,而是通过正常程序递交到适格的治安法院来审判:如果违法行为属于私人诉讼那就呈交给部落法官;如果属于公诉案件那就递交给司法执政官。①德摩斯梯尼和提莫克斯(Timarkhos)于公元前 346 年指控埃斯基涅斯(Aiskhines)任大使期间的不当行为就采用这种程序,尚存的德摩斯梯尼的演讲词及埃斯基涅斯的《论虚假大使》就为此审判而作。

公元前 5 世纪,审查员的权威可能更大。铭文显示,在这段时间有三十个查账员,他们负责计算支付给雅典国库和其他神祇司库的额度,包括来自雅典帝国的城邦所支付的贡金配额;但也有一段显示,审查员们在一个称之为查账厅里(logisteria)开会。也许审查员们有责任在查账员们的帮助下审查官员的所有事情,直到公元前 4 世纪开始前期,审查的经济部分才完全由查账员接管,他们的其余职能由于雅典帝国的没落而减弱了。② 也有几份公元前 5 世纪的幸存文本(仅有一份是公元前 4 世纪的),陈述了由审查员及其顾问们(euthyno 的动词形式应用中明确提到或暗示的)所施加的罚金额度。这暗示着,尽管没有得到证实,但在某些案件中,某段时期的审查员的裁定是

---

① *AP* 48.4 – 5, 59.2.

② *IG* i² 91(ML 58A)7 – 9, 324(ML 72)1, *ATL* List 1.2, etc., And. 1.78; See, M. Piérart in *L'Antiquité Classique* 40(1971)526 – 73.

最终的。① 确定的是,如果公元前 5 世纪时审查员个人所有拥有的权力在公元前 4 世纪时转向陪审员,这与雅典法律制度的普遍化趋势相契合。

## 徇私舞弊及不当参与公共事务

我们从许多与贿赂相关的幸存文本判断出,在雅典公共生活中,贿赂是一个严重的问题。收贿罪的定罪可能并不局限于被审查的官员。在事关公事或私事上,任何行贿者或受贿者,都可以对其以公诉(graphe)形式提起诉讼。惩罚是 10 倍于贿赂金额的罚金,罪犯及其后代直到交清欠款都被剥夺公民权。德纳库斯(Deinarkhos)在某片段中曾言,也可能选择死刑。②

然而,与此不同的是雅典最臭名昭著的贿赂审判即德摩斯梯尼于公元前 324/3 年的审判。亚历山大大帝的司库阿帕鲁斯带着 700 塔伦特逃到雅典。他被监禁,其钱财存放在卫城里。后来他逃跑了,但在那儿却仅发现 350 塔伦特。德摩斯梯尼和其他人涉嫌受贿了其余钱财。德摩斯梯尼本人提议一条法令,由战神山贵族议事会来调查,且任何被发现从阿帕鲁斯处收受贿赂的人都被判死刑。战神山贵族议事会针对德摩斯梯尼和其他人做了一个裁定(apophasis)。他们由 1500 名陪审员组成的法庭审判。德摩斯梯尼最终被控接受了 20 塔伦特的贿赂,但仅处以 50 塔伦特罚金。无疑这个案件是个例外,公民大会把案件提交法院的法令在这种情况下必定授权陪审团决定惩罚方式。③

---

① IG i² 57(ML 65)38,63(ML 69)15, 76(ML 73)20,etc. ,尤其, i² 127.18 - 20,i i² 1629(Tod 200)233 - 42.

② And. 1.74, Dem. 21.113, Ais. 3.232, *AP* 54.2, Dein. 1.60, 2.17.

③ Hyp. *Demosthenes*, Dein. 1. Plu. *Demosthenes* 26.1 - 2.

特别严重的徇私舞弊行为是贿赂公民大会成员或公民议事会或陪审团成员以使他们投票赞成或反对某事,尤其被告行贿陪审团来赦免他。但要贿赂如此多的投票者是极为困难的,然而安尼图斯(Anytos)在公元前409年因没有预防皮洛斯(pylos)归属斯巴达而招致的审判时,发现了运作此事的方法,并为此起了一个专门名字—贿赂(dekazein)。此方法的细节很模糊,但这是特别法的主题,惩罚是死刑。[①] 我们存有公元前4世纪中期的法律文本。

> 如果任何图谋或协助贿赂大陪审团或任何雅典法庭或公民议事会成员的人,接受或提供贿赂的钱财,或形成推翻民主的联盟,或作为原告控诉人(synegoros)为私人诉讼或公共诉讼接受钱财,可以到司法执政官那里对他们提起公诉。(引自德摩斯梯尼,46.26)

在法庭上,可能有另一种徇私舞弊就是贿赂证人。一个制作假的或非法的证据的人会因作假证而以私人诉讼(dike)方式提起诉讼(pseudomartyrion),怂恿他这么做的人也因舞弊(kakotekhniai)被起诉。任何自愿者皆可提起的公诉(graphe)程序,用来指控在传票送达时作假证的人(pseudokleteia)。对我们而言,证人的任何伪证自然被视为冒犯法庭的行为,因为其意图是干扰陪审团作出正确的判决。然而,奇怪的是,雅典人明显视它为仅对个人的冒犯,因而通常仅需私人诉讼(dike);更为奇怪的是,他们把传票送达作假证视为此规则的例外,尤其难以理解的是这需要公诉(graphe)程序。我们并不清楚,相比其他伪证,这对社区

---

① *AP* 27.5, Isok. 8.50, Ais. 1.86 - 7.

的伤害更大，抑或是，对个人的伤害更大，因此需要他人对他提起诉讼。

最后，公民大会上的发言者自身。在公民大会上说谎是"误导民众"，会招致检举控告（eisangelia），犹如第 11 章所言。但也可能对发言者提起诉讼，不是因为他说了什么，而是因为他根本不适合发言。法律规定：虐待父母，未在需要时履行兵役或"丢弃盾牌"，娼妓，或挥霍继承的财产的公民都不能在民众面前发言。如果这样一个人在公民大会上发言了，任何公民都可要求他去资格审查。审查采用普通审判的形式，如果陪审团发现发言者的生活的确不体面，属于上述规定的范围之内，他会被剥夺公民权。①尚存的埃斯基涅斯的辩护词《诉提莫克斯》就属于此类案例。当提莫克斯于公元前 346 年在公民大会上发言时，埃斯基涅斯指责他是一个娼妓。在接下来的审查中，埃斯基涅斯就其言辞提起诉讼，陪审团做出了不利于提莫克斯的判决，结果他被剥夺公民权，因而他不能继续进行对埃斯基涅斯作大使期间的不当行为起诉。此法的依据极为引人注目。

> 立法者认为同样一个人是不可能个人为恶而公共生活为善的，因此演讲者如果以前仅仅注意他的演讲而不注意他的生活方式，那他就不应该上讲台。他相信，一个值得尊敬的人说的话，即使很笨拙或只言片语，也对受众有益；而一个令人厌烦的人说的话，他们卑劣地滥用自己的身体，可耻地损毁祖先的财产，那即便演讲精彩也对听众无益。（埃斯基涅斯，I. 30 - 1）

---

① Ais. 1. 27 - 32, Dein. 19. 283 - 7；See，Harrison *Law* ii 204 - 5.

# 十一　叛国罪

## 僭主与颠覆民主

最为恶劣的叛国罪是推翻现存政府而攫取政权。独裁者的希腊词为"僭主"。在公元前 7 世纪和公元前 6 世纪时,有证据表明意欲建立僭主政体是一种违法行为,由战神山贵族议事会审判,惩罚是剥夺法权。

事实上,伯罗奔尼撒战争期间的雅典,几乎一个世纪左右没有僭主持有权力了,但雅典人仍然害怕僭主政体。阿里斯多芬取笑他们毫无根据的恐惧,尤其在公元前 415 年宗教丑闻时,为捕获或杀死僭主意图的人提供奖励。[①] 但公元前 411 年的革命显示,寡头统治比僭主统治的威胁更大,从此时起,"颠覆民众"成为寻常的词汇,尽管"僭主政体"在法律中没有消失。公元前 410 年,当民主政体刚刚恢复时,德馍范图斯(Demophantos)动议的法律就紧跟着通过了。

"如果任何人颠覆雅典民主,或在民主颠覆后拥有任何职位,他就是雅典人的敌人,可以杀死他而免于惩罚,他的财产被没收,十分之一交给神灵;杀死或协助计划杀死这样的人的人是清白的,免于罪责。所有雅典人应在部落和德馍的神圣祭祀上发誓处死这样的人。誓言如下:我会通过言行、投票或如果我能就亲自杀死在雅典颠覆民主的人;在民主颠覆后,任何人担任职位,及任何把自己标榜为一个僭主或协助建立僭

---

① Ar. *Wasps* 463 – 507, *Birds* 1072 – 5, Th. 6. 53. 3, etc.

主……"（引自安东柯蒂斯，i. 96－7）

此处重点强调民主的颠覆，尽管标榜为僭主也提到了。惩罚是剥夺法权，这如公元前6世纪一样。无疑，仅是公元前410年的所有雅典人立誓，后面几代人没有这么做。但铭刻在议事厅（bouleuterion）入口石柱上的法律，公民议事会成员每次开会时都会看到，一直保留到公元前4世纪，没有证据表明它曾失效。① 但在公元前336年，通过了优卡特斯动议的配套法律。在市场（Agora）的挖掘中发现了其铭文文本。简而言之，其规定杀死建立僭主政体或颠覆民主政体的人免于惩罚（这仅是德馍范图斯法的重述），且主要强调了战神山贵族议事会：任何在民主颠覆后参加会议的战神山贵族议事会成员（Areopagite）都被剥夺公民权（atimia）和没收财产。证据显示，在公元前336年有人担心，民主政体可能会在战神山贵族议事会成员的纵容下推翻。但这些担忧的调查需要分析此时期的政治环境，在此并不适合。②

## 背叛

英语的"背叛"一词含义模糊。在希腊，推翻政府而攫取政权是一回事，但背叛（prodosia），即向敌人出卖自己的国家或人民，是不同的犯罪行为，不同法律的主题。背叛和盗窃圣物一样，由同一法律规制；并不清楚这两种犯罪组合受制于同一法律的原因，也许根本就没有原因，除认为对两者同样惩罚是合适的之外。我们从色诺芬（Xenophon）那里得知此法律。

---

① And. 1. 95，Dein. 20. 159，Lyk. Leo. 124－7.

② SEG Xii 87；See，B. D. Meritt in *Hesperia* 21(1952) 355－9，M. Ostwald in *TAPA* 86 (1955)103－28.

> ……适用于盗窃神殿者和卖国贼的法律:任何背叛城邦或盗窃圣物的人,他会在法院接受审判,如果有罪,他不会被葬于阿提卡,财产会被没收。(色诺芬,《希腊史》,I.7.22)

这话有点怪异:禁止葬于阿提卡,但并没有说违法者要被判处死刑。因为我们知道盗窃圣物依法会被判处死刑。也许,色诺芬所引用的关于盗窃圣物及背叛的法律已有相关规定,其提及它时没有过多思忖,是因为在他看来这是当然的。但地米斯托克利(Themistokles)案截然不同。地米斯托克利已被雅典人陶片放逐,住在阿尔戈斯(Argos)。约公元前467年,有来自斯巴达的信息,怀疑他把希腊人的利益出卖给波斯人。派人去抓他时,他逃了。于是,雅典对他缺席审判,宣判为背叛罪。修昔底德证实了此事,因此,几年后他死时,依法不能葬于阿提卡;但修昔底德并没有说他被判处死刑。另一位历史学家伊多梅纽斯(Idomeneus)曾明确说,对地米斯托克利本人及其家族的惩罚是终身放逐,并没收财产。柏拉图也曾言及地米斯托克利被判处流放。[1] 柏拉图和伊多梅纽斯可能搞错了法定刑罚的实际结果。但更好地诠释是,由于缺乏反证,所以伊多梅纽斯和柏拉图是正确的。如果是这样,那色诺芬所引述的法律仅仅规定禁止葬于阿提卡和没收财产。另一法律规定,圣物盗窃犯被处死刑;然而,没有对背叛判处死刑的法律,因而留由法庭自由裁定是否应处以死刑或驱逐。毕竟,在此类犯罪中,必定会有许多这种情况,即向敌人出卖雅典人的人会在敌人那里得到庇护,因而在实践中雅典人不可能处死他。

此犯罪行为的另一实例是,也许与地米斯托克利同一时代或

---

① Th. 1.138.6, Idomeneus (*FGrH* 338) F 1, Plato *Gorgias* 516d.

比他更早点的伊帕库斯案[卡慕斯（Kharmos）之子，于公元前 487 年首个被陶片放逐]。他被指控为背叛罪，审判前他逃跑了，因此缺席审判并判处他死刑；雅典人熔化了他的雕像，并做了一个平面，其上刻有叛国者的名字。我们没有他犯罪的细节，但能断定他被控诉，是因为向敌方波斯人出卖雅典人的利益。①

对犯有背叛罪的指控，也适用于公元前 411 年四百人寡头政权颠覆后的许多寡头成员。其中之一是费内库斯（Phrynikhos），其时他已被暗杀了。虽如此，但依然通过他应因背叛而被审判的法令。之后，他被判处有罪，其尸骨被挖出并掷于阿提卡之外，留下的财产被没收，房屋被拆毁，判决和惩罚刻于青铜柱之上。② 修辞学家安提丰（Antiphon）和阿科普图慕斯（Arkheptolemos）（昂马库斯也在同一时期被审判，但好像已逃跑了）两人被分别审判，普鲁塔赫著作中的《安提丰传》存有公民议事会安排审判的法令文本，亦有定罪文本。法令要求司法执政官安排审判，将军和其他人把被告带到法庭，并起诉他们；指控的犯罪是背叛，如果有罪，惩罚依据现存的叛国罪的法律。定罪确实包括禁止葬于阿提卡和没收财产（依据色诺芬，惩罚是法律所要求的），及死刑惩罚（可能由陪审团判决），拆毁他们的房屋，剥夺整个家族的公民权。除了费内库斯的判决外，所有这些都被刻在青铜柱上。值得注意的是，这些寡头们并没有因颠覆民主政体而被起诉。法令文本甚为清晰[优于修昔底德的模糊言辞"指控他们协助创建（四百人寡头政权?）"]：他们被控为背叛罪，因为他们作为使者出使斯巴达是为了伤害雅

---

① Lyk. *Leo.* 117.

② Lyk. *Leo.* 113 - 15, Krateros (*FGrH* 342) F 17, Plu. *Ethika* 834b; See Hansen *Eisangelia* 82 - 3.

典,他们搭乘敌舰,并在敌军占领的德克莱亚(Dekeleia)逗留。①就法律而言,背叛(prodosia)意指投靠敌军,此案中即为斯巴达,这与颠覆雅典宪政的犯罪不同。安提丰和阿科普图慕斯没有被起诉为颠覆雅典宪政的原因,仅仅在于他们的审判(公元前411年秋天)是由五千人政体进行的,包括其他同样涉及创建寡头政体的人。但另一理由可能是,颠覆民主政体并没有在公元前410年德馍范图斯(Demophantos)法通过之前明确禁止:好像质疑的是四百人政体是否称为"僭主",而这是原先法律所禁止的。

一位将军如果允许敌方势力赢得战争或获得某些优势,就可能被控背叛罪。我们知道几个此类相关案件。例如,安尼图斯于公元前409年就以此罪被指控,因为他没有阻止斯巴达人收回普鲁斯(Pylos);忒莫泰奥斯(Timotheos)于公元前373年被起诉,是因为他没有在伯罗奔尼撒阻止斯巴达人围困科库雅(Kerkyra);卡布雅思(Khabrias)与公元前366年被起诉是因为他允许底比斯人占领奥普斯(Oropos)。②

对背叛罪的法律进行补充是公元前338年。凯奥尼亚(Khaironeia)战役后,马其顿人预计会入侵阿提卡,雅典人通过法令,规定任何从阿提卡逃跑的人都犯有背叛罪。犯此法者立即被战神山贵族议事会处死,但至少有一个被指控的人经历了正常的起诉、审判等程序。这人就是利奥克拉底(Leokrates),他确实在法令通过之前离开雅典,他先是带着全家去了罗德岛(Rhodes),之后去了迈伽拉(Megara),并在那里待了几年。公元前331/0年,他回到雅典,利库尔戈斯(Lykourgos)起诉他犯有背叛罪。唯一尚存的利库

---

① Plu. *Ethika* 833d‐834b, Th. 8.68.2.
② Dem. 21.64(with schol.), 49.9 Diodoros 13.64.6, Plu. *Coriolanus* 14.6, *Ethika* 836d.

尔戈斯的发言辞是他在此案中所阐述的,包括极力斥责国家有难之时遗弃国家的叛国者。埃斯基涅斯道出了结果:双方票数相等,因此,利奥克拉底无罪释放。"如果有一票变更,他会被驱逐或判处死刑。"埃斯基涅斯(埃斯基涅斯,3.52)说。

如果文本正确(已动议修订),①那在这一时期,像公元前 5 世纪那样,背叛罪的处罚确实是死刑或驱逐。德纳库斯(I.63)也提到一个因犯此罪而被驱逐的人。或者,仅处以罚金也是可能的。德摩斯梯尼(24.127)说,梅兰奥普斯(Melanopos)被叛为背叛罪,支付了三个塔伦特的罚金。这表明,犯有此罪的人法律不再要求没收其全部财产。色诺芬所引用的关于背叛罪的法律必定被修订过,抑或是失效了。

## 误导民众

与背叛和颠覆民主的犯罪不同,另一个犯罪行为是对雅典民众作虚假承诺。法律规定,任何作出承诺的人欺骗民众、公民议事会,及法院,都要被判处死刑。"民众"在此指公民大会,就像提及公民议事会和法院所意指的那样;法律针对那些导致公众团体做出错误决定的人,这些人采用的方式是让民众认为会得到一些好处但事实上却什么也得不到。德摩斯梯尼称此法律是古代的,并认为公元前 489 年米泰亚德(Miltiades)可能就是依据此法律或其更早的形式被起诉。马拉松战役之后,他承诺如果雅典人让他担任七十艘舰队的司令,就会让他们更富足。他带着舰队去了帕罗斯岛(Paros),但他的围攻计划失败了,他本人也受伤了。返回雅典后,他被桑迪普斯(Xanthippos)以欺骗雅典人提起诉讼。他病得很重,难以辩护,但他朋友为他

---

① See, Hansen *Eisangelia* 35.

辩护时,他坐在审判席上。确切地判决结果并不清楚。希罗多德说,民众决定不判决死刑,而是判处 50 塔伦特的罚金;柏拉图说民众确实投票赞成死刑,但主席团(prytanis)阻止了它。就像德摩斯梯尼所述,公元前 4 世纪时依据法律是死刑;要么法律在公元前 489 年不同,要么民众在此案中被说服没有遵守它。但最终的结果对米泰亚德(Miltiade)而言没有什么不同,因为他很快死于伤口恶化,他的儿子基蒙(Kimon)支付了罚金。①

然而,另一种明显的犯罪是公民大会上的一位发言者的行为,他说他因收受雅典敌人的贿赂而发言。"作为一个修辞学家,其所言并非更好地服务于雅典民众,而是从民众对手那里收受钱财和礼物去陈辞",这是严令禁止的。对斐卢卡特斯(Philokrates)提起的诉讼就是如此。公元前 346 年,他为了支持与菲利普(Philip)的和平(后来就是依他的名字来命名的)而陈辞,并动议法令以促成此事。三年后,希波拉底斯(Hypereides)指控他给雅典民众提供错误的建议,因为菲利普贿赂了他。他在审判前逃离了雅典,因而缺席判处他死刑。② 怪异的是,希波拉底斯撰写的《为欧桑尼普斯而辨》(《For Euxenippos》)的辩护词。个中纠纷在于,雅典的两个部落是否被允许拥有位于奥普斯(位于阿提卡和维奥蒂亚的边界)的一座山丘,以前这地方是安菲阿拉厄思(Amphiaraos)神灵的圣地。雅典民众吩咐三个公民,其中一个是老贵族欧桑尼普斯,在神殿里睡一晚以阐明其愿。他们如此做了,欧桑尼普斯报道他做了一个梦,但他陈述的内容,我们没有相关资料。也许可以解释其含义是两个部落应共同拥有这块土地。后来,普卢克图斯(Polyeuktos)起

---

① Dem. 20.100,20.135,Hdt. 6. 136,Plato *Gorgias* 516d - e.
② Hyp. *Euxenippos* 29 - 30,Dem. 19.116,Ais. 2.6.

诉欧桑尼普斯,指控他被雅典民众的对手贿赂,没有为雅典民众的最大利益着想。从尚存下来的希波拉底斯的辩护词来看,欧桑尼普斯如果被认为有罪,就会判处死刑。因而,对此犯罪依法判处死刑是可能的。但本案的结果并不清楚。

更为歧义的犯罪是"误导民众"。这在坎努纳斯(Kannonos)法令中提及,色诺芬对此有所记载。

> 如果有人误导雅典民众,他要在民众大会上带着镣铐辩护。倘若他被发现有罪,他就要去死,被掷于矿井(修订后执行死刑通常是掷于矿井)中,他的财产被没收,十分之一献给神灵。(色诺芬,《希腊史》,I. 7. 20)

库拉提努斯(Kratinos)和阿里斯托芬(Aristophanes)的资料表明,至少从公元前 420 年到公元前 390 年间这部法律仍然有效。[1]但并没有依据此法审判的相关信息,因此并不知道坎努纳斯所说的"误导民众"的含义是什么。

# 告发

在叛国案中,尤其是颠覆雅典宪政案及向敌人出卖雅典人案,极为重要的是在其实施之前发现罪犯,因为事后可能无任何补救方法。这是鼓励举报者直接向公民大会或公民议事会汇报,而无需预先告知治安法官的原因所在,因为,这会错失良机。

所实施的最简便的方法通常称之为告发,其确切含义是"提供情报"。任何人,无论男人或女人,雅典人或外国人,自由人或奴隶,都可以到公民议事会或公民大会揭露叛国贼或其他重大犯罪

---

[1] Ar. *Ekklesiazousai* 1089 - 90(with schol. ).

的名字;然后,由公民议事会和公民大会决定如何处理,举报者不需要作为审判的起诉人或采取任何其他行为。此类案件通常会如此:举报者是阴谋集团的成员,他决定提出"对同犯不利的证据",那他会在其提供情报前要求免受惩罚(adeia)。公元前 415 年有法律规定,如果举报者的情报属实,那他会免于惩罚,但如果情报错误,就会判处死刑。但在公元前 400 年或公元前 399 年,安东柯蒂斯(I.20)谈到此法时,好像它已失效。之后,可能是对每个举报者的免责条款由公民议事会和公民大会的法令固定下来。奴隶如提供不利于其主人的情报属实,他会获得自由,但这也并非法律要件,而是个案中由法令赋予的传统奖赏。①

一个很好的事例是公元前 405/4 年的阿古拉图斯(Agoratos)事件。尚存的反对他的演说辞(吕西亚斯,13)中有其描述,一个名叫忒奥凯图斯(Theokritos)的人到公民议事会会议上透露,一些人正在密谋,显然是要反对政府;他不会透露他们的名字,因为他已立誓对集团忠诚,但他暗示阿古拉图斯会这么做。公民议事会于是派遣一些自己的成员逮捕了阿古拉图斯。最终,他在另一次公民议事会会议上被带上来,并说出了一系列名字。他说的人都被逮捕了,但在公民大会的下次会议上,其中一人,门斯特拉图斯(Menestratos)被带到会议上,公民大会投票同意免责,于是他说出了更多名字。公民大会颁布法令,所有被告发的人都要在 2000 名陪审员组成的法庭下审判,但事实上寡头政变阻止了此事,他们最终由新的寡头政体下的公民议事会审判并判刑。②

我们所存的举报者最完整的叙述是在安东柯蒂斯的《论神秘

---

① Ant.5.34, Lysias 5.5, 7.16.
② Lysias 13.21 – 3, 13.30 – 5, 13.55 – 6.

宗教仪式》的演讲词中。公元前 415 年的亵渎宗教仪式和毁坏赫尔墨斯(Hermai)雕塑是宗教犯罪,这会在 12 章论述。但在本章中,我们能从演讲词中获得举报者举报的完整画面。当雅典人发现雅典的赫尔墨斯被损毁时,他们大为惊慌。公民大会授权公民议事会采取一切必要手段让罪犯绳之以法,他们任命了调查组,并重奖提供情报者。然后,一位名叫皮图尼库斯(Pythonikos)的公民站在公民大会会议上宣称一个奴隶如果被同意免责,就会透露亵渎宗教仪式的信息。这个名叫安度马库斯的奴隶被带上来,公民大会投票赞成对他免责。于是,他宣称阿尔西比亚德斯和其余九人,在一个私人住宅里亵渎宗教仪式。后来,一个外邦人图库斯(Teukros)要求公民议事会在他透露信息时给予免责,他列出一些亵渎宗教仪式的人和其他一些损坏赫尔墨斯神像的人。更多的人员名单由一个名叫阿加莉斯(Agariste)的女人、一个名叫利杜斯(Lydos)的奴隶,一个名叫迪奥凯雷德斯(Diokleides)(他的情报被证明是假的,因此他被判处死刑),及安东柯蒂本人所提供的。有几个人索要提供情报的奖赏。公民大会颁布法令,应由司法执政官主持的法庭进行确权诉讼,在权利请求人之间裁定。最终,奖赏授予了安度马库斯和图库斯。①

借此,我们明白,如果公民大会急于获得关于严重犯罪的信息,他们是如何通过颁布法令委任调查者并提供奖赏的,但如果不这么做,而让人们到公民大会或公民议事会提供信息也是可能的。我们知道其他提供情报的事例,但缺乏相关程序的信息。②

---

① And. 1. 11 - 68.

② Dem. 24. 11, Dein. 1. 95, Plu. *Perikles* 31. 2.

## 检举("eisangelia")

当公民大会或公民议事会接到信息,有人犯有叛国罪或其他重罪时,就要决定如何应对。当然,如果信息明显有误或琐碎,他们也会决定什么也不做。但如果罪行严重,就会有几种可能性。案件可能被提交法庭审判,或公民议事会举行审判,但公民议事会不准裁定超过500德拉马克罚金的惩罚,因此,如果他们发觉需要更重的惩罚,那就要提交法庭或公民大会。可能只有最严重的案件由公民大会审判。公民议事会和公民大会颁布一般法令以决定这些程序的安排。法令也规定了,如果被告有罪应施加何种惩罚。

如果举报者是一位雅典公民,通常会由同一人汇报所犯之罪,动议审判的法令,并在审判中充当起诉者。由向公民大会或公民议事会提供情报所引发的诉讼的全部程序,被称之为 eisangellein。此词的字面意思是"汇报",与告发(menysis)很难区分,因此有时这两个词(或是动词 eisangllein 和 menyein)在用于提供情报时是可互换的同义词。① 但在有些案件中,例如,举报者是一个妇女或一个奴隶,起诉者就不同于举报者;因此,检举(eisangelia)可能仅指诉讼,以区别于提供的情报。令人疑惑的是,雅典人也把检举诉讼用于其他几种诉讼:指控官员的不良行政行为;指控监护人虐待孤儿;指控裁判员的不当仲裁行为。在此,我们仅涉及应用于叛国罪或其他严重违法行为的检举诉讼。

有哪几种严重违法行为呢?我们可以合理假定在雅典早期法律没有限制。人们试图到公民大会和公民议事会起诉,是因为他认为他们会听取其意见;但事实上,他们不愿意听,除非事关整个

---

① And. 1.42 - 3, Lysias 13.56.

社会的安全和福利，他们也不会受理一些法律已规定了适用其他程序的诉讼。后世的一些作家，公元前 1 世纪的修辞学家凯利乌斯(Kaikilios)，曾言检举(eisaneglia)应用于法律没有规定的新的违法行为。① 这在公元前五世纪时可能部分是真实的，此时可能依据检举(eisangelia)程序起诉某人实施了明显的违法行为，但此种违法行为法律并没有特别禁止，因为以前从没人犯有此种违法行为；赫尔墨斯雕塑的损毁就是一个明显例子，甚至到公元前 5 世纪也没有真相大白；但检举诉讼此时无疑已用于法律明确规定的某些违法行为。一个事例是背叛罪，雅典有法律具体规定了背叛罪的惩罚，因而，检举诉讼是始终应用于此的程序。迪奥佩忒斯(Diopeithes)法令同时规定了无神论法及实施此法的检举程序。因此，相较凯利乌斯的说法，我们可以更准确地说，公元前 5 世纪时，依据法律或习俗，检举程序适用于起诉各种叛国罪和(迪奥佩忒斯之后)无神论罪，也可以应用于法律尚未规定的其他违法行为，条件是公民议事会和公民大会认为此种违法行为已相当严重。

到公元前 4 世纪时，其范围的界定更为严格。希波拉底斯的演讲词《为欧桑尼普斯而辩》引用了当时适用于检举程序的仍有效力的部分法律，其列举了适用于此程序的违法行为。

> 如果有人要推翻雅典民众，或参加任何地方的会议或形成推翻民众的集团，或如果有人背叛了城邦或舰船或陆军或海军，从民众的对手那里收受钱财和礼物……(引自希波拉底斯的《为欧桑尼普斯而辩》，7 - 8,29)

由此来看，到了公元前 4 世纪下半叶，三种叛国罪，即本章前

---

① Harp. And *Lex. Cant.* Under εἰσαγγελία.

三部分所述的(颠覆民主政体、背叛、误导民众),被整合进一部法律,其规定检举是应用于它们的法律程序。此法的颁布日期并不清楚。有可能直到公元前5世纪的后十年,也没有法律规定叛国罪起诉所适用的程序,检举程序仍仅依据习惯来应用。公元前410年到公元前403年的法律重新修订和重新铭刻时期(仅有铭刻的法律可以实施后),习俗转变为成文法,但这并没有得到证实。

在希波拉底斯保存的法律中仍有两个疑问。首先,他呈现给我们的是一份完整的违法行为目录吗? 他的话暗示他做到了,尤其他称修辞学家的条款为"法律的最后一部分",这好似意指,他提及的这些违法行为之后就没有其他了。然而,我们从德摩斯梯尼(Demosthenes,49.67)处得知,在公元前4世纪,如果任何做出允诺的人欺骗了民众,那所使用的检举是法律规定的程序。但这也许不是重大的证据冲突。任何向民众允诺的人都可能有这种说辞,且只有这么做才可能被称之为修辞学家。因此,最好的解释是,关于修辞学家的条款确实是最后一部分,但希波拉底斯没有全部引用,其全部内容也许是"……或者,作为一个修辞学家,所言不是为雅典民众的最大福利,而是从民众对手那里收受钱财和礼物,或作出欺骗民众或公民议事会或法院……的允诺"。

除此之外,我们应承认希波拉底斯给了我们一份关于法律中所提及的适用检举程序的违法行为的完整目录。在修辞家的条款中没有其他违法行为的证据。然而,据说泰奥福拉斯特(Theophrastos)在其《法律篇》中说过,检举程序也应用于针对任何进入敌军领地,在那里居住,或战争中为敌方而战的人,但此著作已经遗失了。泰奥福拉斯特所言的这些各种各样的背叛行为,也许不是取自希波拉底斯所引用的法律,而是取自公元前338年通过的法令,此法令规定任何逃离阿提卡的人都犯有背叛罪,从而拓宽了检举程序的适用范围;相比利库尔戈斯的"那些在国家危难之际逃跑的人"的言辞而言,泰奥福拉斯特的话可能是对此法令更为确切地引证。[1]

　　另一个问题是:希波拉底斯所引用的法律,且由公元前 338 年的法令所补充的确切的违法行为目录,是否意指公元前 4 世纪时,检举程序不再应用于其他违法行为呢? 抑或是,像早期时代那样,仍然可以应用于法律尚未规定的新的违法行为呢? 现代学者对此有不同的答案,[2]但以我之见,一旦希波拉底斯引用的法律被通过,其中所列出的违法行为就其公民议事会和公民大会允许的唯一可以使用检举程序的罪行。其主要依据是希波拉底斯的演讲词,在欧桑尼普斯案中,希波拉底斯尽力争论的是欧桑尼普斯在陈述其梦境时并不是一个修辞学家,而法律规定的是"……作为一个修辞学家,并不是为了雅典民众的最大利益而发言……",因而他没有犯罪。这意味着,在适用检举程序的案件中,除非他做了应用检举程序的法律中所罗列的行为,否则他没有犯罪。无疑,对于欧桑尼普斯是否是一个修辞学家会引起争论,但如果准许用检举程序起诉欧桑尼普斯,即便其违法行为在法律中尚未列出,那争论也就没有什么意义。尚存的希波拉底斯的《为吕刻丰而辩》的演讲词是零碎的,其诉讼细节也模糊不清,但看起来是,吕刻丰被阿里斯顿以检举程序指控颠覆民主政体;据说,他引诱一名已婚女人,因而他危害了雅典的婚姻习俗。之所以如此言辞必定是,检举程序不能被使用,除非所指控的是法律规定的适用检举程序的某一罪名。因此,如果阿里斯顿想使用检举程序,就需发挥其创造性把吕刻丰的行为置于法律辖区之下。

　　由此,我们推断出,此法即希波拉底斯所引用的目的是把检举

---

[1] Lyk. *Leo.* 53, Pol. 8.52, *Lex Cant.* under εἰσαγγελία.

[2] Hansen *Eisangelia* 12-20 summarizes other views.

程序的应用限定于叛国罪。而欧桑尼普斯案和吕刻丰案说明了起诉者企图利用此程序起诉并非公民大会和公民议事会所关切的叛国罪诉讼的倾向。到了亚里士多德时代,有规则规定:能够启动检举程序的公民大会是每个部团期举行的重要大会;可能在公元前333年到公元前330年的某个时期,如果以检举程序起诉的原告没有在审判中获得五分之一的票数,就可能被处以(大多数公诉案件的惩罚)1000德拉马克的罚金。[①] 所有这些改革应视为企图制止公民大会和公民议事会把大量的时间耗费在因微不足道的事由而进行的检举程序中。

## 审判阿吉纽斯海战的将军们

雅典历史上一次臭名昭著的审判是对公元前406年阿吉纽斯海战中统领雅典舰队的将军们的审判。与叛国罪审判采用的检举程序极为相似,但并没有古代作者称之为检举程序,因而就有疑问,审判遵循的相关程序是否是合法的。

雅典军队打赢了这场战争,但他们也损失了二十五艘战舰。这些战舰上的大部分幸存士兵也被淹死了,因而争议就来了,是否是指挥战舰的将军们的失误;或三层桨战船资助者的失误,其时将军们已向他们传达了救人的命令;或仅由于暴风雨阻止了拯救行为。

之后,事件的发展在色诺芬的《希腊史》(《希腊史》,I.7)中讲述的非常清楚。所采取的第一个法律步骤是,雅典人把相关的八位将军都免职;这必定是公民大会上的免职投票行为,且其他人立即

---

① AP 43.4, Hyp. *Lykophron* 12, Dem. 18.250, Pol. 8.53; See, G. Colin *Hypéride: Discours*(1946) 120-5, Hansen *Eisangelia* 29-31.

填补了其中两个空缺,此事表明,免职不仅仅是一次暂时停职,即如果他们宣判无罪就会解除免职令。被停职的八位将军中,有两人没有返回雅典,其余六人都回来了;紧接着的法律情形是他们中的厄拉斯尼德斯被阿克德慕斯起诉,并在法庭上接受审判,诉由是他在赫勒斯庞特(Hellespont)时侵占其掌管的公共钱财。此案提交法庭审判是在对其他将军采取行动之前,这一事实说明起诉并非免职的自然后果。法庭把厄拉斯尼德斯投入监狱,这是对没有偿还城邦钱财的一般惩罚。

紧接着便召开公民议事会会议,将军们在会上谈到了战争和随后的暴风雨。公民议事会有监管行政管理的职能,尽管没有相关事例证实,但它很可能享有要求官员们汇报其行动的权力。如果它认为官员犯有行政不良罪,就会处以罚金(至多500德拉马克),或提交法院审判。但这一次,它采取了极为不寻常的步骤,然而仍是合法的方式:它决定把事件提交公民大会。同时,它把其余五位在雅典的将军投进监狱(除了厄拉斯尼德斯,他已经在监狱里了。)这好像不是惩罚而是"拘留候审",即防止他们逃离雅典。

当公民大会开会时,公民议事会监督官员的事件早就是公民议事会的议程了(与个人向公民大会起诉叛国罪而采用的检举程序不同)。许多公民发言:一些人指责免职的将军没有从沉船上挽救水兵;每个将军都扼要地为自己做了辩护,把责任归之于暴风雨;那些参与战争的人也证实了暴风雨的猛烈。所有这些都是在公民大会上而不是在审判中的合法争论。也许会有一些具体的议题,但我们并不知道其内容,争议持续了很久,以致天黑了很难看清手势。因此大会同意现在不要投票,而是推迟到下一次会议上,公民议事会提出关于这些人应如何被审判的建议。

一段时间后,即阿帕图里亚(Apatouria)节后,举行了另一次大会。公民议事会的一名成员卡里桑努斯（Kallixenos）说服公民议事会接受以下建议并提交公民大会。

> 由于在上次大会上已经听取了对将军们的指控和将军们的辩护，因此所有雅典人以部落投票的方式来裁定。每个部落里都有两个瓮。每个部落有一名传令官宣称，有人认为将军是有罪的，没有在海战胜利后救回那些人，那就把票投进第一个瓮中；有人认为他们无罪的，就投进第二个瓮中。如果他们最终有罪，他们会被判处死刑，提交十一人委员会，他们的财产被没收，十分之一献祭神灵。（引自色诺芬，《希腊史》I.7.9－10）

但是当卡里桑努斯的建议呈交公民大会时，欧普图勒慕斯和其他人说起诉他的意图是一个非法诉讼（graphe paranomon）。这样做的后果是，除非卡里桑努斯首先被审判且无罪，此建议才生效。人们喧嚣起来。有人疾呼如果民众不能做他们所希望的是不可容忍的。一名发言者建议，欧普图勒慕斯及其支持者应像将军一样被投票审判。他们被迫撤回他们的违法动议诉讼。主持会议的一些主席（prytanies）（苏格拉底，碰巧是其中一位）仍然反对非法的投票建议。但最终，在欧普图勒慕斯再次发言后，开始在两个备选方案中进行投票选择：欧普图勒慕斯的建议，将军应依据坎努纳斯法令分别审判，法令规定了那些被指控"误导民众"的人所使用的程序；卡里桑努斯的建议，对他们一起投票。卡里桑努斯的建议在点票后被通过。于是，民众依据法律规定，投票给8位被免职的将军定罪，在雅典的六位将军被处死。

由此所带来的法律问题是，卡里桑努斯的建议是否像欧普图勒慕斯和苏格拉底所说的那样违背法律。欧普图勒慕斯认为将军们应有一次整日审判,他指出,在上次公民大会会议上,将军们没能在整日审判中获得法律所允许的充分辩护;①从柏拉图及色诺芬处看,这好像是明确的,即他所强调的非法之事并非对被控之人不适当的审讯,而是用一次裁决取代对其每个人的单独审判。② 法律事实上允许在审判中对每个被告单独投票吗? 我们没有相关证据,但值得注意的是,在色诺芬笔下的欧普图勒慕斯并没有在这个问题上引证或参照任何成文法律。这种无言并非确凿没有此事,而可能是在一次审判实践中对几名被告单独投票是常规程序因而无需行之于笔墨。公元前 406 年欧普图勒慕斯可以辩称,即便是非成文法也应该遵守。直到公元前 403/2 年,法律才规定非成文法不应被实施。

除了被告辩护的不足及集体判决外,没有充足理由认为此案所遵循的程序有任何法律上的不当。此案的不寻常在于公民议事会对将军们职责的调查导致公民大会的庭审和定罪。但公民议事会和公民大会无疑有权决定此案是否适合由公民大会(ekklesia)判决。之所以他们如此决定,在于所指控罪行的事实上是一种叛国罪。

## 公民议事会下达执行死刑的命令

我们知道有几个案子是公民议事会下令执行某人死刑(或建议公民议事会下令)。这些案件令人费解,因为有证据表明,至少到公元前 4 世纪,公民议事会不准判决超过 500 德拉马克的惩罚。③其中一件发生在公元前 403/2 年的大赦之后:一个人意欲起

---

① Xen. *Hellenika* 1.7.5.
② Xen. *Hellenika* 1.7.34, Plato *Apology* 32b.
③ Dem. 47.43.

诉此日期之前的违法行为,阿肯努斯说服公民议事会没有审判就处死了他以警戒他人。① 其余案件与外国人相关:基恩因在凯奥斯杀死了一名雅典人而被公民议事会判处死刑;公民议事会的一些成员建议对一位博斯普鲁斯人无须审判就判处死刑,因为他在雅典为一艘大流士的货船提供资金;一些外邦人被指控囤积谷物,尽管这两个案子的建议都没有接受。②

在某些案件中,公民议事会可能确实没有下令执行死刑的法律权力。但如果在任何情况下,公民议事会都没有下达这样命令的权力,那死刑建议就是不可能的。也许对于一个不受雅典法律保护的人立即执行死刑是可能的。Hansen 认为,公民议事会有权处死"违法者"(kakourgos),但更确切地说法是,如果他是敌人(polemios),那无需审判就可以判处他死刑。因此,德馍范图斯法包含这样字句"……他是雅典的敌人,杀死他免于惩罚"。这可能是惩罚对雅典有敌意的行为手段,但我们所有的案例并不足以清晰说明其法律根基。③

## 战神山贵族议事会的汇报

大约在公元前 4 世纪中期,法律规定了进一步的程序,尽管我们没有文本也不知道时间。过去几百年来战神山贵族议事会的职能仅限于杀人案审判及少量其他案件,现在它能够调查其他违法行为。如果公民大会有理由认为某些已犯的违法行为没有足够的证据审判,那就由战神山贵族议事会来调查。也可能是战神山贵

---

① *AP* 40.2.

② *IG* ii² 111 (Tod 142)37 – 9, Isok. 17.42, Lysias 22.2.

③ See, R. Bogaert in *RIDA* 9(1962)157 – 67, Rhodes *Boule* 180, Hansen *Apagoge* 30 – 5.

族议事会自己决定调查某些事件。每个案件都要向公民大会汇报其调查结果。公民大会立基于这份报告决定是否起诉某人。如果起诉，它会颁布法令规定审判的细节；也许规定何种控诉，起诉的人，陪审团的数量，及（如果诉讼性质不清楚）把案件提交法院的治安法官和如果被告有罪应施加的惩罚。①

此程序最为著名的事例，是阿帕鲁斯事件所引发的诉讼：德摩斯梯尼在公民大会上提议一项法令，阿帕鲁斯到雅典所消失的一半钱财应由战神山贵族议事会负责调查，但战神山贵族议事会做了不利于他的报告，因此他被审判并被发现收受巨额贿赂罪。更早的诉讼是事关一个名叫安提丰（antiphon）的人——不是修辞学家，而是与德摩斯梯尼同时代的人，由于某种原因他的名字从公民名单中被除掉。要么是因为恼火于此，要么是因为被贿赂了，他向马其顿的菲利普（philip）（或如德摩斯梯尼所指控的）承诺，他会烧毁比雷埃夫斯码头。德摩斯梯尼捉住了他，并把他带到公民大会，但一番争论后，公民大会释放了他。于是，战神山贵族议事会调查此事，并向公民大会做了报告，之后，安提丰被审判并被判处死刑。这个案子表明，战神山贵族议事会可以独自决定调查和报告，无需公民大会的命令。②

我们并不清楚关于汇报的法律是否列举了战神山贵族议事会能够调查的犯罪种类。向公民大会汇报的某些犯罪确为他们自己的成员所犯下的轻微罪；例如，有战神山贵族议事会成员骗取摆渡者的车费。③ 但也许是专门针对犯罪的战神山贵族议事会成员的法律，把他们从战神山贵族议事会驱逐出去。此外，我们知道，汇

---

① Dein. 1.50–8; See, Hansen *Eisangelia* 39–40.

② Dein. 18.132–3, Dein. 1.63.

③ Dein. 1.56.

报（apophasis）仅针对城邦的严重违法行为：包括背叛、在异国结交流放者，及上述提及的德摩斯梯尼及安提丰的违法行为。① 可能此程序在实践中仅应用于与背叛罪相似的违法行为，因而成为检举程序的替代品。但这并不意指，法律禁止其应用于其他违法行为。

与汇报（apophasis）法律截然不同的是，德摩斯梯尼于公元前338 年在凯奥尼亚（khaironeia）战争期间提议通过的法令，此法令授权战神山贵族议事会惩罚违法者。依据此法，战神山贵族议事会逮捕并处死了至少一名意欲离开城邦的雅典人。但这是预计敌人入侵时制止叛国行为的紧急措施，不可能成为永恒法典之一部分。②

# 十二　宗　教

## 圣法

雅典宗教有许多教规。但其重点更多在实践而非良心，目的是做一些取悦神灵之事，以希望获得他们的帮助，避免激怒他们而引起他们的报复。因此，他们的好恶极为复杂。他们有极为详细的教规，尤其关于牺牲及其他由某个特定的人于特定的时间以特定的方式运行的仪式；细节问题在此不谈论，但可以在雅典宗教的书籍中找到。

人们相信这些法律是神灵而非人制定的。有时，新规来自于神灵启示之源，尤其德尔菲神谕。然而，圣法大部分的出处无记

---

① Dein. 1.58，1.63.

② Dein. 1.62，Ais. 3.252，Lyk. *Leo.* 52.

载,仅是祖先的传统(patria)。公元前 5 世纪末,其中许多被铭刻在石柱上,但即使当时有其他非成文法,也仅有少数专家拥有它们的全面知识,他们中每个人都要把知识传给继任者。有人可能会认为,所有神父都是祭礼的专家,因为履行祭拜仪式是他们的职责,但并不确定这对所有神父和所有教派来说都是真的。例如,雅典最重要的宗教崇拜之一是两位厄琉西斯女神:得墨忒耳(Demeter)和科莱(Kore)的崇拜,这含有秘密宗教的神秘仪式。这个教派由两个贵族家族欧姆佩达(Eumolpidai)和科宇科斯(Kerykes)控制,他们提供两个祭司长,分别担任讲解神圣秘仪的祭祀(hierophant)和执火炬的祭祀(dadoukhos);但仅有欧姆佩达家族享有神法的权威解释,科宇科斯家族的卡里阿斯(Kallias)曾(公元前 400年或公元前 399 年)在担任执火炬的祭祀时对此提出异议,他企图篡夺这一职能。①

也许欧姆佩达家族仅解释关于厄琉西斯(Eleusinian)教派的法律。但也存在着称呼为解释者(exegetai)宗教官员;也许他们能解释全部圣法,或那些与特定神父或神殿不相关的圣法。公元前 4世纪的文学中有四次提到他们,最早的是在柏拉图的著作中,时间为公元前 399 年或早点。

> "我们在纳克索斯岛(Naxos)种植时,他是我们农场的工人。他酗酒,对我们的一个奴隶大发雷霆,并杀死了他。因此,我的父亲困住他的手脚,掷于沟渠中,并派人到雅典咨询解释者应如何做。"(柏拉图,《游徐弗论篇》4c)

这四篇短文中所发生的事情,都是在事关死亡或净化等不寻

---

① Lysias 6. 10,And. 1. 115 - 16.

常的情况下,有人请求"解释者"(三个事例中是单数,其余一个复数"exegetai")说明正确的宗教程序。① 依据此证据,我们难以谈论,解释者何时被委任,也不知他们怎样被委任,不知他们有多少人,不知他们在公元前4世纪时能解释多少圣法;应用希腊化时代的铭文(如 J. H. Oliver 的有关此主题的书籍所做的那样)作为早期时代的证据不足为信。②

没有任何理由相信,或者欧姆佩达家族,或者解释者有任何强制权力。尽管德摩斯梯尼文本中的一个片段(22.27)揭示了,有人让欧姆佩达家族判断一个人是否有不虔诚行为的可能性,但并没有显示他们能够施加惩罚。事关个人问题之地,就不可能有强制之力。有人对在自己住宅里应进行的正确仪式咨询解释者,这么做仅处于遵循其指示之意图。如果他忽视它们,那会容易招致神灵的敌视,这是他自己的事情。但如果是对公共仪式或圣地的侵犯,那就是不同了,因为此时被冒犯的神灵可能被认为是对整个雅典民众的敌视,除非民众通过惩罚冒犯者个人来抚慰神灵。

由此,一个人可能会因宗教违法行为而被审判。在这样的审判中,欧姆佩达家族、解释者,及其他祭司都要置身事外;审判由世俗治安法官开庭审理,通常是巴昔琉斯,及世俗陪审团。(少数例外是,如果案件事关秘密宗教的神秘仪式,那秘密宗教没有接纳的人被排除于陪审团之外。)陪审团需要顾忌任何相关的圣法,的确,在公元前5世纪中期的某些时候,伯利克里告诉陪审团,他们应该执行由欧姆佩达家族所解释的非成文法。④ 公元前403/2年

---

① Plato *Euthyphron* 4c, Isaios 8. 39, Dem. 47. 68 - 71, Theophrastos *Characters* 16. 6.

② J. H. Oliver *The Athenian Expounders of the Sacred and Ancestral Law* (1950).

③ And. 1. 28 - 9.

④ Lysias 6. 10.

后,法院执行铭刻于石柱上的法律,这同样也适用于圣法,但也许此时,大部分由法庭实施的圣法事实上已被铭刻于石柱之上。

一些事关宗教的违法行为已经在以前章节中提到:杀人,被认为会招致宗教污染;毁坏神圣的橄榄树;盗窃神殿。本章主要探讨事关宗教仪式履行的违法行为和较为模糊的不虔诚的违法行为。

## 节庆日

与特定节庆日相关的违法行为由称呼为预审(probole)的程序处置(直译为向公民大会"提出")。至少在公元前 4 世纪如此:我们的信息来自《诉梅迪亚斯》(《Against Meidias》)(德摩斯梯尼,21),其写于公元前 347/6 年。德摩斯梯尼注意到,一些相关法律在七十年前的阿尔西比亚德斯时代并不存在,但并没有说明公元前 5 世纪时的法律是什么。德摩斯梯尼提到了几个法律,并引用了其中两个(没有充分理由拒绝这些文本的真实性),由此能够看出,不同的节日有不同的法律规定——也许因为不同的节日有不同的规则,但更可能是因为,预审(probole)程序的适用范围逐渐扩及各种各样的节日。到了公元前 347/6 年,至少在以下节日中得以应用:大酒神节(Dionysia),比雷埃夫斯的酒神节(Dionysia at peiraieus),酒神祭(lenaia),阿波罗和阿尔忒弥斯节(Thargelia),厄琉西斯密仪节日(Eleusinian Mysteries)。[1]

相关程序是,任何希望起诉节庆日违法行为的人都要通知主席团(prytaneis)(公民议事会的 50 名成员组成,他们负责召集公民议事会和公民大会开会),他们会把它列入仪式结束后那天的公民

---

[1] Dem. 21.8-11, 21.147, 21.175.

议事会和公民大会的会议议事日程中。（德摩斯梯尼所引法律中的一个短语，"那些没有支付的人"，暗示不必向公民大会提起诉讼，如果公民议事会一致认为小额罚金就足够了，但并非所有学者都认可此短语的真实性。）在公民大会上，原告和被告各自陈辞，公民投票赞成哪一个。但——这是此程序的奇特之处——这个投票无效，其为预审（prejudicial）（就此词的严格词义而言）。如果原告希望继续，仍要经受司法执政官主持下的普通陪审团法庭的审判。原告和被告都不受公民大会投票结果的限制。然而，在实践中，这无疑会对原告产生影响，他会决定是否走审判程序，及对陪审员在裁决时产生影响。也许公民大会听审的目的是，在缺乏公共官员裁定是否值得为一个诉讼消耗时间的情况下（例如，就像苏格兰的地方检察官），让全部民众来表达他们的意见。

任何"节庆日的错误行为"都是预审程序的主题，但此表述在法律中没有被界定，由公民大会和之后的陪审团来决定被告行为是否应如此描述。除此之外，法律规定，在特定节庆日上人们不可以夺取他人的钱财或其他财产，即便他有合法权利做这些事情（如过期未付的债务）；如果他这么做了，他就会被预审。也许，雅典人依据经验发现，债权人通常希望在很多民众参加的特定节庆日上找到他们的债务人，因而，他们的行为，尽管并非庆祝的内容，但很容易阻碍庆典的顺利进行。（可以想象这个场面，债权人在剧场里审视一排排的观众，认出了债务人，便上前盘问他，而此时悲剧正在上演。）

德摩斯梯尼（21.175-80）列举了几个应用预审程序的事例。其中一例是一名加里亚人（Karian）控诉，一名悲剧演员在厄琉西斯秘仪期间期间捉住了他，因为他对这个演员拖欠钱财。有意思的是，牵涉预审程序的两人都不是雅典人。在另一件案件中，一个人抱怨，执政官的助手们酒神节期间在剧院里粗暴对待他。第三个案件是，一名名叫凯忒斯克勒斯的人在一个节庆日的游行队伍中骑马前行，他看到了一个他不喜欢的人，便用马鞭抽打他。受害人对他提起预审程序。凯忒斯克勒斯好像为自己辩护，说自己当时喝醉了，也许节庆上醉酒是可以原谅的。但陪审团裁定，他的行为是"严重人身侮辱，并非由于酒精……把自由人像奴隶一样对待"，因而他被判处死刑。

但对我们而言，更为清楚地是德摩斯梯尼和梅迪亚斯（Meidias）的案件，因为我们尚存此书面演讲词。公元前348年春，德摩斯梯尼是酒神节男子合唱团的领队。与他有嫌隙的梅迪亚斯便对合唱团为竞赛所做的排练及防止其成功演出设置重重障碍，最终在演出那天的剧院里，他走向德摩斯梯尼，打了他一耳光。节庆结束后当天，德摩斯梯尼便以预审程序起诉梅迪亚斯。两个人都在公民大会上陈辞，公民投票反对梅迪亚斯。德摩斯梯尼在梅迪亚斯几个有钱的朋友企图说服他不要把案件提交审判时，在公民大会上描述了当时的场面，也许有点夸张。

> 在尼奥托勒慕斯、门思阿卡德斯、费利佩德斯及那些非常富足的人劝说我和你的时候，你如此地狂怒、生气、愤愤不平，你大声嚷着不要放走他；在银行家巴雷帕奥斯走近我时，你大声嚷嚷"就是这样"，意味我会从他那里收受钱财，为了抗拒你的噪音，躲避你的抓捕，我丢掉了斗篷，仅穿一件很短的内衣，几乎全裸。（德摩斯梯尼，21.215-16）

这份演讲词是在随后审判梅迪亚斯时德摩斯梯尼所写。在此，他极力强调梅迪亚斯犯罪的可怕性，声称对梅迪亚斯以严重人身侮辱或不虔诚来定罪是合适的（此说法顺便向我们表明，节庆违法行为所采用的预审程序在法律上不同于对不虔诚和任何其他违法行为的起诉。)且颇为自豪地说,威胁或贿赂不会阻止其放弃诉讼,这是雅典人在公民大会上强烈赞成的。但真相是不同的,演讲词未写完,也没有发表。这一虎头蛇尾的事件由埃斯基涅斯透露了给我们。

> 现在,在此需要提到的是……关于梅迪亚斯的事情,其在德摩斯梯尼担任乐队领队时掌掴德摩斯梯尼,但德摩斯梯尼怎么会把殴打自己及狄奥尼索斯选区民众对梅迪亚斯的反对票以 30 迈那(mnai)的价格卖掉?(埃斯基涅斯,3.51－2)

因此,事实是,民众在公民大会上对梅迪亚斯的反对票并没有迫使德摩斯梯尼提起审判,他更愿意收受大量贿赂来撤回案件。预审程序好像是这些程序之一,即其设计是为了弥补公诉人的欠缺,便通过激励个人起诉事关公众的违法行为;但梅迪亚斯案表明这并非总有效。

## 不虔诚

尽管针对宗教违法行为的预审程序仅在事关特定节庆时才派上用场,但针对不虔诚(asebeia)的公诉程序可在任何场合下应用。

我们存有几份公元前 4 世纪的案件的简单资料,这提供了陪审团看待不虔诚行为的模版。阿凯亚斯(Arkhias)是厄琉西斯秘仪的大祭司,他被定罪,因为在谷物(Haloa)节庆日当天,对他认识的一个女人施以恩惠,在厄琉西斯为她祭祀。这违反了圣法的两条规则:牺牲应由女祭祀而非大祭司来实施;在谷物(Haloa)节庆日当天禁止献祭。①在公元前 376/5 年的一个案子中,几名德利安人被判为不虔诚罪,因为他们把雅典的行政官员(参加邻族联盟的各城邦代表)从提洛岛(Delos)的阿波罗神殿驱除出去,并击打他;他们被判驱逐并处以重罚(每人 10000 德拉马克)。因为雅典人当时控制了提洛岛,案件可能在雅典以雅典法律审判,这表明,神殿里的暴力行为或针对正在履行宗教职责的官员的暴力行为可能被视为不虔诚行为。②第三个案件是,一个名叫忒奥利斯(Theoris)的利姆诺斯岛的妇女因不虔诚而被判处死刑,因为她使用巫术("药物和咒语");但我们不知道她被定罪是否全因巫术,或仅因为她为特殊的不虔诚的目的而使用巫术。③ 还有一个被判死刑的是一位名叫尼努斯的女祭司。据说她也制作了一些魔药,但她主要的违法行为是企图建立新宗派或制定有利于新神的仪式。④ 另一件案子是,一个人因不虔诚被安杜申起诉,因为他与安杜申指控犯有杀母罪的侄子迪奥杜鲁斯交往(进入同一间屋子)。陪审团释放了他,但这可能因为他们并不相信迪奥杜鲁斯杀害了他的母亲。因而并不清楚他们是否认为与一个杀人犯有交往就等同于不虔诚行为。⑤

比这些案件更早、更为声名狼藉的案件是公元前 415 年的宗教丑闻。在雅典舰队远征西西里前不久,很多矗立于街头和公共场所的赫尔墨斯肖像在夜间被毁。罪犯好像是一群意欲阻止远征的人;他们明显对赫尔墨斯没有宗教上的尊重,但他们希望,如果

---

① Dem. 59. 116.

② *IG* ii² 1635(Tod 125) 134 - 40.

③ Dem. 25.79 - 80, Philokhoros (*FGrH* 328) F 60.

④ Dem. 19.281(with schol. ).

⑤ Dem. 22. 2.

司掌族行的神被冒犯,雅典民众便会害怕远征。这导致了巨大的公共惊慌,在事件被调查时,另一件宗教行为显露出来:一群人包括阿尔西比亚德斯将军在多个场合效仿厄琉西斯秘仪来自娱自乐及娱乐朋友。此案的违法行为不仅是模仿任何宗教仪式暗含着轻视,而是这种独特的仪式是神秘的,且这种轻浮地表演把这种秘仪泄露给了不知情的民众。一些罪犯被捕并处死;其他人包括阿尔西比亚德斯被驱逐。其中大部分内容在安东柯蒂斯的演讲词《论厄琉西斯秘仪》中有所叙述。对阿尔西比亚德斯的指控在普鲁塔赫的《阿尔西比亚德斯传》(22)中被引用;从这些材料来看,毁坏赫尔墨斯肖像和亵渎秘仪的起诉都不是公诉(graphe)程序,而是检举(eisangelia)程序。安东柯蒂斯卷入此案但通过提供指控别人的证据而逃避了审判,后来发现自己受制于伊苏忒梅德斯(Isotimides)动议的法令,即禁止犯有不虔诚罪且认罪的人进入圣地。据说,安东柯蒂斯本人几年后对阿凯普斯提起不虔诚起诉,诉由是他毁坏了一个赫尔墨斯肖像。① 这证实了(我们很明确)毁坏和亵渎皆被视为不虔诚的情况。

但关于不虔诚及其适用的法律程序的界定仍存有几个问题。首先是意图问题:如果一个人在无意或无知的情况下违反圣法,此人犯了不虔诚罪吗? 或,亵渎(asebeia)一词暗示了蔑视神灵的观点吗? 在这个方面,悲剧家埃斯库罗斯被审判的故事饶有趣味。他被控不虔诚,因为他在某个剧本中揭露了一些厄琉西斯秘仪的秘密,但在他指出他没有参与厄琉西斯秘仪因而并不知道他在剧本中所表达的与他们相似时,被无罪释放了。② 这揭示了,如果行

---

① And. 1. 71, Lysias 6. 9 - 12.

② Arist. *Ethika Nikomakheia* 1111a 9 - 10, Clement of Alexandria *Stromateis* 2. 60. 3, Aelian *Poikile Historia* 5. 19.

为者没有意识到他所做的违背了任何宗教规则,那此行为不是不虔诚。但安东柯蒂斯的起诉者所指控的于此恰恰相反,他所招致的惩罚,是因为他在厄琉西斯秘仪期间把祈求者的圣枝置于厄琉西斯的祭坛上,但他不知道有关法律。[1] 在这一问题上,安东柯蒂斯比埃斯库罗斯的轶事更为可靠,因为雅典法律更容易接受的是,即便行为者并不知道其行为所触犯的是什么,此行为也可能被视为不虔诚的。

因而,不虔诚的诉讼种类问题便产生了。公元前 4 世纪采用的是公诉,但我们没有公元前 5 世纪不虔诚程序明确应用公诉的案件。公元前 415 年针对厄琉西斯秘仪的亵渎者所使用的是检举程序(eisangelia),[2]也是迪奥佩忒斯法令中规定无神论的程序。这是否意指,检举是此阶段不虔诚诉讼的唯一方式,或公元前 400 年不久此类违法行为应用公诉(graphe)是一种革新吗? 不是,直到此时不可能每个小型的不虔诚案件都被允许占有公民议事会和公民大会的时间。最好相信,公元前 5 世纪比公元前 4 世纪对不虔诚诉讼使用公诉是一个普通程序,但检举程序(eisangelia)也有可能应用于任何特别严重的违法行为,直至限定此违法行为采用这种程序为止。

最后的问题是关于公元前 403/2 年后的时期,此时只有铭刻的法律才实施。这意味着之后人们不会因不虔诚罪被起诉,除非他被控侵犯了法律规定的和禁止的某些特殊的行为或举止。[3] 但对此还没有相关证据,更可能的是,雅典人可能认为一个行为如果立法者没有想到要禁止,那此行为就不可能是不虔诚的。我的猜

---

[1] And. 1. 113.

[2] And. 1. 11 - 12, Plu *Alkibiades* 22. 4.

[3] See, J. Rudhardt in *Museum Helveticum* 17(1960)87 - 105.

测是,没有保存下来的不虔诚法律,可能与严重人身侮辱(hybris)法律相似,说法类似"如果任何人犯有不虔诚罪,就让任何有意愿的人来提出公诉(graphe)……"没有提供不虔诚的定义。如果起诉者指出了被违犯的圣法,那将是不虔诚被触犯的有力证据;否则,将由陪审团来决定被告所做的是否是不虔诚的。

## 无神论

因为普通雅典人主要把宗教视为做正当行为、避免不当行为,可能(尽管缺乏证据)在早期,仅非宗教的行为而非话语会被起诉为不虔诚。一个人想了或说了一些对神灵的非正统的东西,可能被认为是无害的,前提是他的意见没有导致非正统的行为。(在这方面,有意思的是过去的喜剧作家和演员好像能够说他喜欢说的关于神的话语,而不必担心法律,甚至在舞台上把他们作为滑稽的角色——在行为上笨拙或狡猾或其他卑鄙的方式。然而,对神灵的讽刺性可能是盛大节庆日上的喜剧传统,不应作为在其他场合相似的嘲弄神灵的行为也可以接受的证据。)

变化始于公元前5世纪下半叶。在此不探讨伯利克里时代的雅典人的"启蒙",其他书籍对此有所论述。在此重点是,传统宗教信仰的滑坡,导致那些坚持传统宗教的人开始把无神论作为一种威胁。法律的标志是迪奥佩忒斯法令,其确切日期不详,但可能是公元前5世纪30年代。其规定,那些不相信神灵或教授天文学的人应以检举(eisangelia)程序对之提起诉讼。[1] 这两种违法行为的结合,在今天看来是怪诞的,但迪奥佩忒斯所想到的违法之人很明确是那些像哲学家、科学家阿那克萨哥拉之类的人,

———————————
[1] Plu. *Perikles* 32.2.

他们宣称太阳并非神灵,而是一块热石头。就我们所知,在雅典此法令是首次尝试把法律诉讼的范围由不虔诚行为扩及无神论的言辞和思想。

阿那克萨哥拉事实上被起诉了,但审判详情令人生疑。一种说法是,他被克莱翁起诉,伯利克里为他辩护,被判处驱除出雅典和 5 塔伦特罚金。另一种说法是,他被修昔底德(莫雷西亚斯的儿子,政治家)起诉,他逃离雅典以避免审判,被缺席判处死刑;其余说法是,他被判处死刑时在场,当他在监狱等待执行死刑时,伯利克里说服雅典人把他放走了。[①] 据说,另一位被起诉的哲学家是普罗泰戈拉,他在一本书的篇首曾写道:"关于神灵,我不知道他们是否存在……"。雅典人判处他放逐,并搜集其书籍在市场上烧毁——最早的官方烧毁书籍的记载。[②] 尽管我们现有证据不能让这种法律程序更为明晰,因而不能十分确定有此审判,[③]但我认为这是可能的,阿那克萨哥拉和普罗泰戈拉两人,皆依据迪奥佩忒斯法令以检举程序起诉。据说米洛斯的迪亚哥拉斯于公元前 415/4 年对厄琉西斯秘仪有歧视性言论而招致敌意(阿奎比亚德斯和其朋友的亵渎事件稍后)。他逃离雅典。雅典人颁布告示,任何杀死他的人可获得 1 塔伦特的奖励,活捉并带回的可获得 2 塔伦特奖励。但没有证据显示他曾被抓或被审判。[④]

迪奥佩忒斯法令可能在公元前 403 年失效,其时法典被重新铭刻,因而公元前 399 年苏格拉底被起诉时,在法律上可能与阿那

---

① Plu. *Nikias* 23. 4, DL 2. 12 – 14.

② Arist. Fr. 67(Rose), Plu. *Nikias* 23. 4, DL 9. 52.

③ See, K. J. Dover in *Talanta* 7(1976) 24 – 54.

④ Ar. *Birds* 1073 (with school. ), Diodoros 13. 6. 7; See, L. Woodbury in *Phoenix* 19 (1965)178 – 211.

克萨哥拉和普罗泰戈拉不同。不是通过检举程序而是以针对不虔诚普通公诉(graphe)程序起诉。指其控如下：

> 遵循公诉程序，由起诉阿鲁匹克·苏福尼斯库的儿子苏格拉底的皮土思·梅勒图斯的儿子梅勒图斯立誓：苏格拉底不尊敬城邦的神灵，引进新神，有罪；他也因腐败青年而有罪。(引自第欧根尼·拉尔修，2.40)

已有许多书籍写过苏格拉底的审判，在此仅扼要论述。在梅勒图斯发言后，政治家安尼图斯和吕孔发言支持。苏格拉底独自做了抗辩，拒绝了吕西亚斯为他写的发言稿，因为它是"华丽的"，不适合他。(柏拉图和色诺芬都著有《苏格拉底的申辩》，目的是记载苏格拉底的辩护，此两本著作互不相同，因而都不是真实的记载，也许两者都想确切记载。这两本著作更可能是一个理想版本，即柏拉图和色诺芬认为苏格拉底应该或能够说什么。)并不清楚是否有人支持苏格拉底，依据一件轶事，年轻的柏拉图企图说话，但被陪审团的叫喊声淹没了。陪审团投票后，苏格拉底有罪；没有关于票数的确切证据，但也许是 280 或 281 票反对他。然后是惩罚的评估。原告建议死刑，苏格拉底开玩笑地建议，他应该在议事大厅终身享受免费餐，就像其他著名雅典捐助者那样，但他的朋友劝说他提出一个适当数额的罚金，不同的权威有同的数字。陪审团投票赞成重罚，因而判处他死刑。在对惩罚的投票中，反对苏格拉底的票数比投票定罪的票数多了 80 票。①

并不知道起诉者在其演讲词中所提到的证据和根据，但从我们所知的苏格拉底来看，极有可能是，他们举出了他的不虔诚的行

---

① DL 2.40 - 2, Plato *Apology* 35e - 38b; See, S. Erasmus in *Gymnasium* 71(1964) 40 - 2.

为。他们主要依赖其话语,苏格拉底对追随他的青年人和其他人所说的。如果是这样的话,这可能是首例以公诉(graphe)提起的不虔诚罪,其因不虔诚的思想和言辞,而非不虔诚的行为。然而,许多雅典人确实认为苏格拉底影响了阿奎比亚德斯、克里提亚斯,及其他人,因而对近几年的政治灾难尤其是公元前 404 年的寡头政权负有间接责任。如果事实上起诉者起诉、陪审团投票定罪的原因是政治的话,那这确实是对滥用程序,并且案件也没有显示,雅典法中不虔诚的普通含义。

# 第三部　法律程序

## 十三　仲裁

### 个人仲裁

　　当今时代,众所周知的是,纠纷中没有大量资金支持的人,通常被建议最好庭外和解,即使确信会取胜的一方,法律诉讼中的风险及花费太大也让他们感到不值得为此花费时间和精力。古代雅典的法律诉讼花费极少,但陪审团的审判程序也仍令人头疼、耗费时日。从一位单独的国王简单地作出判决开始,司法职能变得越来越精心以便面对极为重大且疑难的案件时作出公正的判决。但简易案件不需要复杂的程序。如果两人能够把其争议交由两人皆同意的公正的第三人,也愿意遵守他的裁定,通常这就够了。

　　此类仲裁可能会私下进行,这在雅典各个时期都很寻常。一个虽虚构但也揭示了一些信息的事例是新喜剧中一个最著名的场景。即米南德(Menander)以《仲裁》命名的剧本的一个情节。达奥斯(Daos)发现了一个婴儿,并移交给了舒利斯库斯(Syriskos)。现在,舒利斯库斯认为婴儿附带的饰品也应该给他。

舒利斯库斯：你做得不对！

达奥斯：只想着自己，你这个可怜人！你无权要求不属于你的东西！

舒利斯库斯：我们需要找人来仲裁。

达奥斯：确实如此，让我们来个裁断。

舒利斯库斯：好，找谁呢？

达奥斯：谁都行，但要为我好。我为什么要与你分享呢？

舒利斯库斯：你同意这个人为法官吗？

达奥斯：如你所愿。

舒利斯库斯：抱歉，先生，能耽误您几分钟吗？

斯米克利内斯(Smikrines)：你是？怎么了？

舒利斯库斯：我们两人有点争议。

斯米克利内斯：要我做什么吗？

舒利斯库斯：我们要找个人来裁断，一位公正的法官。你不忙的话，可否为我们解决此事？

斯米克利内斯：招摇过市的家伙，不会有好结果的！让法律说话！

舒利斯库斯：好吧，但这事很小，不难理解。帮个忙，先生。不要认为这无关紧要。公平无时无处不在。每个过路人都应有此责任。这是生命的职责，每人皆如此。

达奥斯(旁白(aside))：公正的演说家，我竟与他为伍！为什么我要给他一份？

斯米克利内斯：好！那告诉我，你会遵守我的裁定吗？

舒利斯库斯：当然。

斯米克利内斯：我会听你说；我为什么不？（转向达奥斯）

你先说吧，你还什么也没说。

（米南德，《仲裁》，218—39）

此案中，斯米克利内斯（Smikrines）最终做出了有利于舒利斯库斯的裁定，达奥斯尽管对失去装饰品很恼火，但也悻悻地接受了裁定。然而，这种随即安排的非正式仲裁，显然，他可以轻易地拒绝接受它。那么舒利斯库斯或斯米克利内斯能做什么呢？在现实生活中，为避免仲裁结果流产，就会制定法律约束他们，法律会设置仲裁员的裁定具备约束力的条件。并不清楚，此法何时制定，但确定的是公元前404年前就有了合法约束力的仲裁。[1] 尚存的声称为裁定的法律文本也许不是真实的。[2] 但在其他证据中道明了，仲裁开始前，会有一份协议（可能是书面的，尽管没有如此做的证据）说明谁来仲裁（可能是一人或多人）及问题是什么；然后仲裁员在仲裁前立誓（大意是他会公正裁定）。如果纠纷一方已经对另一方提起诉讼，那就把解决纠纷的仲裁协议告知相关治安法官，他会把这作为撤销诉讼的充足理由。[3]

但即便有一份书面协议也并不足以在实践中使仲裁有效。在《诉阿帕图里奥斯》（德摩斯梯尼，33）中谈及这样一份协议，在雅典的两位名叫阿帕图里奥斯和帕梅农（Parmenon）的拜占庭商人之间的借贷纠纷，帕梅农的雅典朋友描述了此事。

他们被说服由局外人来仲裁，签订了书面协议，把案件委托给一位双方任命的仲裁员——他们的同胞，弗科里图斯（Phokritos）——其中每一人还指定了另一位；阿帕里奥斯指

---

[1] And. 1. 87 - 8.

[2] Dem. 21. 94; See Gernet *Droit* 104 n. 7.

[3] Isaios 5. 31 - 2, Dem. 34. 18, 52. 30; See, Harrison *Law* ii 66 n. 2.

定奥·阿里斯图克勒斯，帕梅农指定我。在协议中，他们同意如果我们三人全体一致，那裁定就对他们有约束力；否则他们必须遵守两人的裁定。在签订书面协议时，他们相互提供了担保人：阿帕图里奥斯的担保人是阿里斯图克勒斯，帕梅农的担保人是梅里努斯·阿凯普斯。起初，他们准备把协议交由弗科里图斯保管，但弗科里图斯告诉他们应交由别人来保管时，他们便把它交由阿里斯图克勒斯保管……

阿帕图里奥斯说，弗科里图斯和我意见一致，且意识到我们会做出不利于他的裁定时，他想中断仲裁，且他试图与持有协议的人勾结去毁坏协议。他认为，就他而言，阿里斯图克勒斯是仲裁员，且他说弗科里图斯和我除参与协商外无权做任何事情。帕梅农对此说法极为恼火，要求阿里斯图克勒斯交出协议；他说，如果协议有虚假的话，那很容易证明，因为是他自己的奴隶亲笔写的。但阿里斯图克勒斯同意提交协议后，至今也没有把它公开，但在确定的那天，他出现在赫菲斯托斯（hephaistos）神殿，借口说，他的奴隶，在等他时睡着了，丢失了文件。（安排他的人是厄利科亚斯，来自比雷埃夫斯的医生，阿里斯图克勒斯的朋友）……

之后仲裁便一直僵持着，因为协议没了，且仲裁员之间有争议；当他们企图去写一份新协议时，他们争吵起来，因为阿帕图里奥斯仅想要阿里斯图克勒斯，而帕梅农则三个原先仲裁员都要。因此，新协议没有签订，且原来那个也不见了，致使文件不见的人还无耻地说，他自己会宣布仲裁结果！帕梅农叫来证人，禁止阿里斯图克勒斯宣布不利于他的仲裁结果，因为没有他的同事参与，这违背协议……"（德摩斯梯尼，33.14 - 19）

从这个和其他例子中我们明白，私人仲裁很少会令人满意。常见的障碍是仲裁员的选择。在私下安排的仲裁中，纠纷当事人会从他们自己的亲属或朋友中选出仲裁员；但如果每个纠纷当事人拒绝接受其对手所建议的仲裁员，仲裁就不会进行。因此，有必要"公共"裁断，在此，仲裁员由城邦权力机关任命，其有权作出裁定，而无需举行陪审团审判。

## 德馍和部落法官

雅典公共仲裁制度由区域法官制度发展而来。一些德馍法官（dikastai kata demous）在公元前 6 世纪中期时由僭主庇西特拉图斯（Peisistratos）任命，这是为了节省农夫时间，在他们居住的地区听取他们的纠纷，而不是要求他们到城市解决纠纷；但我们么不知何时这些任命失效了。公元前 453/2 年重新任命了德馍法官。共有三十人，他们在阿提卡地区巡回审判。有证据显示，每三个（trittys）或多个德馍出一名法官，但在这段时期，没有关于任命方式、审理机构，及他们有权审理的纠纷种类的证据。①

公元前 5 世纪末（公元前 403/2 或不久之后），这些法官的人数从三十名升到四十名，每十个部落（phylai）以抽签方式选出四名。因此，他们通常被称之为四十法官（forty）；或每四人组以其部落的名字命名，如"伊普图提斯法官"。有时他们仍被称之为德馍法官，即便他们不再巡游阿提卡。我称之为部落法官。②

公元前 4 世纪时，部落法官是负责大部分私人诉讼（dikai）的治安法官，那些仅由执政官（如继承案）、司法执政官（如商人案），

---

① *AP* 16.5, 26.3, 53.1; See, Wilamowitz *Aristoteles* ii 168.
② *AP* 48.5, 53.1, Lysias 23.2, etc.

或其他治安法官处理的私人诉讼除外。任何想提起部落法官司法管辖范围内的案件的人,都要向被告所属部落的四位法官提出申请。(或,如果被告是外邦人或外邦客人的庇护者,由于其不属于任何部落,他会把案件呈交作战执政官,作战执政官把这些案件以抽签方式分配到每个部落。)如果案件涉及的金钱数额不到 10 个德拉马克,那四个部落法官以其职权作出判决。否则,他们就把案件转给一名仲裁员。纠纷当事人或部落法官不能选择仲裁员,他们是随机产生的。[①]

## 公共仲裁

公共仲裁员设立于公元前 399 年,四十部落法官取代三十德馍法官之后不久。[②] 他们的职能仅与部落法官有关。许多学者一度认为,某些由执政官、司法执政官或其他治安法官提交法院的案件也受公共仲裁员支配;但现在通常认为,公共仲裁员仅处理部落法官负责的案件。有两种案件类型学者们难以决断,事关监护权的案件和事关德馍登记的案件。监护权案属于公共仲裁范围,然而过去通常认为,负责此事的治安法官必定是执政官,因为与继承有关;但事实上没有执政官处置监护权案的证据,而提及的仲裁员有为部落法官负责此事的证据。[③] 登记案中,年轻人对资格审查否认的申诉,这不是公共仲裁的范围,而是由司法执政官提交法院审判,这与德馍错误地从成员登记列表中删除名字的诉讼是不同的,对此,《为欧菲利图斯而辩》(伊西艾奥斯,12)的演讲词中提及的公

---

① *AP* 53.2, 58.2.

② See,MacDowell in *RIDA* 18(1971)267-73.

③ Dem. 27.49-53, 29.58; See,R. J. Bonner in *CP*[2](1907)413-15,Bonner and Smith *Administration* ii 102-7,Harrison *Law* ii 20.

共仲裁可作为部落法官对此负责的证据（尽管有观点认为他们伪造了那份演讲词）。① 因此，最好认为，仅在部落法官所负责的案件中才任命公共仲裁员。

雅典所有男性公民皆可在六十岁时担任仲裁员，即正好是他们兵役义务结束的那一年。更确切地说，是德馍登记注册为一个男性公民的第 42 年；如果他登记在册的那年确实是他十八岁生日，那他担任仲裁员的那年就是他 59 岁生日的那年。唯一的例外是，碰巧在那年担任公职的人，或身处国外的人。除此之外，所有适龄的人都要定期仲裁以抽签方式分配给他们的案件。公元前 325/4 年的完整的仲裁员名单幸运地保存在铭文中，有 103 名。这要比预计的六十岁公民的总体人数少很多。但人数必然会逐年变化，而对于低于平均寿命的年份来说，103 也并非是不可思议的数字；因此没有必要如此假定，如有人认为，财产最底层的（thetes）公民被排除于担任仲裁员之外。②

因而，像执政官和大部分治安法官一样，公共仲裁员是一个没有专业知识或职业才能的普通公民，尽管其年龄意味着他确曾具备一些生活经验。在起诉梅迪亚斯口头诽谤时，德摩斯梯尼（21.83）说："我让法勒戎的斯塔孔担任仲裁员，他贫穷，对公共事务没有兴趣，但他其他方面不坏，事实上他非常令人尊敬。"

每次仲裁都要在某个公共场所举行，任何感兴趣的人都可以来旁观和听审。③ 仲裁员审理原告和被告的辩论及提交的证据，如果有可能调解，就尝试调解，这可能要在不同的日子里多次会面。

---

① *AP* 59. 4 – 5，Isaios 12. 9 – 12；See，Bonner and Smith *Administration* ii 111 – 14，Gernet in *Mélanges offerts à A – M. Desrousseaux*（1937）171 – 80.

② *AP* 53. 4 – 5，*IG* ii²1926；See，D. M. Lewis in *BSA* 50（1955）28 – 9.

③ Dem. 40. 11，47. 12，etc.

如果达不成调解,他会先确定作出判决的日子。如果当事人一方希望延缓时日,他要写一份书面反对仲裁的意见(paragraphe;这与14章中描述的 paragraphe 不同),并书面立誓(hypomosia)他因疾病或身在阿提卡外而不能按期出庭。如果仲裁员接受此意见,他就会推迟裁定日期;如果认为不可接受,他会在原先确定的日期作出裁决,即便纠纷一方缺席。如果一个人的证据无力,那他可能想申请延期,即便此申请确没必要。有两分尚存的演讲词,原告断定或暗示梅迪亚斯和忒奥菲慕斯就这么做,因为他们对自己的清白没有信心,但无论怎样,原告也许都会如此说,即便延缓裁决的理由有理有据。①

当仲裁员作出裁决,他会立即向案件所属的四部落法官汇报。一般来说,至此其在此案中的责任就完成了。他会从原告那里接受 1 德拉马克的费用作为报酬(称之为 parastasis)。以上面一段所描述的方式申请延缓仲裁日的纠纷当事人,需要另外支付仲裁员德拉马克。② 金额很少,但也许与陪审员所接受的三个欧宝(半个德拉马克)相称。

## 公共裁断的上诉和取消

如果纠纷双方接受仲裁员的裁断,那就是最终裁断。但任何一方都可能会提起上诉。这是公共仲裁和私人仲裁的主要区别。在私人仲裁中,纠纷双方自愿把他们的纠纷交给他们自己选择的仲裁员,因此,依法要求他们承认其判决为最终判决,这与陪审团判决具有同样效力,合理合法。在公共仲裁中,法律要求他们把其

---

① Dem. 21. 84, 47. 45, Pol. 8. 60; See, Wolff *Paragraphe* 8 n. 5.

② Harp. under παράστασις, Pol. 8. 39, 8. 127, *Lex. Rhet.* 290. 19 – 22.

案件呈交给一个并非他们自己选择的仲裁员,那他们就会保留由陪审团审判的权利,如果他们想要的话。

如果任何一人确实上诉了,那四部落法官就会把案件提交法院。仲裁时证人的证词和其他证据就会被放入罐中(一罐存放原告的,一罐存放被告的),且被密封起来直到审判那天,审判时不能提交仲裁时没有出示的证据。① 此规则的目的,也许是让纠纷当事人认真对待仲裁程序;否则,有人通常会难以陈述全部案情而回避仲裁,因为他相信不管怎样他都会通过向陪审团上诉而赢得官司,如此的话,减少陪审团审判数量的目的就会失败。

除向陪审团上诉的可能性外,在适当案件中,还有两个使仲裁员判决无效的方式。如果纠纷当事人一方已经申请了延缓仲裁,其方式已叙述,仲裁员在其不在时拒绝了申请,并在他缺席时作出不利于他的仲裁,那他可在十天之内向四部落法官申请,并再次立誓他是因疾病或身在阿提卡外而妨碍了自己按期出庭。如果申请被接受,案件就"不存在了"(me ousa),要重新仲裁。②

其他可能是,纠纷当事人针对仲裁员作出的判决,认为仲裁员仲裁行为不当而对其作出了不公正的判决。在这种情况下,他以检举程序呈交此年由全部五十九岁老人担任仲裁员的团体,在他们参入的任何一次会议上,他们会对案件仲裁。如果他们投票反对被起诉的仲裁员,他可向陪审团法庭上诉,对犯有此罪的仲裁员的惩罚很重,会剥夺其全部公民权。这也许意指,仲裁员的原先判决无效,会重新任命一名新的仲裁员仲裁。③

---

① *AP* 53.2 – 3,Dem. 39.17,45.57 – 8,etc.
② Lysias 32.2,Dem. 21.90,39.38,Pol. 8.60;See,H. C. Harrell *Public Arbitration in Athenian Law* (University of Missouri Studies 11.1,1936) 33 – 4.
③ *AP* 53.6,Dem. 21.86 – 7;See,Harrell *Public Arbitration* 18.

德摩斯梯尼在对梅迪亚斯的口头诽谤的指控中阐明了这一切,此案中,斯塔孔是仲裁员。

> 判决那天,所有法律上的可能性都用尽了,书面起誓延期审判(hypomosiai)和诉讼中被告提出的诉讼折断程序,没有任何遗漏,斯塔孔首先要求我同意延缓仲裁,然后就推延到第二天;最终,因为我没有同意,而梅迪亚斯没有出现,天色渐晚,作出不利于他的判决。然后,夜深了,天色渐暗,梅迪亚斯去了治安法官办公室,发现治安法官已离开,斯塔孔也已走了,他上交申请时空无一人! 这是那儿的一个人告诉我的。起初,他成功地说服了他变更其判决,从有罪到无罪,而且治安法官篡改了记录;他给了他们50德拉马克。但当他们对他很恼火时,他没有说服他们,他威胁他们,骂骂咧咧地离开了。那做了什么呢? 注意他下流的行为。在他申请反对仲裁时,他没有发誓,想要人们不留意其意图,他延期到仲裁员仲裁的最后一日。① 当时几个仲裁员来了,有几个没来;他说服主席投票,这违背所有的法律;没有写下证人传票的名字,空无一人时起诉,在没有人的情况下,他驱逐了仲裁员并剥夺其公民权。现在,雅典人仅因梅迪亚斯在无人情况下被定罪,丧失了其在城邦中的所有权利,已经被完全剥夺了公民权! 起诉梅迪亚斯违法,或为他做仲裁员,甚至和他走同一条路上,好像都不安全。(德摩斯梯尼,21.84 - 7)

因而,德摩斯梯尼说,当斯塔孔在梅迪亚斯缺席时作出不利于他的判决时,梅迪亚斯可能申请了"案件不存在";但相反,他放弃

---

① For the deletion of a gloss here, See, Lipsius Recht 232 n. 46.

（没有提交书面立誓）他已开始的"案件不存在"申请,转而遵循另一程序,起诉仲裁员(仲裁员任职期限的最后一日,出席者都很懒散),导致了斯塔孔的悲惨后果。无疑,德摩斯梯尼的论述带有偏见。也许斯塔孔确曾践踏仲裁的正当程序。德摩斯梯尼没有提及斯塔孔向陪审团上诉是有意义的;斯塔孔没有上诉,也许是因为他确实有罪,或如果他确实上诉了,陪审团发现其有罪。总之,此叙述表明,仲裁员如何受制于反对的压力,及如果他做了违法的事,就会遭受严厉的惩罚。看来,此职位并非闲职。

# 十四　法律诉讼的禁令

## 非法起诉("diamartyria")

一个城邦的法律程序越复杂,原告在特定案件中搞错程序的可能性就越大;也许是误解,也许是有意的,因为他认为这个程序会给他带来某些好处。因此,如果被告声称他被起诉的方式有问题,就有必要采用某种公认的方法,使他在审判前反对此诉讼。这与无罪主张不同,无罪主张是,一个人是否有罪的问题仅在正当程序下才可以决定。

在雅典,首先也是最明显的反驳途径,是向受理指控的治安法官提出异议。因为任何指控或权利请求都必须提交给特定的治安法官。而如果提交给不适当的治安法官或以错误方式提交的,治安法官(无论是他自己注意到了,还是被告向他指出来)可能会拒绝受理。然而,这种反对方式有时不适当,其原因有:第一,治安法官自身曲解法定程序,这要么处于无知,要么偏爱纠纷一方;因为抽签产生的治安法官可能碰巧是愚笨的,或不廉洁的,或两者都有。第二,程序的正确性可能取决于某些有争议的事实。例如,某些控告类型,如被告是一位雅典公民则必须提交执政官或部落法官,但如果被告不是,则要提交作战执政官;然而,如果被告主张其是公民,而原告否认,那作战执政官如何决定是否接受此案呢?

为克服第二种困难,有些人采用称为非法起诉(diamartyia)的程序。非法起诉是有能力了解事实的证人对此事实的正式认定。例如,证人会说,此人是某个德谟的成员,或某位父亲的合法儿子;这能让治安法官决定他是否受理此案。非法起诉的历史发展比较模糊,但现在要比以往清晰一些,主要由于法国已故的雅典法专业的最杰出的学生 louis Gernet 的经典研究。[①] Gernet 认为,即便在公元前 5 世纪结束之前尚无幸存文本提及非法起诉,它也确实是一个极古老的程序;它所具有的古代特征显示其不会晚于修辞家及民主陪审团的时代。他论述的相关细节虽备受质疑,但其把非法起诉视为远古存在的观点是正确的。正式认定好像与苏格拉底的辩证时代格格不入。

对于认定,即使是正式的,也可能是不真实的。挑战它的对手在行为时需要有一套公认的程序。一种程序确曾应用于挑战非法起诉程序(可能在历史发展的后期):包含了对证人的起诉。当纠纷一方让证人在治安法官面前提起非法起诉以支持其主张时,在形式上,其对手可能立即驳斥(episkeptesthai)证人的陈述,然后再起诉他作假证(pseudomartyrion)。一有反对意见,治安法官就会推迟对原初案件的裁定,直至假证案判决完毕;然而,如果反对方没有对假证起诉(也许有时间限制,但我们并不知其多久),治安法

---

① Gernet *Droit* 83 - 102,原出版于 in *Revue Historique de Droit français et étranger* in 1927.

官便会推定非法起诉(diamartyia)是真实的,并采取相应行动。

下面是公元前 5 世纪结束前记载的两个使用非法起诉程序的案件。一是《诉潘柯里昂》(Lysias, 23. 13 - 14)的演讲词。阿里斯图第库斯欲因某事(不知什么事)起诉潘柯里昂。他认为潘柯里昂不是雅典公民,他向作战执政官申请。潘柯里昂驳斥说,他是普拉提亚人(此时期普拉提亚人是雅典公民),因此,此案不应由作战执政官而应由其他官员来受理,阿里斯图第库斯诉诸非法起诉程序:他提出一个证人,其说潘柯里昂不是普拉提亚人。潘柯里昂对证人证词表示怀疑,但之后却未起诉他;因此,作战执政官受理了此案,阿里斯图第库斯最终赢得了官司。另一案件是《诉卡里马库斯》(伊索克拉底,18.11)的演讲词。卡里马库斯想起诉发言者(不知其名)以不正当手段拿走了他 10000 德拉马克。发言者主张此纠纷已由私人仲裁解决了,再次审判非法。他提起非法起诉程序,并提供证人证明此事。卡里马库斯不想起诉证人,撤回了案件。这两个事例表明,原告和被告皆可以应用非法起诉,对于证据认定,只有在对证人假证的起诉失败时,治安法官才会把认定视为真实可信的。

## 诉讼折断("paragraphe")

然而,非法起诉(diamartyia)程序,其通过起诉证人而公开接受反驳,尽管在某些案件中有效,但并非总令人满意。反对诉讼的理由并非总是事实问题,有时也是法律程序的问题;解决法定程序不一致的问题,通常需要的是合理论证而非证人的正式认定。由此,我们发现公元前 5 世纪末新的反驳程序开始采用,称之为诉讼折断(para-graphe)。这也是当代学者研究的重要主题,德国最著名的雅典法专家 H. J. Wolff 的著作《古代诉讼折断研究》的主题便是此。

### 古典时期的雅典法

　　幸运的是，我们存有的发言者文本（无法不相信他），是首次在诉讼折断案发表的演讲。这就是上面提及的伊索克拉底的演讲词《诉卡里马库斯》，写于公元前 400 年。演讲词的开头是这样的：公元前 403 年比雷埃夫斯的革命恢复了民主制，以及随之而来的大赦。

　　如果其他人已经历了此类审判的诉讼折断程序，那我从事实真相出发开始我的讲话。但实际上，我必须首先说说规制我们出席法庭的法律，以便在你投票之前能理解所争议之事，也为了让你们不会怀疑作为被告的我之所以在原告之前发言的原因。

　　在你们从比雷埃夫斯返回雅典后，你们看到了一些公民以其自身的特权准备提起指控，企图毁坏协议，你们想制止他们，并向每个人证明协议不是在强迫下完成的，而是因为你们认为这对城邦有利。因此，在阿肯努斯的建议下，你们制定法律，规定如任何人提起违背誓言的诉讼，被告被允许提起诉讼折断程序；治安法官将首先对此审判；首个发言者是提起诉讼折断程序的人；无论哪一方失败了都要支付每德拉马克一个欧宝。因此敢于回顾过去错误的人不仅仅表明其违背誓言，遭受神的惩罚，而且也要遭受当下的惩罚。"（伊索克拉底，18.1－3）

　　此段中，"你们"不仅意指在场的陪审团，而且也指雅典民众。当内战于公元前 403 年结束时，所有派系的公民皆不同意对内战中及在寡头政权下犯罪的人提起诉讼，且每个公民都立下誓言："我不回顾过去的错误……"；公民议事会和陪审团会再次发誓。①

---

① And. 1.90－1.

阿肯努斯提议的诉讼折断程序就是为了实施此协议。

Paragraphe 可能意指"反对诉讼"、"抗诉"。此程序本质上是单独审判,初审的原告因提起了一件法律禁止的诉讼而被起诉。因此,纠纷当事人发言的顺序颠倒过来是合乎逻辑的,因为初审时的被告在诉讼折断审判时成了原告。原案被推迟审判直至诉讼折断判决完毕;诉讼折断的审判结果决定原案是否继续。〔如继续,审判就会在日后举行,并非诉讼折断(paragraphe)审判的当日;这在德摩斯梯尼(36.2)中得以揭示,发言者否认推迟原案的审判是他和弗尔米奥提起诉讼折断程序的动机。Paoli 和其他人以前持有此观念:诉讼折断案和原案在一个诉讼中判决,这遭到了 wolff 的翔实研究的有力驳斥。①〕此外,无论在诉讼折断中谁败诉都要支付纠纷金额或钱财的六分之一作为惩罚(epobelia,一个欧宝的罚款)。初审治安法官也负责把诉讼折断案件提交法庭。(这好像在刚引用的伊索克拉底的段落"行政官员……"中有所暗示。)因此,主持初审的治安法官可能会继续主持诉讼折断审判;如果原初案件属于从部落法官提交公共仲裁员的案件类型,诉讼折断案同样也提交公共仲裁员,其裁定的败诉方通常会向陪审团法庭上诉。②

卡里马库斯与其对手纠纷的开始阶段已经论述了。当时尚存的演讲词文本的发言者提出非法起诉程序,主张纠纷已经通过私人仲裁解决了,卡里马库斯没有起诉证人,而是撤诉了。然而,后来在演讲词的第 12 部分提及,他又再次起诉。也许出于某种原因,他认为现在比之前让陪审团相信纠纷没有通过私下仲裁解决有更好的预期;取代起诉证人的旧诉讼方式而提起新诉讼的时间

---

① See, U. E. Paoli *Studi sul processo attico* (1933) 75 - 173, Wolff *Paragraphe* 17 - 86, Harrison *Law* ii 108 - 19.

② Dem. 45.57 - 8; See, Bonner and Smith *Administration* ii 93.

1

可能是新年伊始(公元前 400/399 年)。但此次对手没有重复以前的非法起诉(diamartyia),而是应用新的诉讼折断(paragraphe)程序;他主张,他被指控从卡里马库斯那里取钱的时候是在内战结束之前,因此对此违法行为的起诉违背了大赦的规定。我们尚存的演讲词是他在诉讼折断审判时的陈词,他指控卡里马库斯非法起诉。发言者所用程序的变更揭示了诉讼折断程序制定于公元前 400 年,即,在卡里马库斯的第一次起诉和第二次起诉之间。

《诉潘柯里昂》(吕西亚斯,23)的演讲词是另一份诉讼折断程序的早期演讲词,也发生在公元前 400/399 年。[1] 发言者希望起诉潘柯里昂,但不知何种违法行为。像阿里斯图第库斯一样,他认为潘柯里昂不是雅典公民,因此向作战执政官申请。潘柯里昂认为他事实上是普拉提亚人,因此案件不属于作战执政官的管辖范围;因此他提起诉讼折断程序,指控其对手以错误的方式起诉他。尚存的文本是其对手在诉讼折断审判中的辩护词。饶有兴趣的是,演讲词中此程序所应用的词不是"paragraphe"而是"antigraphe"。但这并不意味着"antigrape"是不同于诉讼折断的程序;它仅表明,由于程序是新的,因而还没有对其确切名字达成一致。[2]

在先前的诉讼中,阿里斯图第库斯应用非法起诉程序来反对潘柯里昂。在此,即在《诉卡里马库斯》演讲词中,我们再次看到诉讼折断程序被应用于以前应用非法起诉的场景;新程序取代了旧程序。然而,潘柯里昂案不像卡里马库斯(kallimakhos)案,其与大赦无关,而这是诉讼折断原初设立之目的。所发生的情况似乎是,在新程序制定后的几个月内,人们发现新程序非常令人满意,因此

---

[1] See, MacDowell in *RIDA* 18 (1971) 267 – 73.

[2] Lysias 23. 10; See, Wolff *Paragraphe* 112.

将其应用到其他种类的案件中。到目前为止,可以推测其属于德摩斯梯尼(37.33)所提及的法律。此法律授权诉讼当事人可以应用诉讼折断程序对抗这样的诉讼,案件是由非合适的治案法官提交给法庭的。潘柯里昂可能是利用此法的第一人。

德摩斯梯尼的文集包括为诉讼折断案而写的七篇演讲词(《奥斯》,32-38),提供了许多公元前4世纪应用诉讼折断的事例。在其三个事例(《奥斯》(nos),36-38)中,发言者通过诉讼折断程序驳斥诉讼是不可接受的,因为原告之前已宽恕了其对手;援引的法律为,禁止对已被"释放或免除责任"的人提起诉讼。① 另一案件的反驳理由是,法律禁止监护权结束五年后监护权已失效所引发的诉讼。② 其余四篇演讲词(《奥斯》,32-35)事关商业借贷:商法允许,在雅典起诉以追偿往来于雅典市场的以货物为担保的借贷,但货物与雅典无关则不行,如没有书面借贷协议也不行,因此在这些情况下,企图起诉就可能受到诉讼折断程序遏制。其中一篇演讲词《诉拉科里图斯》,借款人已去世,出借人企图从借款人的兄弟那里要回钱财,他通过诉讼折断程序反对诉讼,理由是他不是他哥哥的继承人。

由此,我们看到了诉讼折断程序被用于阻止诉讼。许多案件中,被告所主张的,要么是案件为法律禁止,要么此案需要不同的程序,要么此案已通过其他手段解决了(例如私人仲裁、原告宽恕)。此程序法的设定原本是用来对抗违背公元前403年的大赦协议的诉讼,之后在不同时期却有更多法律批准其应用对抗其他种类的诉讼。

---

① Dem. 36.25, 37.1, etc.; See, S. Isager and M. H. Hansen *Aspects of Athenian Society in the Fourth Century B. C.* (1975)228-37.
② Dem. 38.17-18.

## 公元前 4 世纪时的非法起诉("diamartyia")

然而旧程序非法起诉并没有完全消失。有一类私人诉讼,诉讼折断程序很难用得上,因为没有进行诉讼。这就是资格审查(di-adikasia)案,其中有几个继承权的权利请求人。权利请求人彼此抗争;然而没有原告或被告。现在,法律规定,如果一人去世了,留下一个或多个在世的合法儿子,那儿子们继承遗产,其他人无权主张,因此,就不可能有资格审查。然而,如果其他人也想提出权利请求,那儿子们如何阻止他们呢?诉讼折断程序可能是对抗几个单独的权利求人比较笨拙的武器,因为每个人都可能需要一次审判。其实所需要的仅是一次法律宣告:合法儿子在世,这样就一劳永逸地解决了所有其他的权利请求。为此,非法起诉仍是一种较为合适的程序。儿子们可能会提供证人(通常是近亲属)来证明他们是死者的合法儿子。任何质疑此说明的人都要对假证起诉。否则,对遗产的权利请求是不可能的。尚存的伊西艾奥斯的三篇演讲词(《奥斯》,2.3.6),就是为继承引发的非法起诉的假证审判而写。《诉莱奥卡勒斯》的演讲词(德摩斯梯尼,44)也是如此——一个奇怪的案件,因为莱奥卡勒斯声称自己是合法儿子,对自己提起非法起诉,做自己的证人;令人惊奇的是,这是可以接受的,他的对手好像确实承认这在法律上是允许的。[1]

目前尚不清楚,公元前 4 世纪时,除继承案的资格审查程序应用非法起诉外,其他类型的案件应用此程序的程度。词典编纂者 Harpokration 在非法起诉的条目中提及遗失的伊西艾奥斯和希波拉底斯的演讲,其中在事关自由民或外邦人的身份的案件中提到

---

[1] Dem. 44.58;See Gernet *Droit* 87 n. 1.

此程序的应用。没有其他证据表明它曾被用于公诉（graphe）或任何其他公共诉讼中。也没有任何证据表明诉讼折断程序曾被用于公共诉讼中。因此，可以假定，雅典人可能发现在每个案件中，无论公共诉讼还是私人诉讼，应用诉讼折断或非法起诉对抗以错误方式提起的诉讼或法律所禁止的诉讼大有裨益。所以可能会有此安排，在公元前400年引进的诉讼折断程序应用于除资格审查外的私人诉讼中，而非法诉讼程序仍然在资格审查和公共案件中有效。但没有足够证据表明此区别在现实中如此泾渭分明。①

## 诉讼折断（"paragraphe"）与陪审员的角色

由于非法诉讼和诉讼折断皆为阻止案件付诸审判的方式，应用这些程序的人就可能被其对手指控对自己案件的公正审判没有自信。伊西艾奥斯（7.3）的发言者通过这么说给陪审员留下了良好印象，尽管他能够应用非法起诉程序，但他没有这么做，目的是让陪审团有公平思考自己主张的机会。幸存下来的诉讼折断审判的演讲词从没有局限于案件的可受理性的法律争论；它们全部涉及案件自身对与错的争论，提起诉讼折断的人坚持其目的不只是为了避免证据不足的诉讼，而对手则认为是如此。

然而，尽管发言者的评论偶有轻视诉讼折断的动机，但没有确切证据表明，它不是裁定纠纷适用何种重型的一个有效程序。公元前4世纪初期对其的引进是雅典民主司法发展的重要一步。公元前5世纪由雅典民众陪审团裁决重要法律案件变得极为平常；反常的是，陪审团对案件受理与否的权力大部分仍保留在治安法

---

① See, G. M. Calhoun in *CP* 13 (1918) 179 – 85，Bonner and Smith *Administration* ii
　 80 – 4.

官手中。诉讼折断制度减少了这一异常现象。它转向由民主陪审团来负责裁定诉讼是否可受理。自此以后,雅典民众不仅判决案件,他们也裁断案件是否应被判决。

# 十五 外国人、商人与历法

## 条约诉讼("dikai apo symbolon")

希腊城邦极为自足,因而,许多雅典人可能从没离开过阿提卡,参加陆军或海军行动除外。节假日出国也不流行,甚至在雅典民主制度下,也没有很多公民出国去做大使或官方代表。但商人们至少会经常到访其他国家,因此,难免会有雅典人与外国人之间的纠纷。

例如,假定雅典人和纳克索斯(Naxos)的公民有纠纷:雅典人借给纳克索斯人一笔钱;纳克索斯人认为欠款已全额偿还,但雅典人说他没有收到全部款项;那么,雅典人就会因债务起诉纳克索斯人。如果他们两人都在雅典,那雅典人自然会到雅典的权力机关起诉;如果他们都在纳克索斯,那他自然会到纳克索斯的权力机关起诉。而如果雅典人在雅典,纳克索斯人已返回纳克索斯,那在雅典起诉就无甚大益处,纳克索斯人完全可以置之不理,于是,雅典人自然会去纳克索斯,并在那儿起诉。如果在雅典提起诉讼,那雅典治安法官及陪审团会依据雅典法律和程序审判,因为很难想象他们熟悉纳克索斯人的法律;反之,如果在纳克索斯审判,那自然会遵循纳克索斯人的法律和程序。

然而,如果雅典法律与纳克索斯法律的某些方面存有重大区别,那此种安排不会令人满意;如,如果依据纳克索斯法律可以免除债务人偿还钱款,而依据雅典法律则不能,那在雅典法律法律下审判,纳克索斯人就会有受骗感;反之,在纳克索斯法律下审判,雅典人也会有此感觉。为解决这些难题,通常会让一个城邦与另一城邦签订一份正式条约(中性复数名词 symbola),规定两城邦公民之间的法律诉讼应遵循的法律及程序。这份条约将成为两城邦法律的一部分。幸存下来的几份公元前 4 世纪此类条约的片段,它们铭刻在石柱上,其中一份是雅典与特洛真(Troizen)之间的条约,另一份是雅典与斯提姆法洛斯(Stymphalos)之间的条约。[①] 其提及的违法行为有杀人和人身伤害,尽管片段太短而难以辨清所制定的规则和程序;但也许是雅典现存法律与其他相关城邦现在法律的折中物。其他铭文,包括公元前 5 世纪的几份,含有条约或依据条约诉讼的资料,其所用名词是阴性复数名词 symbolai。[②] 所有这些证据都在 P. Gauthier 的近期著作《条约》中探讨过。他认为,阴性复数名词"symbolai"用于准许外国人采用适用雅典法律的雅典法院的协议,而中性复数名词"symbola"则意指不同法律程序和惩罚的条约;但铭文和书面资料的匮乏使这些和其他方面存有疑问。

　　无疑,雅典与许多城邦签订过这样的条约,但并非所有城邦;例如在雅典和马其顿之间就没有签订过条约,公元前 4 世纪中期,菲利普曾说雅典人和马其顿人过去总在相互诉讼,现在没有了,定会大快人心。然而《论哈鲁内苏斯》演讲词中的艾格斯普斯反对它。这个片段证实,缺乏条约并不能阻止不同城邦公民之间的法

① IG ii² 46, 144; See A. G. Woodhead in *Hesperia* 26(1957) 221 – 33, D. M. Lewis in *Hesperia* 28(1959) 248 – 50, G. E. M. de Ste Croix in *CQ* 11(1961)109.
② IG i² 16(ML 31)12 – 14, 60.8 – 9, 116(ML 87)26, ii² 1(ML 94)18, *SEG* x 6.41 – 3; See, Th. 1.77.1, Ant. 5.78.

律诉讼。①

# 作战执政官与外事法官

雅典法庭上关于外国人身份的某些方面前文已述,其包含了作为被告的外国人,需要在作战执政官面前提供他出庭的担保人。确定的是,作战执政官专门负责事关外国人的案件。(尽管对此没有确切证据)在早期,可能就是他把任何在雅典发生的,无论原告或被告是否是雅典人的案件提交法庭的治安法官。杀人案可能例外:公元前 4 世纪时,杀死外国人的诉讼(通常是由死者家族提起,他们自然也是外国人)可能在帕拉迪翁由巴昔琉斯主持进行;在更早的时期,尽管没有相关证据,但雅典人都会谨慎对待其杀人法律,可能是巴昔琉斯一直负责针对外国人或本邦公民的杀人审判。然而,除了这些,承认某个时期由作战执政官负责所有外国人案件好像也成立。

但到了公元前 5 世纪中期,情况发生了变化。有几条幸存下来的公元前 5 世纪的法令,其授予外国人向作战执政官提起诉讼的权利——通常是授予外国人中对雅典作出贡献的个人,②但也有一份著名的雅典法令铭文,其授予所有法瑟里斯(Phaselis)公民此项权利(在雅典与雅典人发生纠纷时)及附带提到了基俄斯(Khios)公民已拥有了此项权利。③ 授予某些外国人向作战执政官提起诉讼的权利作为特权的事实证明了,外国人如果想在雅典提

---

① Dem. 7.9 – 13;See,Harrison in *CQ* 10(1960)248 – 52,de Ste Croix in CQ 11(1961) 111,反对见, Meiggs *Empire* 433.

② *IG* i² 55.7, 152.4 – 5, 153.5 – 9, *SEG* x 23.5, 108.23;See,de Ste Croix in *CQ* 11 (1961)273 – 4.

③ *IG* i² 16(ML 31);See,de Ste Croix in *CQ* 11(1961) 100 – 8, R. Seager in *Historia* 15 (1966) 509 – 10, Meiggs *Empire* 231 – 2.

起诉讼,一般会到其他治安法官那里提起诉讼。这几乎不可能是负责雅典公民诉讼的治安法官(因为有特权的外国人被区别对待时,公民与无特权的外国人不可能同样对待),而是其他治安法官或治安法官们。事实上我们知道的确存在称为外事法官(xenodi-kai)的治安法官。他们确实曾出现在幸存下来的公元前 4 世纪的雅典与其他城邦的法律条约残篇中,且其他两份铭文也证明了他们已在公元前 440 年就存在了。① 尽管没有他们的其他证据,但可以合理推定,在公元前 5 世纪上半叶的某个时期,雅典海军和商业的发展使得雅典人与外国人的接触日增,在雅典,外国人起诉和被起诉的案件过多,以致作战执政官无暇全部处置。于是决定他仅处置特定外国人的诉讼,同时,创立称为外事法官的治安法官以负责其余的诉讼。无疑,作战执政官所负责的案件含有所有那些外邦人或外国代表人为原告或被告的案子(因为我们知道在公元前 4 世纪时他仍处置外邦人和外国代表人的诉讼),及那些涉及由专门法令赋予外国人有权向他提起诉讼的案件——事实上,这包括了所有在雅典有某种特殊身份的外国人的案件。由于某些原因,此类案件由作战执政官审判更合意,但我们不知道为什么。

公元前 5 世纪的法令赋予某些外国人由作战执政官审判的特权,这显然暗示了,此特权已扩及所有事关外国人的案件,无论其作为原告还是作为被告。但后面的证据表明,某些提交给治安法官们的事关外国人的案件,不同于提交作证执政官和外事法官的案件。显然,这些治安法官的司法权限受到了进一步的限制。

首先,在雅典帝国时期为卡尔基斯所制定的一条著名法令规

---

① *IG* i² 342. 38, 343. 89;See, Jacoby *FGrH* IIIb(Supp.)ii 380 – 1 n. 29, Cohen *Maritime Courts* 166 – 76.

定,在雅典事关卡尔基斯人的最严重的法律诉讼应提交司法执政官主持的民众法院(Eliaia)。这份证据会在第262页讨论;在此可以得出结论,它证明了某些事关外国人的审判在公元前5世纪下半叶会提交司法执政官。但这也许是一例外规则,仅适用于卡尔基斯人,因为雅典人特别想对卡尔基斯严密监控。

然而,到了公元前4世纪,此趋势进一步发展。几件著名的涉及外国人的公诉事例,他们或为原告或为被告,都向司法执政官提起诉讼,恰如事关公民的案件。① 埃斯基涅斯(1.158)提到,一名外国人因未支付一名孤儿的欠款而被起诉到执政官那里,这是虐待孤儿时通常所采用的检举程序。也许,那时所有事关外国人的公共案件与事关公民的公共案件都遵循同样程序。然而,公元前5世纪授予外国人在作战执政官面前审判的法令,却并非专门针对公共诉讼,而好像意指所有案件,无论私人诉讼还是公共诉讼。可能在公元前5世纪晚期或公元前4世纪早期对此做出改变:事关外国人的公共案件脱离了作证执政官和外事法官的管辖范围,自此之后其与事关公民的公共案件遵循同样程序。雅典人也许认为,无论谁犯有针对社区的违法行为(公共案件的主题)都同样严重。只有一类公共案件仍在作战执政官的职责范围内:这就是无保证人的公诉(graphe aprostasiou),此案的被告永远是外国人。②

公元前4世纪时对外国人私人诉讼的设计较为模糊。从《雅典宪政》(58)中我们得知,作战执政官以抽签形式把不属于任何部落的外邦人或外国代表人为被告的私人案件分配给特定部落的部落法官。因此部落法官,并非作战执政官,此时是负责被告为外邦

---

① Dem. 45.4, 59.16, 59.66.
② *AP* 58.3; See, Lipsius *Recht* 65 n. 48,在979页纠正.

人诉讼的治安法官——我们也许可以假定,那些原告是外邦人的案件也如此,尽管《雅典宪政》并没有对此明确说明——如果案件仅事关公民,那就是部落法官负责的案件类型。《雅典宪政》继续说,作战执政官把外邦人案提交法院审判的那类案件,就是执政官把事关公民的案件(意指家庭和继承案)提交法院的案件类型,也有事关外邦人和自由人身份的案件(apostasiou 和 aprostasiou)。这遗留了没有解释清楚的遗迹,因为有些事关公民的私人案件会由司法执政官(如矿产案)、市场管理员(如市场损害货物案),或其他治安法官提交。我的猜测是,尽管没有证据证明此事,但到了亚里士多德时代,所有涉及外邦人的案件都与公民案件一样提交给相同的治安法官,《雅典宪政》的作战执政官负责的案件系列是那个时期的完整目录。如果这是正确的,那从公元前 5 世纪时作战执政官职能的弱化就是标志着公民和外邦人之间的差异在减少。

公元前 4 世纪上半叶的法律条约残篇中提及的外事法官(xenodikai)揭示了他们仍存在,且在某个时期参与一些条约诉讼。[1]他们也许继续负责涉及非外邦人或外国代表人的外国人私人诉讼,直至本世纪中期由于商法的引入才导致了制度的变更。(本章后面会对此讨论)

## 雅典帝国

雅典涉及非雅典人的案件数量急剧增长,导致外事法官的设置,这可能是由于公元前 5 世纪中期提洛同盟到雅典帝国的转变。当"同盟"成为"雅典统治下的城邦"时,后果之一是,同盟城邦的公民有时要到雅典来审判。但并非所有审判都如此:许多条约诉讼

---

① *IG* ii² 46.144.

仍像以前那样,①即使有时这意味着一个雅典人在附属同盟的城市被起诉,而那里对雅典帝国的怨恨可能会导致法官或陪审员作出对他不利的判决。修昔底德曾让雅典人略带愤愤地自夸于他们在此方面的温和,对此疑难句子的适当翻译大概为:"尽管我们在与盟邦的条约诉讼中处于不利地位,但在雅典我们为公正的审判而制定法律,因而,他们视我们为好讼!"②然而,臭名昭著的是,雅典人迫使很多审判在雅典进行。③

这样的审判有几种类型。首先,事关贡金的诉讼,其为臣属盟邦被迫支付给雅典的,这自然要在雅典审判。卡里尼亚斯动议的法令改进了征收贡金的制度,其包含的条款规定任何被指控犯有事关贡金违法行为的雅典人或盟邦所采用的法定诉讼程序;如果铭文的遗失部分得到适当恢复,那任何有意愿的雅典人或盟邦都能以公诉方式向公民议事会提起,如果他们认为指控得当,那就会把案件提交民众法院审判。④ 另一条法令,日期是公元前426年,规定对任何被控干涉贡金征收的人以公诉程序提交法院的诉讼任命监督者(epimeletai)。⑤ 至少有两次不同城邦的贡金数被重新评估,雅典人召集了1000名或1500名的陪审员审判对评估的上诉,并且任命介绍者(eisagogeis)(不要与公元前4世纪时同样称号的治安法官混淆)⑥。不赞成帝国主义的那些人自然会认为雅典人强迫缴纳贡金的行为是错误的。但,如果他们曾承认确实要进贡,那

---

① *IG* i² 60. 8 – 9, 116 (ML 878) 26, ii² 1(ML 94)18.

② Th. 1. 77. 1;See, E. G. Turner in *CR* 60(1946)5 – 7, de Ste Croix in *CQ* 11(1961) 96 – 100,Gauthier *Symbola* 163 – 4, Meiggs *Empire* 228 – 33.

③ [Xen. ]*Ath*. 1. 16, Isok. 4. 113, 12. 63 – 6.

④ *SEG* x 31(ML 46)31 – 43.

⑤ *IG* i² 65 (ML 68)37 – 51.

⑥ ATL *List* 25. 60 – 1 and A₉(ML 69)7 – 16.

他们自然不会同意同盟国自己决定其缴纳的数额;值得注意的是,所抱怨和争执不仅被武力或帝国命令拒绝或压制,而且还被提交给陪审团法庭审议。

第二,如果一个雅典人想以公诉来起诉臣属盟邦中一个城市的公民(也许仅针对某种特定犯罪行为,我们对此的证据过少,以致难以显示此规则涵盖的范围),审判应在雅典举行。被告需要来雅典,如果被认为有罪,雅典的判决可能在他自己城邦被执行。在阿里斯托芬的《群鸟》中,其中一个角色是一名自大的政府监督员,他从雅典出发去监管一个梦境之国(cloudcuckooland)的新城市,在整个剧本中,它都被戏谑性地看待为好像是雅典的一个臣属盟邦。佩斯忒泰鲁斯打他,他大叫道:"我以严重人身侮辱的罪名传唤佩斯忒泰鲁斯,他必须在十月份(Mounikhion)出庭!"(《群鸟》,1046-7)严重人身侮辱罪的起诉程序是公诉,看来佩斯忒泰鲁斯要到雅典审判。后来诬告者登台。他渴望拥有翅膀,这会使他在诉讼中拥有绝对优势(一般是公诉,因为私人诉讼不需要自愿诉讼者):他能够传唤某岛上的非雅典人,然后在被告到达雅典抗辩前,飞往雅典接受审判和判决,然后在被告从雅典返回前再飞回某岛执行没收有罪之人财产的判决。① 这一幕以闹剧告终;然而,如果岛上的非雅典人在被雅典人以公诉方式起诉时事实上不需要到雅典,那喜剧效果会大打折扣。

甚至当一名附属盟邦的城市公民被自己的同胞起诉时,雅典人有时也坚持对审判进行控制。在公元前453/2年的一份雅典法令中有其最早的迹象,法令制定了小亚细亚沿岸的埃里斯莱城邦的规章。法令的一部分规定了杀人罪和其他犯罪的惩罚,这明显

---

① Ar. *Birds* 1454-60;See,de Ste Croix in *CQ* 11(1961) 279-80.

**古典时期的雅典法**

暗示了这些犯罪的审判会在埃里斯莱举行；但埃里斯莱的公民议事会成员在某时需要立誓，其含有这样的话语："我不会接纳任何被放逐的人……那些没有与雅典公民议事会和雅典民众合作而随着米堤斯人一起逃亡的人，我也不会驱逐那些剩下的没有与雅典公民议事会和雅典民众合作的人们。"①这好像意味着在埃里斯莱有一场援助波斯人的革命，但雅典人平定了此次革命；现在雅典人保留了对任何企图回到埃里斯莱的革命派的惩罚权，并禁止对任何支持雅典的埃里斯莱人施加驱逐的惩罚。因此干涉埃里斯莱人的司法权是政治行为，其目的是为了支持赞成雅典人的政体。

　　后来，在为埃维厄岛（Euboia）的卡尔基斯制定的规章中，雅典人走的更远："卡尔基斯人诉卡尔基斯人的审判（Euthynai，在此也许并不限定于对前任治安法官的审判）在卡尔基斯举行，就像在雅典对雅典人的审判一样，除驱逐、死刑及剥夺公民权外，对这些罪犯，要提交到雅典，由司法执政官主持的民众法院审判。"②这意味着卡尔基斯法院不允许施加此三种最严厉的惩罚；如果认为有必要判处，那案件就要提交到雅典，在那里会重新审理此案——不仅可以在外事法官的法庭里，此时期此法庭审理的是雅典人和外国人之间的小额争讼，而且也在司法执政官主持的法庭里，此法庭审理许多重要类型的案件。这可能意指雅典人希望掌控所有具有严重政治影响力的案件。也许有人会说，此举是为了确保支持雅典的卡尔基斯人无罪，而对反对雅典的卡尔基斯人定罪。

　　此规则在整个雅典帝国时期普遍存在。米利都（Miletos）与萨默斯（Samos）法令也规定，某些米利都的或萨默斯的罪犯要到雅典

---

① *IG* i² 10(ML 40) 26 - 9.

② *IG* i² 39(ML 52) 71 - 6；See, de Ste Croix *CQ* 11(1961) 271 - 2, Meiggs *Empire* 224 - 5.

接受审判,并遭受死刑或驱逐或剥夺公民权附带没收财产的处罚,尽管这两份法令的铭文是零散的,细节也不明晰。① 一位绰号为"老寡头"的匿名作者说,雅典人对附属盟邦中可能反对他们的那类人处以"剥夺公民权、没收他们的财产、驱逐、死刑"。② 约公元前415年的一位发言者评议道,"甚至没有一个城邦在不经雅典人同意的情况下判处任何人死刑";其"一个城邦"一词比较模糊,但可能意指此规则适用于雅典帝国内的所有或大部分城邦。③ 少数几人,也许是他们自己城邦中雅典的拥护者,被赋予专门的特权身份:不经雅典民众的同意,不能给他们施加任何惩罚。④ 通过法律手段清除同盟国中亲雅典人的障碍,可能会激发反抗雅典的人以更为狂热的谋杀方式擅自处理;于是,也诞生了这样的规则,如果一个雅典人或任何非雅典之人(很清楚是雅典拥护者)被杀,而杀人犯没有被绳之以法(或即便其已被绳之以法,其规则细节并不明晰),那发生凶杀案的城邦都将支付雅典 5 塔伦特的罚金,数额极大。⑤

所有这些揭示了,在公元前 5 世纪下半叶,雅典人确实对雅典帝国内的城邦司法权干涉颇多,其首要的目的无疑是想在政治上控制它们。但在幸存下来的对此事的最长评议中,"老寡头"揭示了这也有经济上和社会上的考量。

---

① Miletos: *IG* i² 22. 27 – 33; See, D. W. Bradeen and M. F. McGregor *Studies in Fifth - century Attic Epigraphy* (1973) 24 – 70. Samos: *IG* i² 101. 7 – 9; See, D. M. Lewis in *BSA* 49(1954) 29 – 31, de Ste Croix in *CQ* 11(1961) 272.

② [Xen] *Ath*. 1. 14.

③ Ant. 5. 47; See, de Ste Croix in *CQ* 11(1961) 271, Meiggs *Empire* 224 – 6.

④ *IG* i² 59. 20 – 2, *SEG* x 76. 5 – 6.

⑤ *SEG* x 23. 7 – 13, 99. 1 – 3, Ar. *Peace* 164 – 72; See, Meiggs in *CR* 63 (1949)9 – 12, de Ste Croix in *CQ* 11 (1961) 268, MacDowell *Homicide* 127 – 8, Meiggs *Empire* 227 – 8.

雅典人欠考虑的另一个方面是他们迫使盟邦到雅典审判的做法。但通过计算雅典民众由此获得的受益即可答复此批判：首先，整年都会获得诉讼费用；其次，待在家里，无需航行，他们就能控制盟邦，法庭上释放民主派，并给他们的对手定罪；然而，如果每个城邦都在自己的土地上审判，对雅典的敌意就会使他们对那些自己城邦中极力讨好雅典人的人定罪。除此之外，雅典民众也从在雅典审判盟邦中获得以下受益：首先，城邦在比雷埃夫斯港获得超过十分之一税；其次，房屋出租生意会很好；再者，那些出租车辆或奴隶的人的生意也会不错；再者，传令官由于盟邦人员的到访也会做得更好；除此之外，如果盟邦人员不为审判而来，他们会仅仅尊敬那些出访的雅典人，将军，三层桨战舰资助人及大使；但实际上，每个盟邦成员都被迫屈从雅典民众，因为他们认识到，当他们作为原告或被告到达雅典时，主持审判的法官们就是雅典民众，因为这是雅典的法律；他要在法庭上辩护，且与任何一位到来的陪审员握手寒暄。这让盟邦成员更像是雅典民众的奴隶。（色诺芬，《雅典政体》16－18）

雅典帝国终结于公元前405年。在公元前378/7年时，雅典人组建新的联盟，现在通常称之为第二雅典联盟，此时期与第一帝国时期的司法实践并没有多大变化。但也的确有一些改变：出台的法令中提及由联邦委员会主持审判。（或，可能性极小，由联盟创立的独立法院。①）如果另一法令的残篇得以适当恢复，可能会揭示在科奥斯(keos)岛上的任何城邦，雅典人对超过100德拉马克数额

---

① *IG* ii² 43(Tod 123) 41－6 and 57－63；See, J. A. O. Larsen *Representative Government in Greek and Roman History* (1955)61－4.

的事情起诉时,有权在雅典接受审判。① 但没有足够证据显示,在第二雅典联盟时期,此类控制范围有多大。

## 历法与海事法官

雅典帝国在公元前 5 世纪下半叶案件的增多,让我们看到了企图制定历法的最初迹象。零散的米利都法令清晰地规定了不仅某些审判在雅典举行,而且是在某些月份举行:八月(Anthesterion)和九月(Elaphebolion)(也许是公历的二月和三月),此两个月之前的另一月份名字已遗失。② 卡里尼亚斯(Kleinias)动议的征收贡金法令一度提到于 lion 为词尾的月份以公诉(graphe)程序提起诉讼,但前面字母已遗失:可能是七月(Gamelion)或九月(Elaphebolion)或十一月(Thargelion)。③ 另一铭文也与此相关,尽管它提及的并不是盟邦,而是公元前 445 年或之后不久在艾斯忒阿(Hestiaia)(埃维厄岛的北部)的雅典属地。法令规定了新据点的审判组织结构。雅典属地的公民在艾斯忒阿设有法院处理某些案件类型,但其他一些(刻有那些案件类型的铭文部分没有保存下来,但也许是最严重的案件)案件提交到雅典,在某月份由海事法官主持的法庭审判,但月份的名字没有保存下来。④

阿里斯多芬喜剧中有两个片段模仿了在特定月份审判的行为。一是上文提及的《群鸟》的一幕,此剧中来自雅典的监督者,访问梦境之都(cloudcuckooland),以严重人身侮辱罪传唤佩斯忒泰鲁斯于十月(Mounikhion)出庭。另一残篇提及一位生者与死者的

---

① *IG* ii² 111 (Tod 142)73 - 5.

② *IG* i² 22. 34 - 5.

③ *SEG* x 31(ML 46)67 - 8.

④ *IG* i² 41. 1 - 6.

案件：条约诉讼（apo symbolon），无论是私人诉讼还是公诉，此类案件的审判月份皆为五月（Maimakterion）。如果条约诉讼定期在五月（Maimakterion）审判属实，那这可能是另一喜剧家称此月为"司法月"的原因。[①]

尚没有充足证据阐明，雅典人是如何选择特定类型的案件在此月或其他月份审判。但所有相关案件皆为涉及从海外到雅典来审判的案件。他们是那些案件审判前在雅典苦苦等待了很久的人。可能雅典人把不同的月份分配到不同的城邦，或不同类型的城市（雅典属地，附属城邦，及与雅典订立条约的城邦），以便每个地方的公民，如果与雅典人有纠纷，都知道在一年中什么时间必须来雅典。

艾斯忒阿法令是称呼为海事法官的治安法官的最早证据。此词意指"海员的法官"，其基本职能也许是把事关乘船出行的雅典人的案件提交法庭，或因为他们居住在海外（如艾斯忒阿的雅典属地），或因为他们作为水手或商人出行。[②] 与海事法官和商人相关的一份证据是公元前 4 世纪 90 年代的一份演讲词中一个很难翻译的句子。发言者说，他企图以普通方式起诉某个雅典人，要求恢复属于他的房屋和土地；他们以诉讼折断方式来反驳，因为他们是商人，这意味着他不能继续进行原初的诉讼。相反，在翌年七月（Gamelion），他向海事法官重新提起诉讼；在我们存有的文本所处的时代，海事法官仍不能宣布判决。这好像确定了事关商人的案件由海事法官而非其他治安法官受理。但提及的七月（Gamelion）是否意味着他们仅在此月受理商人案件？ 其是法律要件或仅因他自身

---

① Ar. *Birds* 1046 - 7, fr. 278, Philetairos 12.
② *Lex. Rhet.* 283. 3 - 4.

拖延最终导致起诉者苦等到此月呢？我翻译为"宣告判决"一词是否意味着海事法官无需呈交陪审团（可能是快速审判）而自己本人裁定案件呢？或仅仅是他们主持法庭且在形式上宣告陪审团的判决呢？我们现有资料还难以回答这些问题。[①]

也有一些证据表明，公元前5世纪时海事法官提交法庭审判的案件，其案件为一人因冒充雅典公民而被起诉。但对这份证据的解释有争议，并不清楚此行为如何与海事法官的其他职责相适应。[②]

尽管关于海事法官和外事法官幸存下来的证据很少，但这并不说明他们不重要（因为公元前5世纪时有关法律程序的证据极为凌乱）。合理推测是，两者都存在，因为公元前5世纪时雅典海上事业和雅典帝国的增长致使在雅典事关非雅典人或长时间离开家乡的雅典人的审判数量剧增；这类人需要法院和治安法官依据某种历法而工作，以便原告和被告知道何时为其审判而到雅典。但海事法官和外事法官不仅仅是帝国主义的工具；尽管雅典帝国于公元前405年解体了，但他们一直延续到公元前4世纪的事实证明，其还有其他用途。

## 商法和按月诉讼

但在公元前4世纪上半叶，有对海事法官不满的迹象。在公元前4世纪90年代，有发言者（吕西亚斯，17.5）抱怨海事法官仍没

---

① Lysias 17.5；See，Cohen *Maritime Courts* 164 n. 14.

② Harp. and Hesykhios under ναυτοδίκαι，Pol. 8.126；See，A. W. Gomme *Esseys in Greek History and Literature*（1937）82 n. 1，U. Kahrstedt in *Klio* 32（1939）151 – 2，Jacoby's commentary on *FGrH* 342 F 4，A. Andrews in JHS 81（1961）13，Cohen *Maritime Courts* 162 – 84.

宣布其案的判决。约四十年后,我们发现色诺芬在事关雅典税收的论文(Poroi, 3.3)中说,雅典是极好的宜商城邦,但有一点除外:"只要有人向市场的治安法官提供奖励,奖赏那个最公正、最迅速解决纠纷的人,以便让意欲远航的商人免除担心,这会使贸易更为大众化和令人满意。"这所指的也许是海事法官,也许也指外事法官,因为色诺芬既提到了非雅典商人也提到了雅典商人。商人对速度和效力的需求增长,可能是公元前4世纪中期发生巨大变革的主要原因。变革的日期可能在公元前355年到公元前342年间,这是色诺芬的论文写作的最早日期,也是《论阿隆内苏斯》的演讲词中提及新制度的日期。

海事法官和外事法官被废除了。雅典人与其余城邦之间的法律条约,及由之所引发的诉讼,成为司法执政官的职责。[①] 但事关外国商人和船主的案件(雅典人与外国人之间必定有大量的诉讼)现在与事关雅典商人和船主的案件一起归类为"商事诉讼"(dikai emporikai)。"船主"意指掌控商船的人;他可能自身拥有,也可能是船舶所有人的雇员或奴隶。"商人"(emporos)意指在一城邦买进商品到另一城邦出售的人;通常他会在运输货物的船上作为乘客出行,或他既是船主又是商人,他用自己的船运输自己的货物。商人通常借入资金以便购买大量货物,且用货物作贷款抵押。从有限的证据中可以判断,此类贷款大部分会导致纠纷。

依据新的规定,其称为"商法",事关商人和船主的诉讼向司法执政官提起。[②] 诉讼从三月(Boedromion)到十月(Mounikhion)(约7月到次年4月),每月举行一次(emmenoi)审判,犹如德摩斯

---

① *AP* 59.6.
② Dem. 33.1, *AP* 59.5.

梯尼(33.23)所言,但此片段也给现代学者带来解释上的苦难。过去人们认为"月份"意指判决从提起诉讼始,一月之内完成,但美国的律师和学者,Edward. E. Cohen,在其著作《古代雅典的海事法院》表明,正确的解释为每月一次受理案件申请。我们推定,以前的不满是因为商人和船主在法律诉讼开始之前已经在雅典等待了超过一个月的时间了。在夏天,这尤其让他们恼火,因为他们要充分利用一年中适宜航运的天气时段,而不是作为原告逗留在雅典,这是不能把夏天的四个月用来审理案件的原因。此片段确实意指规定的月份之外,完全没有商事案的审判,这不是没有审判,而是指没有每月一次的审判,演讲词后面(33.26)提到"当审判进行"的时间,表明此说法正确。一些学者甚至修补(33.23)文本为"从十月(Mounikhion)到次年三月(Boedromion)",但这是错误的,因为商人案在冬天被禁止毫无道理。①

借此程序提起的诉讼,依据可能是纠纷当事人把其协议具体化于一份书面契约里,原告起诉被告没有履行协议。协议要么签订于雅典市场,要么在去或离开雅典市场的航线上。② 协议中规定了船主或商人要驶往某特定港口却没有做到的行为的惩罚(尽管我们并不知道是什么)。③ 如果法院对以此程序提起的诉讼作出判决,那有人应支付某些数额,他本人则将被监禁直至支付完毕。④ 但如果一个人被认为无正当理由就起诉船主或商人,那他本人就作为诬告者以检举不称职程序和押送官府程序被起诉。⑤

---

① See,Cohen *Maritime Courts* 23 - 59.
② Dem. 32.1, 33.1 - 3, 34.3 - 4, 34.42; See,Cohen *Maritime Courts* 100 - 14.
③ Dem. 56.10.
④ Dem. 33.1, 35.46 - 7,56.4.
⑤ Dem. 58.11.

此设计的主要目的,是让商人和船主及时获得正义,而不会因为在雅典等待审判而剥夺他们几个月的生计。每月受理案件的观念(极有可能是每月的同一天)好像很成功,因为它扩及到其他的案件类型。这并非是一个全新的观念:阿里斯多芬《云》中的斯特普斯亚德斯(Strepsiades)害怕在当月的最后一日被债权人起诉的情节,就可能暗示着甚至在公元前 5 世纪时,债务诉讼也在每月的某天被受理;执政官应在除十二月(skirophorion)外的每个月都受理继承案件的法律也是比较早的。① 但在公元前 4 世纪下半叶,我们发现有整组基于此的案件。事关征税权的购买权,收税者(apodektai)是负责的治安法官;事关矿产的诉讼(dikai metallikai),由司法执政官提起,都是此意义上的"月份"。② 大约这个时候(也许直至公元前 330 年才有)设置五位新治安法官,即呈案官(eisagogeis)("介绍者",不要与公元前 5 世纪的同名治安法官混淆)来接管大部分其他金融案件,他们每月把案件提交法庭,包括银行业务案和三层桨战舰资助人案及各种各样支付贷款或嫁妆的案件。很明显,经济事务中要求快速审判是必要的。但殴打案、及奴隶和牲畜的索赔案也包括在呈案人每月提交的案件中。③

商法的一个颇为有趣的特征是书面协议。这是商事中迄今普遍使用书面协议的迹象。④ 我们所发现的德摩斯梯尼文集中关于商业借贷的演讲信息表明,此类借贷的条件通常极为复杂,以致采用书面声很有必要。贷款以船只,或船员的奴隶,或货物,或部分货物为担保。借方需要在某个码头购买某类货物,然后把它们运

---

① Ar. *Clouds* 1131 - 6,1179 - 80,1222,Dem. 46.22. See,*IG* i² 65(ML 68) 47.

② *AP* 52.3,Dem. 37.2.

③ *AP* 52.2,Dem. 37.2. See,Gernet *Droit* 173 - 9.

④ Cf. Gernet *Droit* 189 - 200.

输到某个码头,或其他几个码头,最后在支付贷款和利息之前,在那儿卖掉货物,再花钱购买某些其他类型的货物,等等。且还有专门条款约定,如果轮船失事应偿还什么(我们掌握的所有相关的合同都规定了在此情况下无需偿还,因此贷款可能充当商人保险的作用),或如果在暴风雨中扔掉部分货物以减轻船体重量来自救应偿还什么。① 当此类借贷有纠纷时,如果仅有的有效证据来自于人们在几个月之前口头达成的协议的回忆(或捏造),可能要花很长时间来区分案件的是与非。制定书面协议就会缩短长时间的争论,因此,新商法采用书面协议应被视为审判加速的一种工具。当然,允许监禁某人直到其支付欠款的规则也是此目的。对商人和船主来说,如果需要在雅典等很长时间让对手付清欠款,那对他们有利的快速审判和裁定无什裨益,因此他需要诱使债务人采用快速支付的手段。

商法中最为值得注意的事,是对雅典人与外国人一视同仁。"商事诉讼和审判对所有人不是一视同仁吗?"《诉拉科里图斯》(德摩斯梯尼,35.45)中的发言者颇带浮夸地问道。他是雅典人,其对手是法瑟里斯人(Phaselite),他极为粗鲁地评价他们的诚实,确如英人有时对威尔士人出言不逊,或反之亦然。但他从没有建议,法瑟里斯人应受制于某种不同的法律程序;相反,他暗示他们应该像雅典人一样被对待。其演讲中(35.10 - 13)引用了一份合同,一名雅典人和一名卡里斯坦人(karystian)向两个法瑟里斯人借款的详细情况;合同中的证人是两个雅典人和一个维奥蒂亚人(Boiotian)。在《诉弗尔米奥》的演讲词中所涉及的人中有一人是名为

---

① E. g. Dem. 35. 10 - 13; cf. G. EM. de Ste Croix in *Debts*, *Credits*, *Finance und Profits*(ed. H. Edey and B. S. Yamey,1974) 41 - 59.

拉姆佩斯(Lampis)的船主，据说是第戎(Dion)的奴隶；然而他借贷并在仲裁员面前作证，没有任何迹象表明其法律权利少于其他相关人员。① "周游世界，留恋于市场，使我与大部分远航的人很熟。"另一发言者如是说(德摩斯梯尼，33.5)。公元前 4 世纪的希腊商人们正日趋成为一个国际性的团体。新的雅典商法承认这个现实，因而是希腊世界走向统一的重要一步。

# 十六　审判和惩罚

## 治安法官启动诉讼

最后一章是对前面各章分别提到的德摩斯梯尼时代案件判决程序的许多要点连同其余信息的综述。在个人以个人身份对他人提起诉讼变得更为常见之前，让我们首先看看治安法官采取正式行动的案件。

治安法官对各种各样事关其职责范围的轻微犯罪处以罚金。德摩斯梯尼(21.179)提到，负责组织狂欢节节庆的执政官和其辅佐人，有权对节庆上的不当或目无法纪行为的个人处以罚金，我们存有公元前 421/0 年的法律文本，它将在下一节中引用，其赋予检祭者(hieropoioi)同样权力以对火神节(hephaistia)游行中的目无法纪的人处以罚金。无疑，所有负责组织节庆的官员都被赋予这种权力。另一法律(也许是真的，尽管它在埃斯基涅斯(I.35)文本中的位置有误)规定，公元前 4 世纪时主持公民议事会和公民大会会议的官员即主席(proedroi)，可对发言者的不切题的或詈骂的言

---

① Dem. 34.5；U. E. Paoli *Studi di diritto attico* (1930)105‐9，Gernet *Droit* 162‐3.

辞、及以某种指定方式打断程序的行为实施罚金。也有法律授权任何官员可以对在其办公室内辱骂他的人实施罚金;[1]埃斯基涅斯(3.27)评论道,德摩斯梯尼在担任维修城墙的官员(teikhopoios)时,"像其他治安法官一样"施加罚金。因此,很清楚,治安法官施加罚金的权力没什么特殊,当然,只是恩准少数治安法官在特定情形下如此行为。一般原则是,被委任行政职位的人不仅需要履行各种职责而且也有权惩罚任何企图阻碍他履行职能的人。

关于火神节日的法律的相关部分规定了检祭者依其职权施加罚金的限制。

> 检祭者应注意,应尽可能地使游行顺利进行;如有人行目无法纪之事,他们有权施加高达 50 德拉马克的罚金并把他从游行名单中清除出去。如果有人应受更大的惩罚,他们便会施加他们认为适当的高额罚金并呈交到执政官法庭。(IG, i2 84.26-30)

同样,关于公民议事会和公民大会的会议秩序的法律也授权主席施加 50 德拉马克的罚金,但要求他们把应处以更重惩罚的人提交公民议事会和公民大会审判。关于孤儿和女继承人的法律授权执政官"依据固定比例"处以罚金,而对应处以更重惩罚的人提交民众法院审判。[2] 由此,可以合理推出,所有官员依其职权施加的罚金均局限于 50 德拉马克。然而,如果被处罚金的人认为自己遭受了不公正的对待,他仍然有两种方式使其案子得以审理:未支付罚金,因而,如果他在作为城邦的债务人以检举(endeixis)或注销(apographe)程序被起诉时,他可以陈述其案情;或,他会在治安

---

[1] Lysias 9.6-9.

[2] Ais. 1.35, Dem. 43.75.

法官任职审查（euthyna）时提出诉讼。

某类治安法官可依其职权施加除罚金外的其他类型的惩罚：战场上的将军。

> 当他们指挥部队时，他们有权监禁无纪律的人，并发布告示，且对他处以罚金；但他们不会经常施加罚金。（《雅典宪政》，61.2）

在这个片段中，此处译为"告示"一词的阅读和解释令人生疑，但主旨是清楚的：在面对敌人时，为了维持纪律，罚金的威胁是不适当的和不合适的。军事长官自然有权立即逮捕。文职官员（包括将军，他没有军事出征时）皆局限于罚金。然而，他们的惩罚权值得注意，50 德拉马克的数额相当大。雅典官员施加惩罚的权力比现代警察和交通管理员对违背停车条例的人处以当场罚金的权力大得多。

即便如此，必定有些案件，治安法官希望施加比 50 德拉马克罚金更重的惩罚。此时，清楚的是，他应把案件提交陪审团法庭审判。由此可假定，审判程序与原告为私人的案件一样（本章后面有述）。唯一的困惑是，至少在某些案件中，提起诉讼的治安法官可能与主持法院的治安法官一样。吕西亚斯揭示了将军作为治安法官主持审判部队开小差的人时，能够自由地反对或赞成被告的发言。也许是，一个将军主持程序而其他将军起诉或辩护。但也有可能，雅典人并没有注意要把这两项职能分开，因而允许同一治安法官既为主席也为原告。

## 私人启动诉讼

大部分案件的起诉通常非由治安法官而由私人提起，其先让对手出现于适格的治安法官面前，以便他投诉或指控。如果他不知适格的治安法官，他需要查阅篆刻的法律文本或向更有知识的人咨询（例如写诉状的人），他们能够指导他。

在德摩斯梯尼和亚里士多德时代，主要的类别是这些：执政官受理事关雅典家庭成员之间关系的案件，包括遗产继承的纠纷；也受理事关某些宗教节庆的案件，包括酒神节节庆中的纠纷案件。巴昔琉斯受理大部分事关宗教和杀人的案件。作战执政官受理事关外邦人家庭和身份的案件。司法执政官受理的案件比较宽泛，包括许多种公共案件、商人案件，及依据与其他城邦的法定条约而引发的案件（dikai apo symbolon）。十一人委员会受理大部分的"违法犯罪者"（kakourgoi）的案件，及其他审判前被捕并囚禁在监狱的人的案件。军事、金融和市场官员受理事关他们所负责的行为的案件。呈案官（Eisagogeis）受理各种各样的月份案件。其他种类的私人案件由四十部落法官受理。①

所有这些治安法官并非每天都受理诉讼。各种不同类型的诉讼分别指定不同的受理日期，尽管仅有少数日期为我们所知。某些种类的指控，每月都有一天来受理，但其他种类诉讼的受理天数必定少于此。杀人案不能在当年最后三个月内的任意时间提起；交换财产案仅在当年中的某一天提起。另一个极端情况是逮捕违法犯罪者（kakourgos）并押到十一人委员会（eleven）的案件，可在当年中的任何时间提起押解官府诉讼。

一旦原告知道哪位治安法官在哪一天受理其欲提起的诉讼，其下一项的工作通常是让对手在那一天出现在治安法官面前。这意指要发传票。传唤是口头的，非书面的，由原告自身而非公共官

---

① Cf. Harrison *Law* ii 7 - 36.

员发出。他走到对手面前,说:"我因 Z 违法行为传唤你在 Y 天出现在 X 治安法官面前。"但要使他的传票有效,就必须有人作证;否则,被告可能不会出现治安法官面前,然后认为他从没有被传唤。公元前 5 世纪 20 年代,有一个传唤证人(kleter)足够了。① 但在公元前 5 世纪晚期和公元前 4 世纪,则需要两个传唤证人。② 因此发传票的人,如果必要的话,会让一个或两个朋友跟着,他们来证实其已发了传票。为传票送达作假证(pseudokleteia)是违法行为,违法者会被以公诉程序向司法执政官提起,由陪审团来确定惩罚。如果一个人被判处此罪三次,他就自动被剥夺公民权。③

尽管在大部分事关小孩或妇女的法律事务中,会牵涉到为他(她)的利益而行为的主人,但让妇女自己去发传票也是可能的。④

某些类型的案件,发传票是必要的。在押解官府或引官捉拿罪犯的案件中,无需传唤被告,就可逮捕他并投入监狱。检举案中也涉及逮捕和监禁;没有证据表明以检举(endeixis)程序提起诉讼的原告,在不必逮捕被告的情况下,是否要发传票来代替。向公民大会和公民议事会提起的检举诉讼(eisangelia),无需事先发传票,尽管主持会议的主席团们(prytaneis),如果事先知道检举(eisangelia)案,他们会采取措施让被起诉的人出席。在仲裁员大会上,依检举(eisangelia)程序指控仲裁员或在官员的资格审查(dokimasia)时指控他,都不必发传票,因为在这些场合,被指控的人无论如何都会在场。在杀人案中,首先是发布宣告,命令被告"远离法律制定的事物",没有证据显示是否附带着传票。在遗产继承案中,

---

① Ar. *Clouds* 1218, *Wasps* 1408,1416.

② *Hesperia* 4(1935) 15 no. I line 5, Dem. 40.28, 53.14.

③ Dem. 53.15 - 18, And. 1.74, *AP*59.3.

④ Ar. *Wasps* 1406 - 8.

由于没有被告,因而无需传票(除非提出新的权利请求,质疑已被赋予继承权的继承人),但在公民大会的每月主要会议中,所有这些请求都会被大声朗读出来,以提醒任何希望反诉的人。

在审判日到来时,原告或权利请求者就其指控或权利请求向治安法官陈辞。在德摩斯梯尼时代,它总以书面形式呈交,不仅在公诉中,而且在私人诉讼中也是如此。上文已引用了一些指控的事例。

除提交指控外,原告在一些案件中,也要支付诉讼费用。在某些类型的案件中,原告从其对手那里索求钱财,他需支付诉讼费用(如果索求额度超过 100 且少于 1000 德拉马克,需支付 3 德拉马克;如果索求额度超过 1000 德拉马克,需支付 30 德拉马克);如果他赢了,被定罪的对手就需归还他已支付的讼费,偿还债务或支付其他欠款除外。① 在某些案件中,无论公共案件还是私人案件,他应支付称为保证金(parastasis)的费用,具体数额不清。② 需要公共仲裁员的案件中,原告需支付 1 德拉马克的费用给仲裁员,也称为保证金(parastasis)。其他类型的案件无需支付费用。③ 但我们不清楚为什么在一些案件中有诉讼费而另一些案件中却不需要。

如果被告为外国人,他需要提供担保人以确保他会在雅典出席审判;也就是说,如果他没有出席审判,有人(可能是雅典公民)会支付议定款项。如果他没有提供担保人,他会被监禁起来直到开庭审判。④

在大部分案件中,受理案件的治安法官的主要职责是,在提交

---

① Ar. *Clouds* 1131 - 1200，Dem. 47.64，Pol. 8.38，etc.

② And. 1.120，AP 59.3.

③ Isok. 20.2，Isaio 3.47.

④ Isok. 17.12，Dem. 32.29.

法庭审判前,对案件进行初步调查,称为预先审查(anakrisis)。因此,在提出指控的当天,每个案件的原告和被告都会首次出现在他面前,他需为每个案件确定一个预先审查的日期。他可能通过抽签为各种案件指定日期。对此最合理的解释是常用于案件起诉的一个短语"lankhanein diken",其字面含义为"抽签分配案件"。如果治安法官为你指定了预先审查的日期,这意指你已成功提起诉讼。

## 预审程序

治安法官受理指控后,便会把它张贴在市场的布告栏里,其紧靠十部落的齐名英雄的雕塑。① 如果是杀人指控,巴昔琉斯会发布宣告,命令被告"远离法律所规定的事物"。

然后是治安法官的预先审查。从历史上看,这可能是几个世纪前国王和执政官裁决案件程序的延续。甚至在公元前 4 世纪的某些案件中,治安法官仍有可能在此阶段作出判决。我们已知四十部落法官和收税员(apodektai)有权裁定不超过 10 德拉马克的小额度纠纷,②也许此权力为所有处理金融案的治安法官所享有。但在公元前 4 世纪时,对这些例外的小额度案,治安法官也不能作出裁决。

那么,怎样预先审查呢? 程序开始于大声朗读原告提交治安法官的指控。然后询问被告是否对此认可,如果他否认,就会提交相关的正式说明。③ 如果是遗产继承权案,那所有在市场看到布告或在公民大会听到遗产案审判的权利请求人,都会在预先审查时

---

① Ar. *Clouds* 770, *Wasps* 349, Isok 15.237, Dem. 21.103.

② *AP* 52.3, 53.2.

③ Dem. 45.46.

出席,每个人都要提交他所主张的理由说明,至少在某些案件中,他也需要支付其所主张的财产价值的 10 分之一作为保证金(para-katabole)。① 然后,每个纠纷当事人或权利请求人都会立誓(通常称为 antomosia):他所提交的指控或否认或请求都真实可靠。② 但在继承人被死者亲属因欠债起诉时,他仅立誓他没有欠他钱款③

另一可能性是,被告主张案件不应被受理,因为这是法律不允许的案件或需要不同程序的案件,或这是已被裁决的案件。此类主张是诉讼折断(paragraphe),其阻止诉讼继续进行,直至诉讼折断裁决完毕。同样在遗产继承案中,如果提交非法起诉(diamarty-ia)的权利请求人声称他是去世之人的合法儿子,那其他权利请求就不会得到治安法官的认可;仅在证人被判作伪证时,非法起诉才会被撤销。

预先审查(Anakrisis)的主要部分是讯问:治安法官对纠纷当事人或权利请求人提出问题,他们也可以相互提问题。这会让每个人更为清楚地明白,另一人提出了什么主张及纠纷的焦点是什么,并会帮助他们决定如何最好地在审判中展示自己的观点,及需要什么样的支持性证据。

幸存下来的伊西艾奥斯(Isaios)的一份演讲词中,存有执政官主持预先审查(anakrisis)的论述。此案是对优科特蒙(Euktemon)遗留下的地产的权利请求,他的儿子们已不在人世,但在调查时,一些亲属提出非法起诉,声称有两个男孩是优科特蒙第二任妻子的合法儿子。此解释提供了,除在预先审查时可以提出问题的实例外,还表明非法起诉只有在核查了所提问题的正确性后才能阻

---

① Cf. Harrison *Law* ii 179 – 83.

② Isok. 16. 2, Isaios 3. 6 – 7, 5. 1 – 2, 9. 1, Dem. 43. 3;cf. Harrison *Law* ii 99 - 100.

③ Dem. 52. 17 – 18.

止诉讼程序。有法律规定这些问题应被解答,且如有必要,调查会被延期,以便于有时间查明答案。

> 当执政官进行调查时,他们为这些男孩支付了担保金,作为优科特蒙的合法儿子,我们问谁是他们的母亲和她是谁的女儿,他们不能回答,尽管我们抗议,但执政官告诉他们依法要作出回答。先生们,想想他们提出权利请求且为了合法儿子的利益而提出非法起诉,然而却不能说出谁是母亲或任何一位亲属!好,那天他们借口说,她是利姆诺斯人(lemnian),获得延期。后来,在调查时,甚至被讯问之前,他们立即说母亲是卡莉普(Kallippe),她是佩斯图克努斯(Pistoxenos)的女儿,好像提出佩斯图克努斯的名字足够了。当我们问他是谁,他还在世吗?他们说他在西西里远征时死掉了……(伊西艾奥斯,6.12-13)

当预先审查结束,且争端的问题显而易见时,就会确定审判日期。但有一些案件采用的程序不同,由部落法官审理的案件被移交给公共仲裁员,这可能意指部落法官仅仅进行简单的预先审查,而大部分留由仲裁员来调查。在杀人案中,巴昔琉斯,不进行预先审查,而是在不同月份进行三次预审判;不清楚预审判是否与预先审查完全不同。没有证据表明,以预审程序(probole)或检举程序(eisangelia)提交公民大会或公民议事会的案件要进行预先审查,也许在这些程序中,案件由公民大会和公民议事会预先审查被认为是没有必要的。

## 证据

审判进行前,每个诉讼参与人都会搜集其想要的证据呈交陪审团。如果是属于提交公共仲裁员的案件,那所有证据都必须在仲裁时提交,后期不能补充证据。否则,要在审判前准备好足够的证据。

一项重要的证据是法条,它是行为对与错的证据。如果诉讼当事人希望引证法律或法令文本,那由他本人而非法庭官员,负责取一份法律文本提交法庭。我们没有见到任何核查他所带文本的真实性的任何程序,但法律规定,任何被发现提出了不存在的法律的人,都要处以死刑。[①](在违法动议诉讼中,所谓的与之冲突的非法的法令和法律都被张贴在告示上。[②] 但在这些案件中,这些文件也许被视为附加指控,而不仅仅被视为支持性证据。)其他书面证据也可被提交,例如一份遗嘱或一份契约。

事实证据主要由证人们提供,他们陈述他们所了解之事。早期,证人在法庭上提供口头证据:召集他来的发言者会对他提问,或请他说出他了解到的事情或确认发言者所说之事。[③] 但在公元前4世纪,证人证词的书面陈述成为一种惯例,应提前写出来,由书记员在法庭上大声读出,证人仅仅确认所宣读的陈词是正确的。(对确认的口头形式不清楚;可能包括誓言,也可能不包括。)并不清楚如此变换的原因;可能是为了节省时间,或更容易理解证据。其变换的具体时间也不清楚;Calhoun 认为,对指控和证人证词强制性采用书面声明的年份是公元前 378/7 年,但这不能被证实。[④]

某些证据类型是不被采纳的。首先,诉讼当事人不能是他自

---

① Lysias 30.3,Dem. 26.24.

② Ais. 3.200,Dem. 18.111.

③ Ar. *Wasps* 963 - 6,And. 1.14,1.18,1.69,etc.

④ Dem. 45.44;cf. G. M. Calhoun in *TAPA* 50(1919)177 - 93,Bonner and Smith *Administration* i 353 - 62.

己的证人；即他不能提交他本人所知道的书面声明并把它作为证据来宣读。其次，道听途说的证据（即某人听其他人说的事实如何的证据）不采纳，除了汇报已去世之人所说的之外。如果证人生病或在国外，其书面声明，如果其他人能够证实则仍可使用。[①] 剥夺公民权的人的证词不能应用，即便他能出席法庭。[②] 女人和小孩从来都不能提供证据，尽管我们并不清楚这是因为法律禁止他们这么做，还是仅因为从社会角度来看让他们在公共法庭上发言是不适当的。在实践中，某些案件采用剥夺公民权的人或女人或小孩的证据可能会大不相同。值得注意的是，雅典人宁愿剥夺诉讼当事人和陪审团的相关证据，也不愿采用他们认为不适合在法庭陈词之人所提供的证据，其原因与案件无关。

但只要证人没有丧失出庭作证的资格，诉讼当事人在法律上就有权要求他出庭作证。他可能会传唤一人出庭作证，无论审判还是公共仲裁，如果那人没有在合适的时间和地点出现，他会以不肯出庭作证（Lipomartyrion）起诉他。[③] 如果他确实出现了，诉讼当事人可能提供一份他自己所写的证词（martyria），希望证人确认，并强调证人要么确认，要么作不确认立誓；此不确认立誓也许是，要么是事实非陈述那样，要么是他对此事一无所知。如果他既没有确认，也没有作不确认立誓，那诉讼当事人会发出一份正式的传唤出庭的声明（kleteuein）：具体内容我们不清楚，但结果好像是，不服从的证人要支付 1000 德拉马克的罚金。[④] 奥布卢杜劳斯可能遵循另一程序，他因损失起诉安提法奈斯，诉由是由于他没有出庭

---

① Dem. 46. 6 - 9, 57. 4, Isaios 3. 18 - 21, Ais. 2. 19.

② Dem. 21. 95, 59. 26 - 7.

③ Dem. 49. 19; cf. Harrison *Law* ii 141 - 2.

④ Ais. 1. 46 - 7, 1. 67 - 9, Lyk. *Leo*. 20, Dem. 59. 28, etc.; cf. Harrsion *Law* ii 140.

作证,导致奥布卢杜劳斯损失了本应从忒莫泰奥斯要回的钱。

如果证人确实依诉讼当事人的要求证实了其所言,那诉讼当事人的另一方可能会认为证据是假的。然后他会以作伪证提起诉讼(pseudomartyrion)。安东柯蒂斯(Andokides)评论道,证人有时会提供判处被告死刑的证据,此时对伪证的定罪如果太晚,那对受害人就无甚用处了。① 这好像暗示,此诉讼非由受害人而由其他人提起,因而所用程序是公诉(graphe),且能在审判后的某段时间内提起,并提交所谓的伪证。也许安东柯蒂斯想到公元前5世纪中期的事件,雅典帝国贡款征收员们(Hellenotamiai)因侵占罪被判处死刑,除一位叫苏兹阿斯(Sosias)的人外,其余都执行了死刑,后面新证据披露出来后,证明他们是无辜的,因此只有苏兹阿斯被救下来。②

但到了德摩斯梯尼时代,采用的程序不同:对方当事人自身需正式驳斥(Episkeptesthai),以表示在陪审团作出判决前,他要以伪证提起诉讼的意图。③ 然后陪审团会投票裁决和惩罚(如果需要),但之后的程序并不完全清楚,好像不同案件有不同的程序。如果判处的惩罚仅仅是支付金钱,被告显然要支付;如果通过正当程序他赢得了伪证诉讼,被判有罪的证人就要补偿他。但如果原案判处的惩罚是死刑(或可猜想,除经济惩罚外的任何惩罚),那就要到伪证审判完毕才执行;如果发现证人犯有伪证罪,那原案的判决和惩罚就会撤销。有时,也会对原案重新审判。在因遗产继承而举行的确权诉讼(diadikasia)程序中确曾如此。如果我们相信训诂学者对泰奥福拉斯特(Theophrastos)的引证,重新审判仅仅在原案事

---

① And. 1.7, Lysias 19.4.

② Ant. 5.69-71.

③ *AP* 68.4, Dem. 48.45; cf. Harrsion *Law* ii 192-3.

关遗产、假扮公民或其他伪证案时才被允许；但并不清楚重新审判是否总在事关这些案件时才举行，也不知道其他案件不被允许的原因。①

任何提供不被允许的证据（如传闻证据）的人，也可能被提起伪证诉讼，②在三个不同场合犯有伪证罪的人自动剥夺公民权；基于此，犯有两次伪证的人就被排除于被迫作证的规则之外——人性化的有趣的豁免。③ 让证人提供伪证和不合法证据的诉讼当事人也要被起诉，其违法行为称为舞弊（kakotekhniai）。④

有专门规则针对奴隶证词：他们不能出席法庭，但奴隶的证词，无论男性还是女性，皆需经拷问（basanos）才可以提交法庭作为证据。理由是，奴隶通常仅了解诉讼当事人一方的事实，且害怕说出对主人不利的事情，除非迫使他道出实情的压力远远大于揭露实情后预计从主人那里遭受惩罚的压力。但奴隶是一份有价财产，折磨会造成损害，因此未经主人同意不能拷问。从而，我们经常在法庭辩论中发现对此的质疑：一个发言者对他的对手允许拷问其奴隶提出质疑，并把"拒绝"解释为对手知道他的奴隶会提供不利于他的证据的暗示；另一发言人把其奴隶让对手拷问，并把接受要约的失败解释为对手知道奴隶的证据会对发言者有利。

因为我知道，陪审员们，在审判后，奥内特（Onetor）接受了阿夫布斯（Aphobos）家里的货物并接管了他的和我的财产，因为我清楚地意识到有女人与阿夫布斯同居，我要求奥内特

---

① Dem. 24. 131, 47 - 49, Isaios II. 46, schol. On Plato *Laws* 937d; cf. D. Behrend in *Symposion* 1971(ed. H. J. Wolff, 1975)131 - 56.

② Dem. 46. 10.

③ Ant. 26. 7, And. 1. 74, Hyp. *Philippides* 12.

④ Dem. 46. 10, 47. I, 49. 56.

(Onetor)转交三名女奴,她们知道有妇女与阿夫布斯同居和且货物在她们手中,因此可能不仅起诉而且还要对她拷问。但当我提出质疑时,且在场的每个人都宣称我所言是正确的,他拒绝了这种尝试。好像有比拷问和证人陈词更有力的证据,他既没有提供他已支付嫁妆的证人,也没有移交知道真相的要拷问的女人来证明他的姐姐没有与阿夫布斯一起生活;尽管我提出要求,但他极为傲慢地脏话连篇地拒绝与我交谈。还有人比这更刚愎,或更故意装作不知的吗?(对着法庭的书记员)拿出真实地质疑书,宣读吧。(朗读质疑书)现在,你认为在私人事件和公共事件中拷问是所有测试中最可靠的。无论奴隶或自由人在那里出现,都会发现事实,你没有应用自由证人的陈词,但你通过对奴隶的拷问来寻求真相。陪审团们,既然证人有时没有提供真实证据,反之,经过拷问的陈词也曾没有证明是不真实的。(德摩斯梯尼,30.35-7)

此片段是众多修辞家赞美雅典实践的演讲词中的一份,这是雅典社会生活中最令人震惊之特点之一。拷问一个人作为对犯罪惩罚的依据是合乎逻辑的,即便令人不悦;拷问一个人让他承认他自己或共犯的违法行为是可以理解的,尽管应受谴责;但为了核实其他人违法行为的真实性而拷问一个无辜的男人和女人,对我们而言,则是荒唐的、无意义的野蛮行为。这与我们习惯视为雅典的人道主义特征相违背。这并不是一种探明真相的有效手段,因为这会诱使证人说拷问者所渴望的而不去道明真相是什么。①

质疑者可能会在证人面前口头提出疑问,但也许更为常用的

---

① Ant. 5.32, Arist. *Rhetoric* 1377a 1-5; cf. R. Turasiewicz *De servis testibus in Atheniensium iudiciis saec. V et IV a. Chr. n. per tormenta cruciatis*(1963).

做法是形诸文字。他会声明他希望对哪个奴隶提问,他们会被询问什么问题;也可能声明,将采用何种拷问手段,谁来折磨,也可能包括同意因奴隶的永久性伤害而支付其主人钱财。① 质疑通常会被拒绝,但我们不会假定它从没被接受过。一些现代学者说,我们所知的事例中,事实上被拷问的奴隶没有导致误判的,因为有三件极为清晰的公民议事会和公民大会授权调查涉及拷问证人的案件。②(这些人可能都是奴隶。有一些证据,自由的外国人作为证人也被拷问,但并不清楚在何种情况下才如此;③更多时候是外国人作为普通证人,没有被拷问。④ 我们也知道,被指控犯有严重违法行为的外国人被拷问的情况,无论让其招供还是作为惩罚。⑤ 但法律禁止对雅典公民拷问。⑥)

如果奴隶被拷问,那他所说的可能会被记下来,然后在法庭上像其他证人的证据一样宣读,只是当时在场审问他的人,不包括奴隶本人,都将出席审判,以确认宣读的文件是奴隶所说的话。但如果拷问奴隶获得的证据被驳回,那质疑者可能会把质疑文本作为支持自己的证据在法庭上宣读,就像已引用过的德摩斯梯尼所写的片段中那样。

另一种可以用于证据的挑战是对誓言提出质疑。诉讼当事人会建议他和对方都要在神殿里就其纠纷的真实性立下庄重的誓

---

① Ar. *Frogs* 615 - 25, Ant. I. 10, Isok. 17. 15, Dem. 37. 40, 45. 61, 59. 124.

② And. 1. 64, Lyk. *Leo.* 112, *Oxyrhynchus Papyri* 2686.

③ Lysias 3. 33; cf. E. W. Bushala in *GRBS* 9(1968)61 - 8, Ant. 5. 49 指米蒂利尼的拷问,在此雅典法无效.

④ Ais. 2. 155, Hyp. *Athenogenes* 33, Dem. 19. 146, 25. 62, 35. 14, etc.; cf. Isok 17. 14.

⑤ Ant. 1. 20, Ais. 3. 224, Dem. 18. 133, Plu. *Nikias* 30. 3, *Ethika* 509b.

⑥ And. 1. 43, Lysias 13. 27, 13. 59.

言。如果对方不同意这么做,质疑者会把他的质疑方式在法庭上宣读,作为对方不可信的证据。①

最终,提供实物证据的可能性,即让陪审团亲眼所见之物。实物证据甚至可能是一个人。当潘忒内图斯(Pantainetos)起诉内科布鲁斯(Nikoboulos)的奴隶的暴力行为时,内科布鲁斯把奴隶带到法庭上以便陪审团看看他是多么脆弱。② 伊索克拉底(18.52-4)记载了一件极为惊人的杀人案事件。卡里马库斯(Kallimakhos)和他姐夫与库拉提努斯(Kratinos)就一份土地的所有权有争议。双方争吵起来最终大打出手,后来,卡里马库斯和他的姐夫声称,他们的老女奴由于遭受了库拉提努斯的伤害死去了。他们起诉他杀人。库拉提努斯为自己辩护而呈交法庭的最佳证据就是,奴隶还活着,被卡里马库斯及其姐夫偷偷藏起来了。

## 审判

当公民大会和公民议事会对以检举(eisangelia)或预审(probole)程序提起的诉讼进行审判时,这些机构无疑会遵循自己的正常程序。战神山贵族议事会和其他审判杀人案的法庭也有其专门程序。在此,我仅描述普通法院的审判程序;它们的名称前文已列出。

审判当日,诉讼当事人和他们的证人和支持者,都会出席受理其案的治安法官主持的法庭。普通民众围绕着法庭围墙站着听审。③ 治安法官主持,陪审团出席,其选举方式前文已述。陪审员们不需要立誓,因为他们在本年度初已立誓,但治安法官以抽签方

① Dem. 49.65,54.40,55.27.
② Dem. 37.44.
③ Dem. 20.165,54.41.

式选出一名陪审员监督水钟,四名监督投票,五名监督当日审判完毕后陪审团的报酬。① 然后,宣布案件开审(如果有几个案件正好在同一天的同一个法院被审,那第一个案件先审),并由法庭书记员宣读指控。②

如果诉讼当事人一方因疾病或身在国外不能出席,他会派遣一位朋友就此事立誓(Hypomosia);如果其他诉讼当事人反对延期审判,陪审团会投票裁定是否延期,或作出有利于出席的诉讼当事人的判决。③ 令人感兴趣的是,延期审判不仅仅被视为由治安法官裁决的行政事务,也是可以视为陪审团的问题,因为这会对诉讼当事人一方有利;缺乏证据的一方会企图制造借口以尽可能长地延缓审判。

> 喜剧家把疑难案件称为"斯基罗斯案",因为逃避审判的人通常会托词,他们已去斯基罗斯岛(skyros)或利姆诺斯岛(lemnos)。(波吕丢刻斯,8.81)

如果陪审团裁定缺席托词不接受,或如果没有提供托词,那自然会作出不利于未出席的诉讼当事人的判决;如果他为被告人,就会自动判处法律所规定的或原告所建议的惩罚。如果缺席的诉讼当事人为原告,且案件是公共案件,那他会遭受 1000 德拉马克的罚金并丧失此后对同样案件的诉权,除非是检举(eisangelia)案。对缺席的诉讼当事人一方的不利判决的案件据说称为"隔离"(eremos);如果他在两个月内提供了证明其缺席的充分理由,那案件就

---

① *AP* 66.2 - 3, *Hesperia* 37(1968) 370 lines 15 - 19.

② Ar. *Wasps* 894, Ais. 1.2.

③ Dem. 48.25 - 6, 58.43, Hyp. fr. 202.

会重新审判。① 但更为寻常的缺席情况是,诉讼当事人知道他无论如何都会输掉官司。预计会被判处死刑的人自然希望在审判前逃离雅典,例如,就像阿尔西比亚德斯和其他被指控亵渎厄琉西斯秘仪和破坏赫尔墨斯雕塑的人一样。

如果诉讼当事人在场,案件就会立即进行陈词。在杀人案中,有证据证明有几类私人诉讼,每个诉讼当事人有两次发言机会(循序依次是,原告,被告,原告,被告),这可能是所有私人诉讼的惯例。② 这种设计给了原告在第二次发言时回答被告提出的一些观点的机会,同时仍留有被告做最后陈词。但德摩斯梯尼在《论伪大使》中提到,他在那个审判中没有第二次发言,因而,在公共诉讼中,发言时间好像比较长(看下一段),每一方只允许发言一次。依据德摩斯梯尼(43.8),在遗产请求案中,每个权利请求人发言两次;然而,《雅典宪政》(67.2)提到,依据确权诉讼(diadikasiai)程序提交的案件在诉讼中没有第二次发言机会。这要么是关于此程序的规则在公元前 4 世纪时已变更,要么是不同种类的权利请求有不同的规定。

发言有一定的时间限制,这对诉讼双方一样,时间以水钟(klepsydra)来测量。水钟为一个大罐子或桶,底端有一个被塞住的小孔。里面装满了水,发言开始时,塞子被拔掉;桶中的水全部流完后,发言者就停止发言。然后,在对方发言时罐子(或另一同样大小的东西)再被装满水。不同大小的罐子应用于不同案件中时间长度不一的发言。对于私人诉讼,《雅典宪政》(67)描述了一些形态:如果纠纷额度多于 5000 德拉马克,那第一次发言的水量

---

① Dem. 32. 27, Pol. 8. 61.
② Dem. 27 - 8,30 - 1,48. 51, *AP* 67. 2.

允许为 10 考尔(khoes),第二次发言为 3 考尔;如果纠纷额度在
5000 到 1000 德拉马克之间,水量则分别为 7 考尔和 2 考尔;如果
纠纷额度少于 1000 德拉马克,则为 5 考尔和 2 考尔;确权诉讼时,
没有第二次发言机会,一次发言的水量允许为 6 考尔。我们在其
他地方读到,继承诉讼的每个权利请求人首次发言的水量为 1 坛
(amphoreis)(即 12 考尔),第二次发言则为 3 考尔。《雅典宪政》谈
到(如果纸莎文本确切)一个法庭一天要审判四件私人案件,并且
发言者立誓要紧扣主题。一个法庭一天只审判一件公诉案件;总
共需要水量为 11 坛,其三分之一(44 考尔)用于原告,三分之一用
于被告,三分之一用于被告被认为有罪时评估惩罚的发言时间。
这一天被称为一个"测量"(diamemetremene)日。[1] 在市场(Ago-
ra)挖掘时曾发现一个水钟;装有 2 考尔水后,六分钟就流完了。因
此,把《雅典宪政》提及的水量转化成现代的时间测量,则 1 考尔为
3 分钟。然而这种等式是不可信的,因为这要依瓶塞的确切尺寸而
定。依据铭文,幸存下来的水钟好像是安图科斯(Antiokhis)部落
的,因而并不能想当然认为法庭上所用的瓶塞与其尺寸一样。[2]

发言时提交的证据。法律文本,证人证词,及其他发言者希望
陪审团在法庭文书宣读时听到的文件。私人诉讼中,水钟会在文
书宣读时被塞住,以便宣读文件时不会占用发言者的规定时间,但
在"测量"日里会被计算在内。[3] 发言者向对方提问,对方需要作
答,但没有理由认为此时应暂停水钟流水。[4]

每个诉讼当事人都为自己辩护,不像现代法庭那样他在诉讼

---

[1] *AP* 67, Dem. 43. 8, 53. 17, Ais. 2. 126, 3. 197.

[2] Cf. S. Young in *Hesperia* 8(1939)274-84, Thompson and Wycherley *Agora* 55.

[3] *AP* 67. 3.

[4] Plato *Apology* 25c-d, Lysias 12. 25, 13. 30-2,22. 5, Isaios 11. 5, Dem. 46. 10.

时静坐而让律师为其代言。并非有铭刻的法律要求他发言，而是因为陪审团不会为一言不发者投票。然而，如果他对自己的法律知识或演讲能力缺乏自信，他会让其他人代写演说词。现有资料明确显示，公元前4世纪时由职业撰稿人代写发言稿已蔚然成风，最近有学者认为，撰稿人通常并不是要写出完整的发言稿，而仅是提供咨询，但这并不令人信服。① 许多幸存下来归于安提丰、吕西亚斯，伊索克拉底，伊西艾奥斯及德摩斯梯尼的演讲词都是为其他人的法庭陈词而写。我们并不清楚，稿件是否要在法庭上宣读，抑或是，牢记住并在法庭上复述出来，后者的可能性更大。也许如此，如果发言者看起来像没有精心准备或外在的帮助时，他本人看起来非常了解案情，这会给陪审团留下非常有利的印象。无疑，某些发言者会无意地或有意地偏离书面文本，且某些文本也会在审判完毕后为了读者而做一些修改。因此，我们难以确信，我们所存有的文本确为法庭上的演讲词。但由于演讲稿的书写和发布并非法律的主题，因此，在此就不继续探讨了。读者可以查阅M. Lavency 的《古代司法文书之要点》一书。

另一援助可能是对其提供支持的发言者。诉讼当事人会在限定时间结束之前停止发言。在水钟允许的时间内，要求其他某个支持人或几个人来发言。在某些案件中，甚至把大部分时间留给提供支持的发言者也是合适的。因此，当埃斯基涅斯起诉泰凡西（Ktesiphon）对德摩斯梯尼的非法法令动议时，他所说的大部分内容是对德摩斯梯尼的抨击而非对泰凡西的抨击，因此泰凡西仅短暂地为自己辩护而把大部分时间留给德摩斯梯尼的支持者发言是

---

① K. J. Dover *Lysias and the Corpus Lysiacum* (1968) 148 - 74, 反对观点见，S. Usher in *GRBS* 17(1976)31 - 40.

较为合适的(即《论皇冠》的演讲词,尽管法庭上的演讲不可能像幸存下来的文本那么长。)我们知道的最极端的事例是《为弗尔米奥而辩》(《for phormion》)的演讲词。弗尔米奥开始是一名奴隶,尽管他后来成为银行家和雅典公民,但他好像不能在雅典陪审团上发言。他必须少说话,以便让支持者发言,因此幸存下来的文本的开头如下:

> 弗尔米奥欠缺演讲经验,雅典人,你们也都见识了他的无能。对我们而言,有必要让其朋友向你们道出并解释他一再告诉我们的……(德摩斯梯尼,36. 1)

支持性的发言者可能是亲戚或朋友,他们因与诉讼当事人的私人关系而发言。如果像现今的律师那般,为了费用而在法庭陈词,那不仅会声名狼藉,而且是违法行为,对此可以通过公诉(graphe)程序提起诉讼。①

起诉和抗辩都可能有支持性的发言者;在检举案(eisangelia)中,当公民议事会和公民大会发出举行审判的命令时,他们通常会指定许多人做诉讼陈词,有时达 10 人之多。② 同样,会有 10 人在对账目不令人满意的治安法官的诉讼中出席。所有此类发言者都用同样的名字,即原告控诉人(Synegoros)(字面含义为"共同发言者")。③

除支持性的发言者外,还有随诉讼当事人一同出席法庭但并不发言的支持者。这些人甚至包括自己的孩子;其臭名昭著的事情是,有时有罪之人因他哭泣的孩子而被心软的陪审员赦免罪行,

---

① Dem. 46. 26.

② Plu. *Ethika* 833f. Dein. 2. 6.

③ Cf. MacDowell *Wasps* 198 - 9.

这是阿里斯托芬讽刺剧的主题。①

　　发言完毕之后,陪审团立即进行投票。雅典审判与现代审判的一个最重要的区别是,雅典没有法官或其他中立的人给陪审团指示、建议或结案陈词,陪审团也不会举行任何正式讨论。每位陪审员仅就诉讼当事人双方的陈词及提交的证据中来对事实问题及法律和公正问题作出自己的裁定。

　　公元前5世纪时,每个陪审员都有一票。所谓的票是鹅卵石(psephos)和贝壳,随他一起带到法庭上。法庭上摆放着两个罐,一个表示有罪,一个表示无罪;陪审员们列队缓缓走过它们,首先路过表示有罪的罐,其次是表示无罪的。每个罐都有一个用于保密的枝条编制的漏斗;陪审员把紧握的手放进每个罐的漏斗中,以便没人能看清他把票投进了哪个罐。②

　　公元前4世纪时,开始采用青铜票。《雅典宪政》中有此描述,其中一些在市场挖掘中被找到。每张票都是一张圆饼,其中部贯穿轴或管。空管表示赞成原告,实管表示赞成被告。陪审员不再像公元前5世纪时交出自己的票,而是在审判发言完毕后,有人给他一张带有空管的票和一张带有实管的票。法庭摆放了两个罐,青铜罐表示有效票,木制罐表示无效票。每个陪审员在每个罐中投入一张票,他用手指握住管的末端,旁观者难以看到哪种票投入哪个罐中。投票完毕后,青铜罐中的票被清点。多数票表示有罪;双方票数相当就无罪释放。③ 在确权案的判决中,如果超过两个权

---

① Ar. *Wasps* 568 – 74, 976 – 8, Plato *Apology* 34c, Lysias 20.34, Dem. 21.99, 21.186 – 8.

② Ar. *Wasps* 94 – 9, 349, 987 – 92, etc.; cf. MacDowell *Wasps* 142 – 3.

③ AP 68 – 9;cf. A. L. Boegehold in *Hesperia* 32(1963) 366 – 74, E. S. Staveley *Greek and Roman Voting and Elections*(1972) 95 – 100, Thompson and Wycherley *Agora*56.

利请求人,那每个权利请求都有一个单独的罐,尽管主张共享遗产的两个人有一个罐(因为他们两个人与死者是同样关系);每个陪审员都会在一个罐中投入一张票。①

在公共诉讼案件中,如果原告获得了少于五分之一的票数,他就要支付 1000 德拉马克的罚金,并且丧失了后来对此类案件的诉权,除非案件是检举(eisangelia)案。在某些私人诉讼案中,原告从被告那里索要一笔钱,如果原告输掉案件,那他必须向被告支付他索求额度的六分之一(epobelia,一个欧宝的罚款)。德摩斯梯尼在公元前 363/3 年指控其监管人阿夫布斯(Aphobos)浪费了其遗产时就面临这种风险,但卡里马库斯(Kallimakhos)在公元前 400/399 年索求 10000 德拉马克时就没有这种风险,尽管在此时期,非法起诉或诉讼折断时要支付一个欧宝(epobelia)。要么是在这期间法律变更了,要么是仅在某些债权案而非全部案中须支付一个欧宝。此数额是否在无罪释放或仅当原告没有获得五分之一票数时支付也不确定。[我不能推定债权案中的规则与起诉阻断或诉讼折断中应付一个欧宝(epobelia)的规则一样。]后者好像更为合理,因为对不成功的起诉者设置罚金的目的,是打击不抱成功希望的原告浪费法院和被告的时间。②

这些罚金由败诉的原告自觉交纳,无需审判时进一步审理。但如果陪审团的裁断赞成诉讼,就会引起对被告施加惩罚或判给原告的问题。在某些公共诉讼案中,违法行为的惩罚由法律规定,但在另一些案件中,惩罚方式则由陪审团来裁定。同样,在某些私人诉讼案中,赞成诉讼的裁断仅意指,如涉讼的财产所有权现在判

① Dem. 43. 10.
② Dem. 27. 67, 28. 18, 56. 4, Isok. 18. 12; cf. Harrison *Law* ii 183 - 5.

给原告,而在其他私人诉讼案件中,如殴打案,陪审团会裁定赔偿受害人的损失和补偿的额度。在现代审判中,即便陪审团作出裁定,惩罚方式通常则由专业法官来决定;因此在此,雅典人把我们赋予专家的任务赋予了普通公民。

雅典大陪审团不能对一系列可能的惩罚方式进行讨论,仅在所建议的可选择惩罚方式间投票选择。因此,在任何审判中都有惩罚或赔偿的评估(timesis)程序,成功的原告建议一种惩罚,不成功的被告建议另一种(自然会轻点)惩罚,陪审员对此进行投票。建议达不成一致是可能的。通常很难判断所提建议的严厉程度,这尤其让被告焦虑;他想要尽可能轻的惩罚,但如果他的建议过于宽松,陪审团会赞成原告的惩罚建议。在苏格拉底被裁定犯有不虔诚罪时,许多陪审员赞成死刑惩罚的原因可能就是,他们认为苏格拉底在提出替代建议时,没有认真严肃地对待其违法行为。

原告和被告皆会就其提出的惩罚或赔偿建议发言。《雅典宪政》(69.2)说,对这些发言者每人的发言时间限制为半考尔水,尽管在公共诉讼中,埃斯基涅斯(3.197)曾言当天的三分之一时间用于惩罚评估,这好像暗示更长时间。审判的早期阶段,诉讼当事人如果希望,也能把他的部分时间给予一名支持性的发言者。① 公元前5世纪时,每个陪审员都有一张涂蜡的写字板;蜡面上划长线表示为赞成严重惩罚,断线表示为轻一点惩罚。在公元前4世纪时,这种笨拙的方式被放弃了,惩罚的投票方式与裁定的投票方式一样。在投票结果被宣布后,审判就结束了;当法院的整日审判结束时,陪审员们会获得他们一天的报酬。②

---

① Dem. 19.290.
② Ar. *Wasps* 106 – 8, 167, *AP* 69.2.

## 惩罚

某些违法行为,由法律规定惩罚,但,其余的违法行为就没有这样的限制。诉讼当事人可随意建议他认为合适的惩罚,无论此程序有多么不寻常。苏格拉底曾建议他应该享有终生免费餐,无疑,把这作为他的惩罚建议是非常愚蠢的,但这并非不合法。然而,在实践中,仅能判处某几种类型的惩罚。

最为严厉的惩罚是死刑。执行死刑由十一人委员会监督,由专业刽子手执行,他们委婉地被视为"公共人"(demios,并非意指他是一位公共奴隶)。死刑通常会在审判后立即执行。但在每年从雅典到提洛岛的朝圣期间不能执行;这就是苏格拉底被定罪到死刑执行期间待在监狱一段时间的原因所在,因为对他的审判碰巧在这段时间举行,因而要等雅典的轮船返回雅典。①

已知有三种执行死刑的方法。第一,把判处死刑的人扔进深坑和矿井。早期阶段,他们可能被活活扔下,目的是跌死他或在坑底等死。公元前 490 年波斯国王大流士的使者就是如此处置的。但在后期,通常是首先用其他手段把罪犯处死,深坑仅作为可耻的埋葬之地;这是色诺芬的文本中所意指的,如果其文本没有修改的话。公元前 5 世纪所用深坑(barathron)一词,可能意指一个天然的深坑,尽管其位置并不确定。公元前 4 世纪时,我们看到的词汇是 orygma(坑道),意指一个挖掘的深坑。因而不要认为这两个词指同一个坑,且坑道仅指接受罪犯尸体之地。公元前 4 世纪时,坠落深坑好似不可能仍为死刑执行的方法。②

---

① Plato *Phaidon* 58a - c.
② Hdt. 7.133.1, Xen. *Hellenika* 1.7.20, Plato *Gorgias* 516d, Lyk. *Leo.* 121, Dein. 1.62;cf. E. Berneker in *Studi in onore di E. Volterra*(1971)i 87 - 97.

第二种执行死刑方式是用木板（tympanon）。罪犯被固定在一块竖立的木板上，五个铁环围住他的脖颈、手腕和脚踝，并用钉子钉住。他要么在暴晒或饥饿中死去，要么被铁环勒死。这种方法用于因杀人而被判处死刑的罪犯，也用于叛国者和盗窃犯。① 第三种执行死刑的方法是饮毒芹而死。处死苏格拉底就是用此方法，由于希腊文学中柏拉图《斐多篇》结尾处最著名的描述而广为人知，尽管柏拉图并没有亲眼见证。他的描述更可能是艺术加工。② 公元前 404/3 年的三十僭主时期，许多人被命令饮毒芹而死，③然而并没有多少死刑执行采用饮毒芹的证据（区别于自杀）。何时应用此方法，及在何种程度上取代其他方法仍不清晰。值得注意的是，执行死刑的方式中既没有绞刑也没有斩首。

流放是另一种严厉惩罚方式，因为一个身无分文之人可能很难在一个陌生城邦里被接受。这种惩罚适用于无意杀人罪，有时也适用于叛国罪，我们没有见到它应用于其他犯罪的描述。（陶片放逐法，意指流放 10 年，这并非对违法行为的惩罚，因此与此无关。）因缺席被判死刑或逐出法外（outlawry）的人实际上与流放一样，因为有此罪行的人如果在阿提卡出现就会被处死。但不同的是，只要被流放者待在阿提卡之外，那他就仍受雅典法律的某些保护，而逐出法外者则没有；因此任何在阿提卡之外杀死或袭击被流放者的雅典人，回到阿提卡后，可能在雅典因此种违法行为被起诉。④

① Lysias 13.56, 13.67 - 8, Dem. 8.61, 19.137, 21.105; cf. Bonner and Smith *Administration* ii 279 - 87, MacDowell *Homicide* 111 - 13.

② Cf. C. Gill in *CQ* 23(1973)25 - 8.

③ Lysias 12.17, 18.24, And. 3.10, Xen. *Hellenika* 2.3.56.

④ Dem. 23.37, 23.44.

死刑、逐出法外、流放的惩罚可能会有一个或几个附加刑：没收财产，拆毁房屋，丧失死后葬于阿提卡的权利，褫夺后代公民权。背叛(betrayal)案中提供了一些事例。这些案件中没收财产所采用的程序是各种注销程序(apographe)。罪犯所属德馍的行政长官需要提供其财产清单。① 如果有人对其部分财产提出反诉，就会有确权之诉(diadikasia)；然后判给城邦的财产由出售者(poletai)出售。在这样的案件中，罪犯的亲属和朋友有时会秘密占有其某些财产，留为己用以免被没收。如果被发现，任何有意愿的人都可以通过注销程序起诉他们，并列出他认为的他们违法扣留的城邦财产清单。例如，当厄古克勒斯(Ergokles)将军被判处死刑并没收财产后，人们认为他拥有超过 30 塔伦特的财产，但死刑执行完毕后，人们并没有发现其财产。因此，有人指控厄古克勒斯(Ergokles)的会计斐卢卡特斯私吞了其财产，并以注销程序起诉，要求没收斐卢卡特斯的财产；幸存下来的《诉斐卢卡特斯》演讲词就为此审判而写。

奴役是对居住在雅典的外国人却没有登记为外邦人或缴纳外邦人税的惩罚，及对无论他是否是外邦人的外国人的惩罚，此类外国人享有一些公民特权或与一个公民以妻子或丈夫的身份共同居住。在这些案件中，执行惩罚的方式是，出售者把罪犯出售。这与自由人没有履行其前主人的义务略有差别，自由人仅仅是再次成为前主人的奴隶；战争中被俘获的人成为赎金者的奴隶，除非他偿还了赎金；但异常的是，我们从没见到公元前 4 世纪和公元前 5 世纪时雅典人被奴役的资料，尽管在早期时这很常见。②

---

① Plu. *Ethika* 834a, *Lex. Rhet.* 199. 4 - 8, 237. 10 - 11; cf. Harrison *Law* ii 212 - 13.
② Cf. G. D. Rocchi in *Acme* 28(1975)257 - 79.

　　然而,公民会遭受并不严厉的剥夺公民权的惩罚(atimia),这意味着他丧失了雅典的公共生活,或某些公共生活的特权。这种惩罚有时附有没收财产,尽管并非总如此。

　　相比现代,雅典的惩罚更少用监禁。十一人委员会掌管监狱,他们把被捕之人(依据押送官府程序,引领官吏缉拿罪犯程序或检举不称职的程序)押在监里,等候审判,及把那些被判处死刑或奴役的人押在监里,等待执行死刑[如苏格拉底在朝圣船只从提洛岛(delos)返回之前的时间]或出售。但这与法庭对违法行为施以监禁的惩罚不同。不同在于,被判缴纳罚金的人直到支付完毕都要待在监狱里。此规则适用于严重人身侮辱、没有遵守剥夺公民权的限定、商事案件中被判处的罚金。可能在所有案件中,对诉讼当事人的罚金惩罚的建议可能都含有此规定。① 公民议事会也有一些监禁未偿还欠款之人的权力。这应与因盗窃而被判处的带枷监禁 5 天区别开来,因为德摩斯梯尼(24.114)揭示,这并非在监狱,而是在一个人人皆能见到罪犯的旷地上。所有这些监禁确实不像现代的监禁,即本质上完全是对违法行为的惩罚。尽管缺乏相关事例,但明确的是,监禁为诉讼当事人能够建议的惩罚方式的一种。②

　　尽管奴隶可被主人鞭打,但没有证据表明,鞭笞或其他身体虐待曾作为对自由人的法律惩罚,一个规则除外,即人们可对诱惑他家里的某个女人的人做其想做的任何事情。当修辞家谈到身体遭受惩罚(soma)时,他们一般不是指着我们所称的肉刑,而是死刑或流放或剥夺公民权,以与经济惩罚相对。

---

① Dem. 21. 47, 24. 105, 33. I, 35. 46 – 7, 56. 4, Plato *Apology* 37c.
② Dem. 24. 92, 24. 146, Plato *Apology* 37b – c, And. 4. 4; cf. I. Barkan in *CP* 31 (1936)338 – 41.

在实践中,经济惩罚最为寻常。在公共诉讼中,被判处的任何罚金都要上交城邦,除控告案(phasis)中罚金的一半及注销(apographe)案中没收财产的四分之三归控诉获胜的原告外。如果被判处向城邦缴纳罚金的人没有缴纳,他就会遭受强加于城邦债务人身上的各种惩罚。在私人诉讼中,败诉的被告通常需要支付一笔钱给胜诉的原告;英语中,我们称之为损害赔偿或补偿而非罚金,但希腊语中却没有如此精确的词。暴力案中,败诉的被告既要支付原告赔偿金,也要向城邦缴纳罚金。在金钱和财产的物主纠纷案中,对败方的惩罚自然是他要移交纠纷财产。如果诉讼中的败方没有移交判给对方的财产和钱款,那胜方就会对败方提起收回财产之诉(dike exoules)。在商事案中,他要被关在监狱里直至交付完毕。

## 特赦和大赦

陪审团的裁定和作出的惩罚通常是终审裁定,除非诉讼当事人基于不得已的理由而缺席之前的审判,或他能证明上次审判时提供的是伪证时,才能要求重新审判。因无意杀人而被流放的人可能会得到受害人家族的宽恕。除此之外,针对陪审团判决的再审和上诉(与对公共仲裁员的裁定可向陪审团上诉不同)都是不允许的。[1]

但有一个团体如果希望就有权取消雅典民众陪审团的判决。公元前403年,公民大会制定法律,规定三十僭主政体下的任何判决无效,但那些在民主时期的判决有效;这表明,它作为最高权力

---

[1] Dem. 20. 147, 24. 54.

机构有权宣告陪审团的判决有效和无效。① 到了伯罗奔尼撒战争末期,此时雅典人致力于放下过去之争议,团结任何可能的盟邦以对抗斯巴达,公民大会有几次颁布法令取消判决或惩罚。也许我们不应相信公元前411年的法令,即阿尔西比亚德斯和其他人在公元前415年因亵渎秘密宗教教义和毁坏赫尔墨斯雕塑而被判死刑的人被允许返回雅典。因为此时掌权的是五千人政体,并不遵循常规的民主程序。② 但完全民主制恢复后,罗德岛(Rhodian)的运动员杜立阿斯(Dorieus)在雅典被缺席判处死刑,明显是因其在罗德岛对抗赞成雅典的政权,他逃往意大利的都里奥(Thourioi),捕获时已掌管两艘都里奥(Thourian)船只。他被带到雅典,但公民大会在见到一位有如此体育才能的人竟以如此低贱的方式被带来而深感同情,就释放了他。③公元前405年时,雅典实施的大赦更广泛:帕特克雷蒂斯(Patrokleides)法令废除了所有剥夺公民权的惩罚和城邦过期的债务。④

　　然而,在公元前403年之后,雅典人有意取消陪审团的判决变得更为困难。这是法律与法令有明确区分的时期。在民主规则下依法作出的判决是有效的,它不能被法令而只能被另一条新法律宣布无效。有法律规定,法律不能针对个人,也不能豁免剥夺公民权的人或免除城邦债务,除非有六千名雅典公民秘密投票赞成。⑤(此说法模棱两可,但这可能意指,至少有六千张票,其中赞成票占大多数,而非必须有六千张赞成票)因此,陪审团判决只有在大多

--------

① And. 1. 87, Dem. 24. 56.

② Th. 8. 97. 3.

③ Xen. *Hellenika* 1. 5. 19, Pausanias 6. 7. 4 – 5.

④ And. 1. 73 – 80.

⑤ And. 1. 87, Dem. 24. 45, 24. 59.

数雅典人通过了一次专门投票程序后才能被撤销。已知有几个案件曾如此做过,但没有一案确曾做到。① 因此,可以合理推出,公元前 4 世纪时,雅典人对其法律制度有极高的满意度。

---

① Plu. *Demosthenes* 27. 6, *Ethika* 842e, Nepos *Timotheus* 4. 1.

# 注　释

缩写：

Ais.　Aiskhines

And.　Andokides

Ant.　Antiphon

*AP*　The *Athenaion Politeia* attributed to Aristotle

Ar.　Aristophanes

Arist.　Aristotle

*ATL*　*The Athenian Tribute Lists* by Meritt，Wade-Gery，
and McGregor

*BSA*　*Annual of the British School at Athens*

*CP*　*Classical Philology*

*CQ*　*Classical Quarterly*

*CR*　*Classical Review*

Dein.　Deinarkhos

Dem.　Demosthenes

DH　Dionysios of Halikarnassos

DL　Diogenes Laertios

*FGrH*　*Die Fragmente der griechi-schen Historiker* by F. Jaco-
by

*GRBS*　*Greek，Roman and Byzan-tine Studies*

Harp.　Harpokration

Hdt.　Herodotos

*HSCP　Harvard Studies in Classical Philology*

Hyp.　Hypereides

*IG　Inscriptiones Graecae*

Isok.　Isokrates

*JHS　Journal of Hellenic Studies*

*Lex. Cant.　Lexicon Rhetoricum Canta-brigiense*

*Lex. Rhet.　Lexeis Rhetorikai* (in Bekker's *Anecdota Graeca* i)

Lyk. *Leo.*　Lykourgos *Against Leo-krates*

Men.　Menander(with Sand-bach's numbering of lines)

ML　*Greek Historical Inscriptions* by Meiggs and Lewis

Plu.　Plutarch

Pol.　Polydeukes(Pollux)

*RE　Paulys Real-Encyclopädie der classischen Altertums-wissenschaft*

*RIDA　Revue Internationale des Droits de l' Antiquaté*(3°série)

*SEG　Supplementum Epigraphicum Graecum*

*TAPA　Transactions of the American Philological Association*

Th.　Thucydides

Tod　*Greek Historical Inscriptions* by M. N. Tod

Xen *Apom.*　Xenophon *Apomnemoneu – mata*(*Memorabilia*)

[Xen.]*Ath.*　The *Athenaion Politeia* attributed to Xenophon

*ZSSR　Zeitschrift der Savigny-Stiftung für Rechtsgeschichte Romanistische Abteilung*

# 参考书目

Bonner, R. J. and Smith, G. *The Administration of Justice from Homer to Aristotle* (1930 – 8)

Cohen, E. E. *Ancient Athenian Maritime Courts* (1973)

Finley. M. I. *Studies in Land and Credit in Ancient Athens* (1951)

Gauthier, P. *Symbola* (1972)

Gernet, L. *Droit etf société dans la Grèce ancienne* (1955)

Gomme, A. w. with Andrewes, A. and Dover, K. J. *A Historical Commentary on Thucydides* (1945 – 70)

Hansen, M. H. *Apagoge, Endeixis and Ephegesis against Kakourgoi, Atimoi and Pheugontes* (1976)

—*Eisangelia* (1975)

Harrison, A. R. W. *The Law of Athens* (1968 – 71)

Hignett, C. *A History of the Athenian Constitution*

Kränzlein, A. *Eigentum urd Besitz im griechischen Recht* (1963)

Lacey, W. K. *The Family in Classical Greece* (1968)

Lipsius, J. H. *Das attische Recht und Rechtsverfahren* (1905 – 15)

MacDowell, D M. *Andokides: On the Mysteries* (1962)

—*Aristophanes: Wasps* (1971)

—*Athenian Homicide Law* (1963)

Meiggs，R. *The Athenian Empire* (1972)

Ostwald，M. *Nomos and the Beginnings of the Athenian Democracy* (1969)

Paoli，U. E. *Altri studi di diritto greco e romano* (1976)

Rhodes，P. J. *The Athenian Boule* (1972)

Ruschenbusch，E. *Untersuchungen zur Geschichte des athenischen Strafrechts* (1968)

Stroud，R. S. *Drakon's Law on Homicide* (1968)

Thompson，H. A and Wycherley，R. E. *The Agora of Athens* (The Athenian Agora xiv，1972)

Wade-Gcry，H. T. *Essays in Greek History* (1958)

Wilamowitz-Mocllendorff，U. von，*Aristoteles und Athen* (1893)

Wolff，H. J. *Die attische Paragraphe* (1966)

Wyse，W. *The Speeches of Isaeus* (1904)

# 索引

（索引页码为原书页码）

**古典时期的雅典法**